예수는 평신도였다

예수는 평신도였다
Jesus was a Layman

2003. 6. 20. 초판 발행
2005. 4. 20. 8쇄 발행
2005. 5. 25. 개정판 발행
2014. 8. 12. 7쇄 발행

지은이 정진호
펴낸이 정애주
곽현우 국효숙 김기민 김의연 김준표 김진성
마명진 박상신 박세정 박혜민 송민영 송승호
염보미 오민택 오형탁 윤진숙 임승철 정한나
조주영 차길환 한미영

펴낸곳 주식회사 홍성사
등록번호 제1-449호 1977. 8. 1.
주소 (121-885) 서울시 마포구 양화진4길 3
전화 02) 333-5161
팩스 02) 333-5165
홈페이지 www.hsbooks.com
이메일 hsbooks@hsbooks.com
트위터 twitter.com/hongsungsa
페이스북 facebook.com/hongsungsa
양화진책방 02) 333-5163

ISBN 978-89-365-0648-3 (03230)

KOSTA 강사 정진호 교수의 도전과 응전 퓨전 스토리

예수는 평신도 였다

정진호 지음

프롤로그

언제부터인가 사람들은 나를 '평신도 선교사'라고 부르기 시작했다. 평신도가 선교를 한다고 해서 붙여 준 이름인 것 같다.

'평신도 선교사'는 '평신도'와 '선교사'라는 두 단어로 이루어진 조합어이다. 그러나 나는 이 두 단어에 대해 아직도 어색하고, 그리 탐탁지 않은 느낌을 지니고 있다. 이 호칭으로 불릴 때마다 조금은 거북스런 감정이 생기기 때문이다. 어째서일까?

그것은 그 말 속에 담겨진 함의와 통상적 인식이, 성경에 비추어 반드시 옳다고 생각지는 않기 때문이다. 성경에서는 도무지 찾아볼 수 없는 평신도라는 단어가 교회 안에서는 왜 그리 광범위하게 사용되고 있을까. 더구나 내가 일하고 있는 중국 사회의 상황 속에서는 선교사라는 단어 자체가 바람직하지 않은 말이다. 선교사라는 호칭은 역사적으로 중국이 제국주의 침략을 받던 시기에 특무(간첩의 의미)의 역할을 하던 아주 나쁜 사람들을 지칭하는 것으로 중국인들은 교육을 받아 왔기 때문이다.

나는 그냥 예수의 제자로서 세상 속에 보냄을 받은 평범한 대학 교수로 인정받기를 원한다. 굳이 교회의 필요에 의해 내부적인 구분이나 호칭이 필요하다면 '타문화권 전문인 사역자'가 더 바람직하고 정확한 표현이라고 생각한다.

이 책은 지난 10여 년간 내가 평신도(?)로서 교회 안에서 섬기면서,

또 사역자로 부름을 받아 세상으로 보냄을 받기까지, 그리고 타문화권인 공산주의 국가의 대학에서 가르치며 보고 느꼈던 여러 가지 생각들을 모은 것이다. 한 불신자가 예수를 어렵게 만나 하나님의 자녀로 거듭난 과정과, 교회 안에서 자연스럽게 성장하며 하나님의 음성을 따라 걸어온 발자취를 엮은 것이기도 하다. 따라서 전문적인 신학 강좌가 아님은 물론이다. 그러나 이 시대에 신학이라는 것이 평신도의 역할을 제한하는 성소 휘장으로 남아 있다면 그것을 과감히 찢는 작업도 함께 할 것이다.

하나님의 뜻과 궤도에서 벗어난, 그리하여 사회적으로 많은 물의를 빚고 있는 목회자들이 있다는 것과, 그로 말미암아 교회가 세상의 손가락질을 받고 있는 경우가 종종 있음을 알고 있다. 그러나 나는 신앙 생활 초창기부터 많은 훌륭한 목사님들을 만나고 배워왔다. 하나님은 내가 필요한 그 시점에 가장 합당한 목사님들을 만나게 하셨고 신앙 훈련을 받도록 하셨다. 특별히 코스타(KOSTA, KOrean STudent Abroad) 집회를 통해 만난 많은 목사님들은 나의 삶을 송두리째 변화시킬 만큼 긍정적인 영향들을 주었다. 나는 개인적으로는 특별히 목회자들에 대해 큰 불만을 가져 본 사람도 아니고, 목사의 고유 사역의 중요성을 추호도 과소평가하지 않는 사람이기도 하다. 따라서 이 책이 교회 내의 목회자들의 역할을 폄하하기 위하여 씌어진 게 아님은 두말할 나위가 없다. 오히려 교회의 기능과 덕을 세우기 원하는 간절한 기도가 있다. 그러나 잘못된 성:속(聖俗) 개념을 무너뜨리고 평신도의 정체성을 세우고자 하다 보니 도전적인 인상을 주는 글들이 있을 수 있다. 목사님들께 미리 양해를 구하고 싶다. 나의 최대의 관심은 교회 밖의 세상이다. 교회 밖에서 활동해야 할 평신도들의 역할을 극대화시키기 위한 관심이 이 책의 초점인 것이다.

다시 말해, 이 책을 쓴 가장 중요한 목적은 평신도 사역자들을 일깨우기 위해서이다. 이제 막 시작된 21세기는 평신도 사역자, 아니 세상 속에서 자기 전문 분야를 통해 사역하는 '전문인 사역자'들의 역할과 중요성이 가장 부각되는 시대이기 때문이다. 진정한 평신도 정신이 살아나지 않으면 21세기는 희망이 없다. 참된 평신도 정신을 살리기 위해서는 우리를 묶고 있는 평신도에 대한 20세기의 낡은 패러다임을 죽여야만 한다.

그것을 위해 평신도가 해야 할 첫 번째 작업은 그들을 겹겹이 둘러싸고 있는 거룩한 휘장들을 제거하는 일이다. 거룩하지 않은 것들을 거룩하게 여길 때 정작 거룩한 '예수'를 바로 보지 못한다. 예수를 바로 보지 못할 때 그분이 함께했던 세상 속의 백성들도 바로 볼 수 없게 된다. 이 이슈가 중요한 이유는, 평신도는 백성들과 함께 거해야 하는 사람들이기 때문이다.

엄청난 속도로 변화하며 휩쓸고 지나가는 정보의 물결과 첨단 미디어의 세계, 그리고 그 속에서 흔들리는 크리스천의 정체성. 불확실성과 퓨전의 시대 속에 우리는 살고 있다. 크리스천도 교회 밖의 세상과 시대의 흐름을 읽을 줄 알아야 한다. 이미 20세기의 대량 생산과 대기업형 사고는 교회 내에서조차 더 이상 먹혀들지 않는다는 사실을 인식해야 한다. 복음과 문화의 최전선에서도 안수받은 목사와 선교사 중심으로 이루어지던 정규전은 실효성과 의미를 잃어 가고 있다. 이제는 게릴라전이다. 각 분야에서 전문화된 평신도들이 세상 속에서 펼치는 각개전투가 치열하게 전개되고 있는 것이다. 그 사실을 교회와 목회자가 인식해야 하고, 평신도 자신이 먼저 깨달아야 한다.

늘 마음 한구석에 평신도가 바라본 평신도 신학을 나름대로 정리하고 싶은 마음이 있었다. 그러나 내가 이 책을 쓸 직접적인 모티브를 얻은 것은 송인규 목사님이 펴낸 《정말 쉽고 재미있는 평신도 신학》이라는 책을 접한 후였다. 송 목사님은 1990년 미국 워싱턴 근교에서 열린 코스타 집회에서 처음 만났던 분이다. 그의 재미있는 '평신도 신학' 강좌를 읽어 가면서 친근함과 공감을 얻는 한편으로 조금 아쉬웠던 점이 있었다. 책 속에서 평신도 신학에 대한 의견을 피력하고 가르치는 인물들이 주로 목사나 신학을 공부한 선교사로 제한되어 있다는 것이다. 평신도에 관한 이야기라면 평신도의 관점이 더 현실적이지 않을까? 이 땅의 수많은 평신도들, 그들이 겪고 있는 교회 안팎에서의 아픔과 답답함 그리고 어려움을 좀더 깊이 이해하기 위해서는 평신도의 목소리가 필요하다. 전문인의 역할이 부각되는 이 시대 상황에서 복음으로 변화시켜야 할 이 세상 대부분의 영역들은 평신도들이 감당해야 할 몫으로 여전히 남아 있기 때문이다.

이 책에는 그동안 웹진 〈eKosta〉에 연재했던 글과 몇몇 잡지에 실렸던 글들도 포함되어 있다. '지성과 영성'의 균형, '복음과 문화'의 화해를 다룬 그 글들이, 결국은 성:속 이원론의 굴레 속에서 제대로 기능을 발휘하지 못하도록 하는 기존의 평신도 패러다임의 모순성을 극복하고자 하는 노력 속에서 나온 것이기 때문이다.

이 책은 형식이 없다. 수필집도 아니고, 그렇다고 간증집도 논문집도 아닐뿐더러 강해 설교집은 더더욱 아니다. 21세기의 가장 중요한 화두 중의 하나인 퓨전(fusion)의 시대에 맞추어 무형식 갤러리(gallery)에 섞어서 진열하였다. 그러나 퓨전 속의 조화와 카오스 속의 질서를 추구하였다. 발제를 위하여 평신도 사역자의 삶을 다룬 현장 소설도 한 편 넣었다.

21세기의 독자들은 안타깝게도 지루한 것을 참지 못한다. 따라서 한 가지 형식으로 오래 끌 여유가 없다. 전통적인 텍스트는 눈부시게 변화하는 영상 매체의 하이퍼텍스트에 밀려서 여지없이 자리를 내주고 있기 때문에, 일단 책은 읽기 쉽고 재미가 있어야 한다. 그러나 그 속에 내용이 있어야 한다.

제목을 잡는 데 약간은 고심했다. 조금은 도발적인 '예수는 평신도였다'라는 제목이 가져다 줄 오해는 없을까라는 걱정도 있었다. 처음 붙였던 제목 '예수님은 평신도였다'에서 '님'자를 떼어내기로 마음을 굳힌 것도 '예수' 이외의 부수적인 거룩한 형식들을 제거하기 위한 의도적인 조치였다. 복음서에 나타난 예수의 행적을 깊이 묵상하면 묵상할수록, 그분이야말로 외식적이고 부패한 그 시대 종교 지도자들의 형식주의와, 세상과 분리되어 있던 거룩한(?) 성전의 담장을 과감히 뛰어넘어 소외된 백성들을 찾아 세상의 가장 깊은 곳까지 나섰던 평신도 정신의 소유자라는 확신을 갖게 되었다.

내가 만난 예수는 평신도였다.

21세기 벽두, 연길의 바람 부는 북산가 언덕에서
정진호

추천사 I

나는 무수한 책을 추천했지만, 이 책처럼 처음부터 끝까지 긴장하면서 읽은 것은 없다. 이 책을 읽고 나는 내가 추천사를 쓸 자격이 없음을 발견했다. 이 책에 반영된 정진호 교수의 신앙은 나의 신앙과 비교할 수 없을 정도로 깊고 순수하며, 성경의 가르침과 한국 교회를 보는 그의 통찰력은 나의 것보다 더 참신하고 건강하며, 신앙에 입각한 그의 용기는 내가 평생 가져 보지 못한 것이며, 그가 그의 생각과 경험을 표현한 그의 글 솜씨는 평생 글을 써 온 내가 도저히 따라갈 수 없는 수준임을 발견한 것이다. 솔직하게 말해서 내가 정 교수로부터 많이 배워야 할 사람이고, 그를 좀더 닮아야 할 사람임을 느낀다. 정말 많은 자극과 도움을 받았다.

내가 이 책을 추천할 수 있는 것은 내가 나이가 많다는 것과, 자격과 무관하게 널리 알려져 있다는 사실뿐이다. 그것이라도 이용하여 정말 읽을 가치가 있는 책을 독자들에게 소개하는 것은 내가 그나마 봉사할 수 있는 일이 아닌가 한다.

이 책은 4부로 나누어져 있는데, 첫째 부분에 이 책 제목을 가장 잘 반영하는 글들이 모여 있다. 글들의 제목들은 다소 급진적인 인상을 주지만, 그 내용은 결코 비성경적으로 급진적이 아니다. 성경에 철저히 충실하나, 타성에 젖은 기독교인들의 상식을 깨고 정신을 가다듬게 하는 관찰들이다. 성경을 하나님 말씀으로 수용하는 신학자라면 그의 주장을 반박하기는 어려울 것이다.

둘째 부분은 '발제를 위한 현장 소설'인데, 심각하나 흥미로운 중편이다. 이미 소설을 써서 출판한 저자라 표현 능력과 글 솜씨가 보통이아니다. 한번 읽기 시작하면 중단하기 어렵다. 야심으로 가득 찬 한 젊은이가, 운동권 출신으로 예수를 통해 변화된 지성인 친구를 만나 같이 여행하면서 보고 듣고 느낀 것을 그린 것으로, 현대에 사는 젊은이들의 고뇌와 복음을 깊이 있고 현실감 있게 표현하고 있다.

3, 4부에서는 그가 하나님 나라를 위하여 사역하면서 경험하고 느낀 수필들로 구성되어 있다. 내가 이 책에서 가장 감동을 받은 것은 정 교수가 모든 사람이 부러워할 좋은 직장을 그만두고 중국 연변과학기술대학의 자비량 교수로 떠나는 과정을 그린 '아바의 지팡이'란 글이다. 본인의 경험이요, 남다른 그리스도인의 사명감과 한 가장으로서의 인간적인 고뇌를 진솔하게 보여 주고 있다. 그리스도인이면 감동받지 않을 수 없는 글이다.

요즘 신앙 간증 서적들이 많이 출간되어 신자들에게 도움을 주는 것은 반가운 현상이다. 그러나 그 가운데서 고등교육을 받고 연구소나 대학이나 기업에 근무하는 그리스도인 전문인들은 이 책을 읽고 자신의 신앙을 한번 반성하고 측정해 볼 것을 권장한다. 이 책은 나를 매우 겸손하게 만들었고 신앙적 열등감을 갖게 하였다.

손봉호 (서울대 교수)

추천사 II

　1970년대부터 시작된 민족 복음화 운동으로 믿음의 소리가 이 땅에 편만하게 채워져 가고 있습니다. 그러나 이 땅에서 참 믿음을 볼 수 있는가 하는 의문이 듭니다. 사람들은 듣는 것보다 보는 것을 원합니다. 정작 사람들의 삶 속에 믿음이 보이는가 하는 문제에 대해서는 너무나 아쉬운 생각이 듭니다. 주께서 주신 풍요로 이 땅에 많은 교회가 세워졌습니다. 그러나 과연 교회가 하나님이 어떤 분이신지를 드러내고 있는가, 우리가 믿는 믿음의 대상인 하나님의 영광이 나타나는가 하는 문제 앞에서 우리는 고민하게 됩니다.

　이런 때 참된 믿음의 본을 좇아 주님께 헌신한 귀한 헌신자들이 있습니다. 그 중 한 분이 연변과학기술대학 정진호 교수입니다. 이분은 한국과 미국의 명문 대학의 여러 과정을 거쳐 장래가 기대되는 학자였습니다. 그런데 그가 예수 그리스도를 구세주와 주님으로 영접한 다음 주님이 기뻐하시는 뜻을 좇아 연변으로 갔습니다. 가히 성직자의 길을 걸어간 것입니다. 그는 소위 말하는 평신도입니다. 그러나 성경에는 평신도의 얘기가 없습니다. 거기에는 하나님의 자녀만 있을 뿐입니다. 나눠진 직임의 구분 이외의 것은 예수 그리스도의 십자가의 구속의 은혜로 말미암아 모두 사라졌습니다.

　정진호 교수는 이 귀한 진리에 순종하는 삶을 살 뿐 아니라 이 진리가 이 땅에 어떻게 펼쳐져야 할지 자신의 삶의 경험을 통해 말씀으로 증거하며 정리하고 있습니다. 이분은 원래 문장력이 뛰어납니다. 이미 소설가로 등단해서 《아바》라는 신앙의 노정기를 완성한 바 있습니다. 어떻게 예수 그리스도를 만났는가, 생애 속의 수많은 문제가 예수 안에서 어떻게 해결되었는가를 그 소설을 통해 잘 보여 주고 있습니다. 아마 소설 안에 자전적인 요소가 많았을 것이라고 여겨집니다.

그런데 이번에는 연변과학기술대학 교수로서, 소위 평신도로서, 하나님의 사람이 이 땅에서 어떻게 살아야 할 것인지를 성경 해석과 자신의 삶의 간증을 통해 우리에게 보여 주고 있습니다. 이것은 주님 기뻐하시는 길을 좇아가려는 이 땅의 평신도들이 세속 사회에서 살아가는 데 좋은 길잡이가 되어 줄 것입니다.

목사는 기도하고 성경만 읽으면 됩니다. 그러나 대부분의 평신도들은 기도도 하고 말씀도 읽으며 하나님의 말씀을 거스르는 세태를 믿음으로 뚫고 나가야 합니다. 그런데 아무도 실질적인 것은 가르쳐 주지 않습니다. 한 발을 어떻게 내딛는가에 관한 삶의 방침이 없습니다. 이 책이 평신도로서의 본이 되는 삶을 정리했기에 뒤따르는 많은 믿음의 사람들에게 길잡이가 될 것을 기뻐하며 추천합니다.

이 땅에서 하나님께 영광을 돌리는 이런 분들이 많이 일어나기를 소원합니다.

홍 정 길 (남서울은혜교회 담임목사)

차 례

Jesus was Layman 예수는 평신도였다

I

다섯 가지 안티테제

"도대체 안티테제가 뭐죠?"라는 질문에 대해

철학자 : (당연하다는 어조로) 그야 철학에서 이야기하는 변증법(辨證法)의 정(正)명제에 대한 반(反)명제를 말하는 것이지.

신학자 : (확신에 찬 목소리로) 신학적으로 가장 큰 안티테제는 죄 된 인간의 역사에 거룩하신 하나님이 들어왔다는 것이야.

어떤 목사님 : (거룩한 목소리로) 흠흠. 안티테제란 테제가 아닌 것을 말하는 것입니다. 아멘입니까?

평신도 : (농담조로) 에이 목사님도, 썰렁하시네요. 안티테제는 안 튀는 테제를 가리키는 거예요.

불신자 : (어이없다는 듯이) 쯧쯧. 허무 개그들 하고 있네. (평신도를 가리키며) 그래도 당신이 그중 낫네 그려. 자, 거룩한 양반들 놔두고 우리끼리 술 한 잔 하러 갑시다.

1. 평신도는 없다

예수를 믿어 거듭난 사람을 하나님의 자녀라고 한다. 새로 태어났다는 말이다. 마치 다른 집안으로 입양된 사람이 다른 성(姓)을 갖게 되는 것처럼 전혀 다른 신분이 되었다는 뜻이다. 법적으로 수속이 끝나버린 것이다. 천국의 호적인 '생명책'에 이름이 등록되었다는 것이요, 천국 백성의 시민권을 획득했다는 말이다. 비록 죄인이지만, 예수의 피에 힘입어, 은혜로, 거룩한 하나님 나라에 들어갈 수 있는 성도(saint)가 되었다는 뜻이기도 하다. 죄인이 자유인의 신분으로 방면된 것이다.

신기하고 놀라운 새 생명 탄생의 순간, 천하보다 더 귀한 한 생명이 아버지께 돌아온 그 순간, 천국과 땅에서 기쁨과 환희의 잔치가 벌어지고 있다. 그런데 그 순간 어떤 사람은 성직자로, 어떤 사람은 평신도로 태어나는가? 천국 시민에도 귀족과 평민의 두 종류가 있을까?

유교에 뿌리를 내린 조선시대에는 양반(兩班)과 상민(常民)의 신분 구분이 있었다. 태어날 때부터 계급이 정해지는 것이다. 더구나 천민으로 태어나면 사람대접도 제대로 받지 못했다.

> 길동(吉童)이 점점 자라 팔 세(八歲) 되매, 총명(聰明)이 과인(過人)하여 하나를 들으면 백(百)을 통하니, 공(公)이 더욱 애중(愛重)하나, 근본 천생(根本賤生)이라, 길동이 매양 호부호형(呼父呼兄) 하면, 문득 꾸짖어 못 하게 하니, 길동이 십 세 넘도록 감히 부형(父兄)을 부르지 못하고

조선시대 문호 허균이 쓴 《홍길동전》의 한 대목이다. 천생으로 태어난 탓에 길동은 자기를 낳아 준 친아버지를 두려워서 아버지라고 부르지도 못하였을 뿐 아니라 대화와 교제도 마음대로 할 수 없었던 것이다.

크리스천의 가장 큰 정체성은 하나님을 아바(abba) 아버지라고 부를 수 있는 하나님의 자녀가 되었다는 것이다. 예수 안에서 우리는 하나님의 자녀가 되는 권세를 얻었고, 모든 불평등의 담들은 허물어졌다. 유대인과 헬라인, 남자와 여자, 주인과 종의 신분상의 차별이 모두 사라지고 만다. 불평등이 사라지고 난 이후에는 평화가 찾아온다. 그래서 기독교가 들어가는 곳마다 결국에는 신분 해방과 평등의 사회가 이루어지게 되는 것이다.

누구에게도 빼앗길 수 없는 크리스천의 권리는 하나님을 아바 아버지라고 부를 수 있는 그 권리이다. 그 안에서 우리 모두는 평등하다. 한 형제가 된 것이다.

구약 시대에는 하나님 앞에 바로 나아갈 수 없는 일반 회중을 대표해서 제사를 지내는 제사장의 신분이 구별되어 있었다. 그들은 야훼 하나님이 두려워 아버지라고 부를 엄두를 내지 못했다. 그러나 우리의

대제사장이신 예수께서 자신의 몸을 제물로 드려 십자가에 돌아가신 이후에는 성소의 휘장이 찢어지고 말았다. 모든 믿는 성도들이 담대하게 성소 안으로 들어갈 수 있는 제사장이 된 것이다. 그리고 그곳에서 우리는 아바 아버지를 만난다.

그런데 평신도라는 말은 어디서 나온 것일까? 성경 안에 그런 단어가 있는가? 어째서 유독 한국 기독교에는 성직자와 평신도의 구분이 그토록 엄격한가? 냉수를 마시고도 이빨을 쑤신다는 양반들, 신분 상승을 위해서는 도덕률이든 양심이든 상관없이 무참히 저버리는 사람들, 자식을 위해서라면 치맛바람을 일으키며 무슨 일이든 하고야 마는 부모들, 눈살 찌푸리게 하는 재벌 기업의 대물림을 그대로 본떠 교회를 대물림하는 목사. 입신양명을 목표로 고시 합격에 젊음의 모든 가치를 맞바꾼 비정상 엘리트 집단이 판검사와 변호사가 되어 사회정의와 선악을 판단하는 사회, 대권 쟁취를 위해서 모든 신의와 약속을 저버릴 수 있는 사람들이 사는 나라, 그런 나라에 들어와서 뒤틀린 한국의 기독교가 있다. 이른바 유교적 기독교가 그것이다. 그 기독교계가 만들어낸 신분 계급의 가장 하층민(?)이 평신도다. 평신도-권찰-서리집사-안수집사-권사-장로-전도사-부목사-수석부목사-당회장-노회장-총회장-하나님? (아마 교회나 교단에 따라 약간의 차이나 혹은 더 세밀한 구분이 있지 않을는지.)

인간은 남들과의 비교 우위를 점하지 않고서는 만족할 수 없는 존재다. "너희가 하나님과 같이 되리라" 하며 사단이 넣어 준 비교의식은 인간들의 심층부에 본질적인 죄악의 뿌리를 내리고 있다. 그 결과 인간의 역사는 높아지고자 하는 욕망 가운데 수많은 신분 계급을 만들어 내었다. 온갖 철학 윤리 종교를 동원하여서까지. 그래서 인간의 역사를 이름 하여 계급투쟁의 역사라고까지 일컫는 것이 아닌가?

평신도는 오늘도 태어난다. 갓난아기가 그 집안의 희망이듯 평신도는 여전히 한국 기독교의 희망이다. 그러나 한국 사회와 한국 교회에 평신도의 목소리가 들리지 않는다면, 두려워서 감히 아버지 앞에 나아가 부르지도 못하는 천민 행세를 하고 있는 평신도라면,

평신도는 없다.

2. 예수는 평신도였다

이 무슨 말인가? 우리의 거룩한 대제사장이신 성스러운 예수님을 불경스럽게 감히 평신도라고 칭하다니! 게다가 평신도는 없다고 주장하는 마당에 '예수는 평신도였다'로 제목을 붙인 것은 자기모순에 빠진 것이 아닌가?

나는 평신도라는 단어를 들을 때 크게 두 가지 생각이 떠오른다.

첫째는 부정적인 생각이다. 마치 성도의 신분이나 계급을 나누는 것과 같은 어감을 일으키기 때문이다. 그러하기에 이는 내가 이미 '없다'고 부정해 버린 그런 의미이다.

그러나 두 번째 생각은 오히려 긍정적인 것이다. 평신도라면, 교회 안에서 뿐만 아니라 교회 밖의 세상에서 무엇인가 일을 하면서 살아가는 사람들이라는 생각이 함께 떠오른다. 다시 말해 세상 속에서 살아가며 교회와 세상을 이어 주는 연결고리의 역할을 하는 사람들이다. 따라서 세상의 소금이요 세상의 빛의 역할을 해야 할 바로 그 사람들인 것이다.[1]

어차피 현실적으로 광범위하게 사용되고 있는 평신도라는 단어를 나 혼자 부인할 수도 없는 형편이라면, 앞으로 나는 주로 위의 두 번째 의미에서의 적극적인 생각을 가지고 이 단어를 활용하려고 한다. '예수는 평신도였다'는 말에도 위의 두 번째 의미가 우선적으로 포함되어 있다.

그러나 묵상 가운데 다시금 '예수는 평신도였다'는 말 속에는 첫 번째 의미 역시 강하게 내포되어 있다는 것을 깨닫게 되었다. 가장 높고 귀한 왕의 신분에서 가장 낮고 천한 종의 모습으로 내려오신 그분의 신분상 하락을 나타내는 깊은 의미가 들어 있다는 것이다. 그분이야말로 진정 귀족이기를 포기하신 분이다. 아버지가 그에게 붙여 주신 생명들을 살리기 위해 아버지의 뜻에 순종함으로써 평민, 아니 천민으로 기꺼이 내려가기로 결단하신 분이다.

성육신의 신비, 예수 탄생의 비밀을 우리가 어떻게 다 알 수 있을까? 그러나 성경은 예수를 왕과 귀족의 높은 신분이나 종교적 특정 가문에서 탄생토록 하지 않고 가장 낮고 천한 평민, 어쩌면 부끄럽기까지 한 가문에서 태어나게 하신 하나님의 의도를 매우 강하게 나타내고 있다.[2] 그는 혈통으로 모세처럼 레위 족속이나 혹은 제사장 가문에서 태어난 사람이 아니다. 오히려 그는 성경에 기록된 가장 추악하고 부끄러운 스캔들인 시아버지와 며느리 사이에 불륜의 씨를 남겼던 유다

---

1) *The other six days*, R. Paul Stevens, 1999, Eerdmans/Regent.
2) 예수의 왕 되심을 선포하고자 애썼던 마태가 가부장적인 예수의 족보를 소개하면서 굳이 다말, 라합, 룻 그리고 우리아의 아내의 불명예스러운 네 명의 여인들을 삽입하고 있는 것은 이해하기 힘든 일이다. 이는 성령의 간섭하심에 의해 하나님께서 의도적으로 기록하도록 명하지 않았다면 불가능한 일이다. 밧세바라는 이름 대신에 '우리아의 아내'라고 꼬집어 표현한 것도 남의 아내를 취하여 간음했음을 밝히 나타내고자 함이다. 성경 기록의 정직성은 우리의 죄악상을 하나도 남김없이 드러낼 뿐 아니라, 예수께서 그와 같이 죄로 점철된 인간 역사의 중심부로 친히 내려오셨다는 것을 엄숙히 선포하고 있는 것이다.

계보의 후손이다. 뿐만 아니라 선택받은 이스라엘 백성이 그토록 천시하고 무시했던 창기와 이방여인과 간음한 여인의 혈통을 물려받은, 그리고 마침내 목수 요셉의 아들로서 세상에 나타났다.

뿐만 아니라 그는 목수의 아들로서 평범한 가정에서 성장하며 부모형제와의 관계 속에서 부대끼며 살았다. 또한 아버지 요셉이 죽고 난 이후 장남으로서 가족을 부양하는 책임을 느끼며 한동안 목수의 직업을 충실히 감당했을 것이다. 그리고 마침내 하나님의 부르심의 때에 사역자의 길로 나서게 된다. 그러나 그의 신분은 여전히 평신도였다. 그래서 그 당시 귀족 종교인이었던 바리새인과 제사장들로부터 업신여김을 받아야 했다.

그는 세례 요한의 무릎 아래 겸손히 꿇어앉아 고개 숙여 세례를 받았다. 그리고 일어나 세상을 향해 천국 복음을 선포하기 시작했다. 그는 사랑의 빛으로 이 세상에 왔기에 세상을 끝까지 사랑했다. 비록 죄 속에 깊이 물들어 죽어 가는 세상이었지만, 그들을 위로하고 눈물을 닦아 주며 상처를 싸매 주고 껴안을 만한 넓은 가슴을 가지고 있었다. 그래서 세상 구석구석까지 찾아갔다. 창기와 세리들의 친구가 되어 그들과 더불어 먹고 마시면서 즐거워했다. 쓰러진 사람들을 일으켜 세우는 상담자였고 조력자였다. 가난하고 굶주린 무리들을 먹이는 사회사업가이기도 했다. 제자들을 모아 가르치는 교육자였다. 질병에 걸린 자들을 고치는 의사였다. 더러운 문둥이와 벙어리와 귀머거리와 절름발이가 고침을 받았다. 가장 낮고 천한 불가촉천민(不可觸賤民)들과도 접촉하였다. 눈먼 자들에게 새로운 광명과 비전을 보여 준 비저너리(visionary)였다. 그 시대의 부패한 종교인들과 맞서 목소리를 높인 개혁가이기도 했다.

그는 세상을 사랑하여 세상 속에서 일했다. 세상의 불의한 정신과는 결코 타협하지 않았지만, 그렇다고 결코 세상을 등지거나 격리된 삶을 살지도 않았다. 오히려 그 시대 상황과 세속 정신의 가장 깊은 곳까지 간파하며 꿰뚫어보는 통찰력과 안목을 가진 사람이었다. 그 속에서 그는 자신의 삶을 불태우며 십자가의 길을 걸어갔다.

예수, 그는 진정한 평신도였다.

성경 새롭게 읽기 ①
평신도로 인치심 마태복음 3장

예수가 언제부터 자신이 바로 성경에 예언된 메시아라는 사실을 자각하게 되었는지 우리는 알 수 없다. 완전한 사람으로 태어났던 분이기에 분명 아무것도 모르는 어린 시절을 겪었음에 틀림없다. 그러나 일찍이 유대 풍습에 따라 회당에 나가서 말씀을 배웠을 것이고, 말씀에 깊이 빠져들어 홀로 묵상하는 시간 속에서 자신을 향한 하나님의 계시를 조금씩 깨달아 가는 과정을 겪지 않았을까? 부모를 따라 해마다 유월절이면 성지 예루살렘을 순례하기도 하면서, 자기 안에 계신 하나님의 임재를 강하게 느꼈을 것이다. 누가복음 2장에 의하면 적어도 열두 살 무렵에는 말씀에 대한 깊은 이해가 있어서 성전에서 만난 랍비들과도 서로 쟁론할 수 있을 정도의 지식을 깨우친 것으로 짐작된다. 여행길에 예수를 잃어 황급히 찾아 나선 부모를 향해 "내가 내 아버지 집에 있어야 될 줄을 알지 못하셨나이까?" 하고 신비스런 반문을 한 것으로 보아, 이미 그 당시 어느 정도 자신에 대한 하나님의 음성을 듣고 있었던 것이 아닌가 여겨진다.

열두 살에서 그가 공생애로 나서기까지의 약 20년의 세월에 대해서 성경은 침묵하고 있다. 단지 '그 지혜와 키가 자라 가며 하나님과 사람에게 더 사랑스러워졌더라' 하는 일반적인 묘사만이 있을 뿐이다.[3] 그 기간 그가 불가의 깨우침을 얻기 위해 인도에 수행의 길을 다녀왔다느니, 세례 요한과 마찬가지로 에세네파의 제자로 입문하여 수련을 했다느니 하는 허망한 이야기들은 어디까지나 성경에 없는 추측에 불과하다. 오히려 그 세월, 아버지를 도와 묵묵히 목수 일을 배우는 동안 틈만 나면 말씀을 묵상하며 조금씩 선명해지는 하나님의 음성을 듣고 있었을 것이다. 그러던 중 "바로 네가 그 메시아다" 하는 하나님의 음성을 들었을 것이다. 사마리아 여인과 만나서 대화하던 중 "내가 그로라"(I am He) 하고 밝히 말할 수 있었던 것은 오랜 묵상과 기도 가운데 얻어진 확신에서 비롯된 것이었다.

그러나 예수가 깨닫게 된 메시아는 분명 이사야 53장에 나타난 고난받는 종의 모습이었고, 백성들의 죄악을 대신 담당함으로 징계와 채찍을 받아 마침내 죽음의 형벌을 받아야만 하는 그런 메시아였다. 그와 같은 사실을 알게 되면서 예수의 마음속에 일어났던 동요와 갈등은 어쩌면 당연한 것이었다. 히브리서 기자가 '모든 일에 우리와 한결같이 시험을 받은 자로되'(히 4:15)라고 표현한 것은 조금도 과장된 표현이 아니다. 그에게는 억압받는 조국이 있었고 평범한 부모와 형제들이 있었다. 예수는 장남으로서 가계를 이어갈 책임을 지고 있었다. 더구나 로마 제국의 압제 속에서 고통 받는 유

---

3) 도마의 유아기 복음서에는 예수의 어린 시절 신성을 마술적으로 묘사한 대목들이 나타나 있다. 그러나 예를 들어 진흙으로 새를 만들어 날려 보내는 장면과 같은 일화가 신빙성이 없는 것은 성경에 나타난 예수의 다른 기적과는 판이한 차이를 나타내기 때문이다. 돌로 떡을 만드는 것조차 단호히 거부해 버렸듯이 예수는 마술과 같은 기적을 이용해 자신의 신성을 입증한 일이 없으며, 자신의 일차적 유익이나 감정에 좌우되어 기적을 베푼 일도 없다. 예수의 기적은 오직 백성들에 대한 긍휼에서 비롯되었거나 복음 선포를 위하여 자신의 메시아성을 드러내고자 하는 계시적 목적에만 사용되었다.

대 민족의 젊은 청년들은 분노와 좌절 속에서 점점 폭력적인 모습으로 변해 가고 있었다. 그 가운데 청년 예수에게 다가오는 하나님의 음성과 소명은 어쩌면 가장 받아들이기 힘든 일이었을 것이다.

*

얼마 전부터 예수는 자기 친족 요한이 유대 광야에 나타나 회개의 세례를 베풀고 있다는 소식을 듣고 있었다. 오래 전에 어머니 마리아로부터 범상치 않은 요한의 출생 이야기를 들은바 있었던 예수는 요한이 활동하기 시작하자 가슴이 뛰기 시작했다. 요한의 외침은 바로 이사야서에 기록된 대로 광야에서 외치는 자의 소리요, 메시아의 길을 예비하기 위한 전주곡임을 직감했기 때문이다. 그것은 바야흐로 하나님의 때가 찼음을 의미하는 것이었다.

예수는 요단 강가에 서 있었다. 많은 군중들이 사방에 몰려들어 또 어디론가 몰려가고 있었다. 그들의 발걸음이 이어지는 끝자락의 아득한 곳에서 요한이 무리들을 향해 소리 지르는 모습이 어렴풋이 보였다. 날씨는 스산하고 하늘은 잔뜩 찌푸린 구름에 덮여 있었다. 예수도 무리에 싸인 채 한 걸음씩 그곳을 향해 가까이 다가가고 있었다.
"회개하라. 천국이 가까왔느니라."
어찌된 일인지 완고하고 목이 곧은 유대 백성들이 요한의 그 음성에 옷을 찢고 자기의 죄를 자복하며 회개의 눈물을 흘리는 것이었다. 그리고 앞 다투어 나아가 세례를 받고 있었다. 저 죄에 싸인 무리들, 자신의 감추어진 죄와 민족의 드러난 죄에 겹겹이 싸여 살아가던 저들에게 이제 하나님의 회개의 음성이 들리기 시작한 것이다. 예수는 그 모습을 바라보며 깊은 상념에 사로잡힌다. 과연 내가 저들의 저 무거운 죄들을 모두 담당할 수 있을까? 요단 강물로 저들의 죄를 씻을 수만 있다면…….

"독사의 자식들아, 누가 너희를 가르쳐 임박한 진노를 피하라 하더냐?"

갑작스런 세례 요한의 고함에 예수는 문득 정신을 차렸다. 거룩한 옷차림의 바리새인과 사두개인의 무리들이 가까이 다가서다가 요한의 독설에 멈칫거리며 서로의 얼굴들을 쳐다보고 있었다. 대조적으로 약대 털옷을 입고 허리에 가죽띠를 두른 채 검은 수염을 휘날리며 부르짖는 요한의 모습은 마치 갈멜 산에서 거짓 선지자들과 맞서던 엘리야의 모습을 연상케 했다.

"그러므로 회개에 합당한 열매를 맺고 속으로 아브라함이 우리 조상이라고 생각지 말라. 내가 너희에게 이르노니 하나님이 능히 이 돌들로도 아브라함의 자손이 되게 하시리라. 이미 도끼가 나무 뿌리에 놓였으니 좋은 열매 맺지 아니하는 나무마다 찍어 불에 던지우리라."

예수는 생각했다. 내가 과연 저 외식적이고 정략적인 종교 지도자들과 맞설 수 있을까? 아니 선지자로 맞서는 것보다 더 어려운 것은 저들의 죄까지도 내가 감당해야만 한다는 사실이다. 만일 저 요한처럼 단지 하나님의 공의와 진노와 심판을 외치는 것이라면 그것은 쉬운 일이었다. 그러나 예수에게는 죄악된 저 무리들을 위하여 사랑으로 자신의 몸을 바쳐야만 하는 십자가가 기다리고 있었다. 며칠 전 갈릴리에서 이곳 유대 광야로 떠나기 전날 밤, 예수는 그를 향한 하나님의 뜻을 구하며 밤을 새워 기도를 했다.

"아버지, 정말 이것이 아버지의 뜻입니까? 그렇다면, 당신의 뜻이라면 가겠습니다. 그러나 제게 순종할 수 있는 용기와 힘을 주십시오. 아니, 제게 그 어떤 표징을 보여 주십시오. 아버지의 음성을 들려주시고 형상을 직접 보여 주십시오."

어느새 예수의 발걸음은 요한과 눈을 마주칠 만한 거리까지 이르렀다. 온화하면서도 고요한 자태로 다가서는 예수를 기이하게 느꼈는지 앞에 섰던 무리들이 길을 열어 주기 시작했다. 강물에 반쯤 잠긴 채 세례를 주고 있던 요한도 고개를 들어 예수를 보았다. 다가서는 예수를 바라보는 그의 얼굴에는 놀라는 표정이 역력했다. 예수의 발길이 찰랑거리는 요단 강물로 들어서기 시작했다. 마침내 예수가 팔을 내밀면 닿을 만한 거리에서 발걸음을 멈추었다. 요단 강물 속에서 마침내 두 선지자가 만난 것이다. 요단 강은 그 두 사람이 반드시 건너야 할 운명의 강이었다. 잠시 경이로운 침묵이 강물처럼 출렁이며 두 사람 사이에 흘렀다.
"내게 세례를 베풀어 주십시오."
예수가 입을 열었다.
"안 됩니다. 내가 당신에게 세례를 받아야 할 터인데, 어떻게 당신이 내게 오십니까?"
요한이 말했다. 예수도 생각했다. 내게 회개할 만한 어떤 것이 있는가? 그 순간 그의 마음은 평안하고 고요해졌다. 아무것도 떠오르지 않았다. 그런데 왜? 예수의 시선이 천천히 움직이며 긴장한 표정으로 자신을 지켜보고 있는 무리들을 둘러보았다. 지치고 병들고 굶주린 그들의 모습은 퀭하게 팬 두 눈에서 두려운 눈빛으로 무엇인가 갈망하며 타오르고 있었다. '불쌍한 저들의 죄짐을 네가 대신 져야 한다. 그것이 네 십자가다.' 마음속 깊은 곳 어디선가 분명한 음성이 들려왔다. 그 순간 왈칵 눈물이 쏟아지기 시작했다. 그러나 그것은 회개의 눈물이 아니었다. 그것은 긍휼과 사랑의 눈물이었다. 아버지의 뜻을 깨달은 자만이 흘릴 수 있는 순종과 기쁨의 눈물이었다.

"아니오. 허락하시오. 우리가 이와 같이 하는 것이 하나님이 계획하신 모든 의를 이루는 것입니다."

예수가 무릎을 꿇으며 앉는 순간 강물이 넘실거리며 그의 가슴을 타고 올라왔다. 요한의 손이 예수의 머리에 얹어졌고, 그는 물 속에 잠겼다가 다시 올라왔다.

예수의 머리가 물 위로 솟구치는 순간 갑작스런 햇살이 눈부시게 비추기 시작했다. 두꺼운 구름이 갈라지면서 하늘에서 한줄기 햇살이 폭포수처럼 쏟아졌다. 물방울이 아름답게 튀기며 영롱한 무지개를 만들고 있었다. 예수와 요한은 그 순간 말할 수 없는 평화가 그들의 머리 위를 감싸고 지나감을 느꼈다. 비둘기처럼 순결한 영이 순백의 형상을 띠고 내려앉아 예수의 머리 위에 한동안 머물러 있었다. 하나님의 사랑과 의가 함께 예수의 머리 위에서 발끝까지 흘러내리고 있었다. 그때 하늘에서 은은하고 거룩한 음성이 들려왔다.

"이는 내 사랑하는 아들이요 내 기뻐하는 자라."

예수는 그 음성을 듣는 순간 가렸던 모든 것이 환하게 드러나는 기쁨을 맛보았다. 그것은 태초로부터 감추어져 오던 비밀이었으나 이제 그의 속에서 찬란하게 빛나며 밝히 드러난 것이다. 그리고 자신이 누구인지, 왜 인생 가운데에 서 있는지, 그리고 무엇을 위해 보냄을 받았는지 알게 되었다. 그것은 아버지로부터 오는 확실한 인증이었고 기름부음의 순간이었다. 그리고 그는 자신의 낮아짐의 의미를 깨달았다. 모든 두려움이 사라졌다. 그리고 자신에게 주어진 사명이 선명하게 떠올랐다. 그것은 앞으로 그가 가야 할 고난과 영광의 길이었다. 요단 강물에 잠겼다가 솟구치는 그 순간 이미 예수는 자신의 모든 것을 아버지께 드렸다. 그것은 장차 다가올 십자가와 부활의 선험적 체험이었다. 싸움은 끝났다. 그러나 그것은 그가 사랑해야 할 세상을 향한 출정식이요 선전포고이기도 했다.

3. 신학(神學)은 없다

신학이란 무엇인가?

이 질문에 답하기 위해 어렵고 추상적인 신학적, 철학적 논증을 피력할 학자들이 많을 것이다. 그러나 여기서 묻는 이 물음은 그렇게 대단한 질문이 아니다. 어디까지나 안티테제를 이끌어내기 위한 질문이기 때문에 부담 없이 거꾸로 생각해 보자.

신학(theology)도 학문인가? 학(學) 자가 붙었으니 그럴 것이다. 그렇다면 생물학(biology)이나 심리학(psychology)과 마찬가지로, 학문의 대상을 신(神)으로 두고 이성적으로 반응하며 앎을 추구하는 그런 행위를 포괄적으로 지칭하는 것일 게다. 그렇다면 생물이나 인간의 심리처럼, 학문적으로 연구하면 할수록 신(God)에 대해서도 더 많은 것을 알아낼 수 있다는 말인가? 이것이야말로 엄청난 난센스다. 만일 인간의 이성적 사유로서 파악될 수 있는 존재가 신이라면 그것은 이미 신이 될 수 없기 때문이다.

그렇다. 기독교의 신관은 철저하게 인간의 이성을 뛰어넘는 초월적

신에 대하여 논하고 있다. 로마서 3장 11절에서 말한바, 의인은 없나니 하나도 없고 깨닫는 자도 없고 하나님을 찾는 자도 없다. 인간 스스로의 능력으로는 하나님의 의에 도달할 수도 깨달을 수도 없으며, 인간은 도무지 하나님이 어디 계신지 어떤 분인지 찾아갈 수도 없는 그런 상태에 있다는 것이 기독교의 인간관이기도 하다. 오직 하나님은 당신이 스스로를 계시(啓示)할 때만 우리 인간에게 그 모습을 드러내신다.

그런데 어떻게 사람이 신을 학문적으로 연구하고 그 결과물(즉, 신에 대해 알아낸 결과들)을 판단하고 그것으로 학위를 주고 말고 할 수 있단 말인가? 아주 우스꽝스러운 일이 아닐 수 없다. 따라서 타종교의 신이라면 몰라도 기독교의 유일신, 창조주 하나님에 대한 신학이란 아예 존재할 수조차 없는 개념일 것이다.

평신도 A : 그런데, 엄연히 신학이나 신학자들이 존재하고 있는 걸 어떻게 설명하죠?

평신도 B : 아마도 그것은 이런 이야기가 아닐까요? 성경에 계시된 하나님에 대하여 좀더 잘 살펴보아 조직적으로 이해하고, 필요하다면 교리로 체계화하여 우리 같은 평신도들에게 좀더 알기 쉽게 설명하기 위한 노력에서 비롯된 성경 연구, 그 위에 교회의 전통과 관습이 가미되어 학문적으로 자리 잡은 것. 어때요?

평신도 A : 글쎄요. 만일 그렇다면 신학이라는 표현보다는 성경학(聖經學)이라는 표현이 더 정확하고 정직한 표현이 아닐까요? 그속에서 구약학, 신약학 혹은 성경조직학, 성경윤리학 등등으로 분류하면 될 것이 아닙니까?

평신도 B : 일리가 있군요.

평신도 C : (팔짱을 끼고 두 사람의 대화를 듣다가) 그러나 교회의 오랜 전통과 관습이나 역사 속의 수많은 위대한 신학자들이 성경을 연구하고 알아낸 것들의 소중함을 간과하거나 무시해서는 안 된다고 생각합니다. 마치 그것은 자연에 대해 연구했던 과학자들의 위대한 발견과 법칙들을 무시하는 것과 마찬가지의 어리석음이 아닐까요? 예를 들어 칼뱅주의의 전통을 무시하는 것은 마치 뉴턴의 만유인력의 법칙을 무시하는 것이나 다름없다는 것이지요.

평신도 B : 좋은 지적이군요. 그런데, 그 이후에 발견된 아인슈타인의 상대성 이론에 비추어 보면, 뉴턴의 만유인력 법칙이 완전한 것이 아니고 오직 부분적 지식만을 우리에게 주고 있음이 밝혀지지 않았습니까? 신학적 지식도 항상 그 시대의 산물이요, 계시의 영역도 지속적으로 발전되어 나간다고 보는 것이 옳지 않을까요? 한 시대의 패러다임에 묶여 있는 것은 오히려 발전을 저해하는 요인이 되고 말지요. 과학의 역사에서도 그것이 입증되었듯이 말입니다. 더구나, 하나님이 우리에게 연구 대상으로 허락하신 피조세계의 자연법칙에서도 그러한데, 하물며 우리의 사유 영역을 넘어선 초월적 하나님의 세계를 다루는 신학에서는 더욱 그렇지요. 유한하고 불완전한 인간의 이성으로 파악해낸 지식 체계에 절대성을 부여한다는 것은 매우 위험한 일이라고 여겨집니다.

평신도 C : …….

평신도 A : 그런데, 만일 성경 말씀을 묵상함으로 그 속에 나타난 하나님의 뜻을 연구하는 것이 신학이라면, 꼭 목사님들이나 신학자들만 그 일을 할 수 있는 건 아니지요? 엄연히 우리 믿는 성도들 모두에게 하나님께서 보내신 성령님이 내주하고 계셔서 모든 것을 가르치고 생각나게 하시리라 하지 않았습니까?

평신도 B : 그도 그럴듯하네요. 그리고 보면 우리 모두가 신학자가 될 수 있다는 이야긴가요? 하하.

평신도 C : (조금은 어이없다는 듯이) 그래도 무슨 일이든 전문가에게 맡겨야 위험성이 줄어드는 것 아닙니까? 베드로후서 1장 20절에도 성경의 모든 예언은 사사로이 풀 것이 아니라고 되어 있지 않습니까? 또 3장 16절에는 사도 바울의 편지 중에 알기 어려운 것이 더러 있으니 무식한 자들과 굳세지 못한 자들이 다른 성경과 같이 그것도 억지로 풀다가 스스로 멸망에 이른다는 경고도 있습니다.

평신도 B : 그도 옳은 말씀이군요. 그러나 베드로가 말한 경고는 앞뒤 문맥으로 볼 때 주로 새 하늘과 새 땅이 나타날 종말의 때에 대한 말씀을 억지로 풀려고 하는 거짓 선지자들에게 미혹되지 말도록 권하는 것으로 보는 것이 더 타당하지 않을까요? 그 말씀을 지나치게 보편화시켜서 제사장된 성도의 특권인, 아버지 앞에 나아가 그 음성을 듣는 것조차 제한해서는 안 될 것 같습니다. 말씀과 기도 가운데 깨닫게 하시는 성령의 음성에 귀 기울여야 하는 것은 믿는 성도들의 특권이자 의무라고 생각합니다.

평신도 A : (약간 불만 섞인 목소리로) 동감이에요. 오히려 신학이라는 테두리를 정하여 놓고, 일부 특정인들에게만 들어갈 수 있는 성역인 양 그것을 통해 일종의 종교 권력을 행사하려는 것이 더 큰 문제를 야기하는 것이 아닌가요? 역사적으로 항상 권력화한 종교인들에 의해서 성경의 참 진리가 가려지고 아전인수 격으로 해석되곤 하지 않았던가요?

평신도 C : 그렇다고 아무나 신학을 한다고 나대서야 어디 교회 내에 질서가 잡히겠어요?

평신도 B : 맞습니다. 따라서 정규적인 신학 훈련을 받은 사람 중에서 특별히 목회의 소명을 받은 분들이 교회에서 말씀을 체계적으로 전하도록 하는 것이 마땅히 옳겠지요. 그렇기 때문에 신학이라는 것이 특정 집단의 소유가 될 수는 없을지라도 목회자들에게는 반드시 요구되는 필요조건이 되어야만 할 것입니다. 따라서 신학은 목회자의 전유물이나 권리라 하기보다는 의무사항으로 여겨지는 것이 더 타당합니다. 오히려 하나님의 종으로 성도들을 섬기겠다는 소명도 없이 마치 신학을 영적 사치품으로 생각한다든지 종교 권력을 행사하기 위한 수단으로서 신학을 하는 사람들에 의해서 이 땅의 교회와 하나님의 이름이 더럽혀지고 있는 현실들이 안타까울 뿐입니다.

평신도 A : (여전히 다음 질문들이 머리에서 맴돈다) 신학은 과연 거룩한 학문인가? 아니 신학만이 거룩한 학문인가? 신학을 해야만 거룩한 제사장이 될 수 있는가? 신학을 하지 않은 사람은 하나님의 말씀을 전할 수 없는가? 왜 신학을 하면 모두 거룩해(?)져야만 하는가? 등등.

*

패러디 – 빌라도의 법정에서

빌라도 : 나는 이 자를 죽일 만한 죄를 도무지 찾지 못했어.

제사장 무리들 : 아닙니다. 저자는 백성을 미혹하고 가이사에게 세 바치는 것을 금하며, 자칭 왕 그리스도라 말했습니다. 죽어 마땅한 죄인입니다.

빌라도 : 네가 정말 유대인의 왕이냐?

예수 : 네 말이 옳도다.

제사장 무리들 : 거 보십시오. 아주 위험한 자입니다. 우리에겐 가이사 외엔 다른 왕이 없습니다. 그렇지 않습니까?

빌라도 : 내가 보기에는 위험하다기보다는 약간 정신 나간 사람 같

은걸. 그냥 몇 대 때려서 훈방한 후 쉬도록 하면 될 것 같아.

제사장 무리들 : (소리 질러) 절대 안 됩니다. 저자는 정부에서 인정한 신학교도 안 다닌 주제에 거룩한 성전과 모세의 율법을 모독하는 말로 가르친 참람한 자입니다.

빌라도 : 그것이 정말이냐?

예수 : …….

빌라도 : 흠, 제도권에 대항하다니, 정말 위험한 요소가 있군. 사형에 처하도록 하라.

4. 성직자는 없다

　종교적 직무를 본업으로 삼고 사는 사람들을 가리켜 성직자라고 한다. 따라서 이는 타종교에도 해당하는 말이다. 기독교에서는 아마도 정규 신학 교육을 받고 안수 받아 목회를 하는 목사가 이에 해당될 것이다. 천주교의 사제나 불교의 승려들을 성직자라고 하는 것과 마찬가지의 개념이다.

　그런데 유독 기독교에서는 복잡한 문제가 발생한다. 종교 개혁자들이, 하나님 뜻에 합한 모든 직업은 그 자체가 성직이라고 천명했기 때문이다. 물론 성경도 그것을 뒷받침하고 있다. 그렇다면 비즈니스를 하는 사업가도, 정치가도, 과학자도, 의사도, 대학 교수도, 가정주부도 모두 성직자이고, 날마다 성직을 수행하고 있는 셈이 된다. 그러니 그들을 데리고 목회를 해야 하는 목사의 경우는 정말 애매한 상황에 처하고 만다. 자고로 모든 종교에는 성직자의 거룩한 프리미엄이 있어서 그것으로 손쉽게 교인들을 다스리고 권위로 제압할 수 있는데, 기독교에서는 그것이 효과적으로 잘 통하지 않을 위험성이 있기 때문이다.

모든 사람이 성직자가 된다는 이야기는, 바꾸어 말하면 성직자가 없다는 말이나 마찬가지이기 때문이다. 그래서 역시 유대 제사장들이나 천주교 사제들이 사용하던 비슷한 방법과 소도구들을 빌려와서 평신도와의 간격을 벌려 놓는 것이 매우 중요하다.

엄숙해 보이는 검정 가운을 입고 높은 단상 위 강대상에서 내려다보며, 뒤에는 성소로 들어가는 휘장을 연상케 하는 검정색 커튼을 길게 늘어뜨리고, 옆에는 화려한 성가대로 친위병을 삼고, 능력만 닿는다면 크고 웅장한 성전을 지어서 일반 교인들이 일단 발을 들여놓을 때부터 권위에 압도당하는 느낌을 최대한 받도록 해야 한다. 그래야 점점 더 많은 교인들이 몰려들 것이고, 교회는 갈수록 부흥 발전하여 마침내 성공한 목회자로 인정받을 것이다. (안티테제로는 이 정도로 충분하다고 여겨지므로 여기서 중략. 그리고 목사님들을 너무 화나게 하는 것도 원치 않는 일.)

만일 위와 같이 생각하는 사람이 목회자로 있는 교회라면, 그 교회에는 참 성직자가 없음이 분명하다. 그런데 그런 목회자만 있는 것은 아니다. 오래 전에 정말 마음을 시원하게 하는 섬김의 본을 보이는 목회자를 만난 경험이 문득 떠오른다.

나와 아내가 미국에서 공부하던 시절, 다니던 보스턴의 한인 교회는, 대부분의 이민 교회가 그렇듯이, 자기 건물이 없어서 미국 교회를 빌려 사용하고 있었다. 그 당시 빌려 쓰고 있던 미국 교회는 고든 맥도날드 목사님이 시무하여 유명해진 그레이스 채플이었다. 우리는 매주 2시경 예배를 드렸지만, 아내가 반주자여서 성가대 연습을 하느라 항상 먼저 갔다. 나는 교회 주차장 근처의 뜰에서 아이가 따스한 햇살 아래 뛰어노는 것을 지켜보며 한가로운 시간을 보내곤 했다. 그런데 그때마다 얼굴에 미소를 한가득 안고 싱글벙글 웃으며 커다란 검정색 플라스틱 쓰레기 봉투를 어깨에 메고 주차장 옆의 쓰레기장에 갖다 버리는 미국인이 있었다. 언제나 큰 소리로 내게 먼저 인사를 하며 유쾌하게 일하는 그를 바라볼 때마다 왠지 모르게 기분이 좋아지곤 했다. 나는 당연히 그분이 교회의 관리를 맡은 사찰 집사님인가 보다고 생각했다.

한참 후에 어떤 특별 행사가 있어서 미국 교회와 한인 교회가 함께 연합 예배를 드린 일이 있었다. 그날 예배시간에 나는 너무나 깜짝 놀랄 일을 겪었다. 어? 내가 늘 주차장에서 만나던 그 사찰 집사님이 단상에 앉아 있는 것이 아닌가! 저분이 오늘 기도 순서인가 보다 하고 고개를 갸우뚱하고 있는데, 설교시간이 되자 그분이 앞으로 나와 말씀을 전하는 것이 아닌가! 알고 보니 그 사찰 집사가 바로 그 큰 교회의 담임목사님이었던 것이다.

모든 성직자가 쓰레기를 버리는 일을 해야 한다고 생각지는 않는다. 상황에 따라 환경에 따라 달라질 것이다. 그러나 본질은 하나다. 기독교에서 말하는 성직자의 개념은 주의 종이다. 송인규 목사님이 《정말 쉽고 재미있는 평신도 신학》에서 아주 잘 요약해 놓았듯이, 모든 그리스도인이 주의 종이요 다시 말해 성직자이다. 뿐만 아니라, 그는 반드시 하나님과 사람들을 함께 섬기는 진실된 종이 되어야만 한다.

과연 그런 성직자가 얼마나 있을까? 아마도 벽촌 구석구석 보이지 않는 곳에 숨어서 섬기는 분들이 많을 것이다. 그것이 희망이요 바람이다.

성경 새롭게 읽기 ②
평신도와 성직자 – 분리의 시작 사도행전 6:1-7

한국 교회가 세우고 있는 신기록 중에서 각 교단마다 세계에서 가

장 큰 대형 교회가 있다고 더러 자랑하기도 한다. 일제의 핍박과 한
국 전쟁의 폐허 위에 세워진 한국 교회의 양적 부흥이야말로 세계
교회사의 한 페이지로 기록될 만한 경이적인 일이다. 이는 마치
1960-80년대의 한국 경제의 양적 성장과 때를 맞추어 20세기의
전형적인 대기업 대량 생산 체제의 확고한 승리를 나타내는 표징
이기도 했다. 물론, 그 역시 하나님께서 허락지 않으셨다면 불가능
했을 것이다. 그런데 성경에서 이야기하는 성령의 부흥 역사가 과
연 교회의 외적 크기나 교인의 증가로 인한 양적 성장을 의미하고
있는가? 그것이 하나님이 진정 원하시는 부흥일까?

사도행전 6장은 예루살렘 교회가 크게 부흥하고 있는 역동적인 모
습을 생생히 보여 주고 있다. 오순절 성령강림 이후로 사도들의 말
씀에 권능이 실리면서 허다한 무리가 예수를 믿게 되었고, 교회는
기쁨으로 찬미하고 교제하며 떡을 떼는 아름다운 모습으로 칭송을
받게 되었다. 그러나 교회의 양적 성장에 따라 구제하는 일에 여러
가지 잡음이 들리기 시작했다. 헬라파 유대인들이 히브리파 유대
인들에 비해 차별 대우를 받아 원망이 생긴 것이다. 사람 사는 곳이
니 당연히 있을 수 있는 일이기도 하다. 요즘 시대로 쉽게 풀어 생
각하면, 한국 본토의 수도 서울에 있는 초대형 교회에 이 시대의 강
대국 중국에서 태어나 중국말을 잘하는 조선족들이 건너와 함께
예배를 드리고 있었는데 그들이 교회 안에서 소외당하고 무시를
당했다는 이야기이다.

그런 일이 벌어져서 교회 안이 시끄러워지자 사도들은 아주 기발
한 제안을 내놓았다. 교회의 살림살이를 맡아 일할 집사들을 선출
하자는 것이었다. 이 일은 모든 사람에게 합당한 일로 비추었고 모
두들 기뻐하며 찬성하게 되었다. 믿음과 성령이 충만한 스데반과
빌립을 비롯한 일곱 명이 초대 예루살렘 교회의 집사로 선출되었

다. 마침내 교회 안에 조직이 생기고 평신도 중에서 지도자가 선출되는 아주 중요한 사건이 일어난 것이다. 유대교의 제도와 틀을 깨뜨리고 탄생한 초대 교회에 또 다른 제도와 계층의 바탕이 형성되었다. 그로 말미암아 사도들은 좀더 영적이고 거룩한 일들, 즉 기도하는 것과 말씀 전하는 일에 더욱 집중할 수 있었고, 결과적으로 말씀은 왕성해지고 교회는 더욱 대형화되었다.

이 본문은 교회 성장과 발전을 위한 전형적인 모델을 제시해 주는 대목으로서 종종 감동 깊게 설교자들에 의해 인용되는 곳이기도 하다. 분명 그와 같은 해석에도 일리가 있고 더러는 필요한 메시지를 우리에게 전해 줄 수 있다고 생각한다. 그러나 말씀의 오묘함은 항상 그것을 담는 그릇에 따라, 말씀을 받는 사람과 시간과 장소에 따라 새로운 깊이와 영감으로 다른 일면을 제시해 주기도 한다. 같은 본문을 대하는 같은 사람도 과거와 현재와 미래의 말씀 해석이 유동적으로 달라질 수 있다는 것이다. (물론 그것이 복음의 핵심 진리를 변개시키는 것이 아니라는 전제 속에서) 규격화된 말씀 해석은 마치 물 흐르듯 하는 성령의 역사를 오히려 제한할 수 있다. 이제 사도행전 6장의 사건을 다른 각도에서 한번 살펴보자.

그렇듯 성장일로로 커 가고 있던 예루살렘 교회에 이상한 일이 벌어졌다. 가장 존경받던 스데반 집사가 얼마 지나지 않아 순교를 당하고, 예루살렘 교회는 큰 핍박으로 산산이 흩어지게 된 것이다. 왜 이런 일이 일어났을까? 혹 그들에게 무슨 문제가 있었던 것은 아닐까?

성경의 역사 속에 흐르는 하나님의 선교 방법을 자세히 살펴보면, 크고 위대한 민족이나 개인을 사용하시는 일이 거의 없다. 이상하게도 가장 보잘것없고 약한 사람들을 통해 일하신다. 더러는 그들이 높아져 있으면 강제로 낮추어서라도 자신을 부인케 한 이후에야 비로소 역사를 시작하신다. 아브라함이 그랬고, 요셉이 그랬으며, 모세가 그랬고, 다윗이 그랬다. 예수의 탄생이 그랬고, 예수께서 택하신 제자들이 그랬다.

예수께서는 승천하시기 직전까지 제자들에게 하나님 나라에 대해 가르치셨다. 하나님 나라는 예수의 가르침의 핵심 사상이었다. 하나님 나라는 땅에 떨어진 밀알같이, 적은 누룩같이 소수의 무리들에 의해 퍼져 가는 그런 나라였다. 예수께서 제자들에게 명하셨다. 그들이 성령을 받기까지는 예루살렘을 떠나지 말고 기다리라고. 그러나 성령이 그들에게 임하시면 그들이 권능을 받아 예루살렘과 온 유대와 사마리아와 땅 끝까지 이르러 예수의 증인이 되리라고 말씀하셨다.

마침내 약속하신 성령이 불같이 임하였고, 제자들은 거리로 뛰쳐나가 담대히 복음을 증거하기 시작했다. 그 전에는 상상도 할 수 없었던 일들이 일어나면서 많은 무리들이 회개하며 세례를 받는 역사가 일어났다. 예루살렘 초대 교회는 그렇게 형성되었다.

이제 그들은 성령의 지시하심에 따라 예루살렘을 떠나 온 유대와 사마리아와 땅 끝을 향해 나아가야 할 사람들이었다. 그러나 그들 앞에 벌어진 교회의 놀라운 양적 부흥은 그들의 마음과 발을 붙들었다. 유대와 사마리아 땅으로 나아가라는 주님의 명령이 마음 한 귀퉁이를 점하고 있었지만 그 생각은 잠시 유보되었다. 더구나 그들을 합리화시켜 주는 충분한 이유가 있었다. 예루살렘에도 복음을 들어야 할 많은 무리들이 아직 남아 있었다. 예루살렘에 가만히만 있어도 교회는 점차 커져 가고 있었고, 많은 무리들이 몰려오고 있었다. 교회 내의 교제와 구제 사역만 해도 그들을 몹시 바쁘게 만들었다. 심지어는 기도하고 말씀 전할 시간마저 빼앗길 만큼 사도들은 바빠졌다. 더욱이 헬라파 유대인들의 불만이 터져 나오자 사도들은 모종의 조치를 취하지 않으면 안 되었다. 그때 떠오른 생각이 제도를 통하여 당면한 문제를 해결하고자 하는 것이었다. 평신도 내에 직책을 주어 교회 내에 섬기는 일을 스스로 관리토록 하는 것이었다.[4] 많은 사람들이 기뻐하고 찬성하였다. 대단히 합리적인 방안이었기 때문이다. 그리고 집사의 선출을 통해 사도들은 영적인 권위를 더욱 얻을 수 있어서 좋았다. 헬라파 유대인 중에서 성령과 지혜가 충만한 스데반과 빌립 같은 인물들이 천거되었고 그들이 집사로 피택되었다. 그리고 사도들은 그들에게 안수하였다.[5] 그렇게 하여 평신도와 성직자가 탄생하였다. 모든 사람들이 만족했다. 그러나 그 순간 예루살렘 교회 위에는 검은 구름이 몰려오고 있었다. 바야흐로 대 핍박의 위기가 고조되고 있었던 것이다.

---

4) 민수기 11장에서 모세가 70장로를 세우게 되는 장면과 비교해 보라. 역시 이때도 만나로 인해 식상한 이스라엘 백성들이 고기를 먹게 해 달라고 불평이 터져 나왔던 때였다. 그런데 그 일로 인해 지치고 힘이 빠진 모세는 하나님 앞에서 자기 혼자서는 그 백성들을 먹일 책임을 감당할 수 없노라고 더불어 불평을 한다. 이스라엘 백성을 이끌어내신 하나님께서 친히 책임을 지시겠다고 이미 약속을 하셨음에도 불구하고, 믿음이 떨어진 모세는 그 책임이 마치 자신이 져야 할 책임인 양 착각하고 있는 것이다. 결국 하나님께서 70장로를 세우라고 명하시고 그 70장로에게 성령이 임하였으며, 백성들은 진 밖에 떨어진 메추라기를 주우러 다니게 되었지만, 그 일들은 근본적으로 하나님이 기뻐하시는 일이 아니었다. 이스라엘 백성은 그 일로 인하여 하나님의 진노와 재앙의 벌을 받게 된다(민 11:33).
5) 이 장면은 권위의 계승을 상징하는 장면으로 해석된다. 마치 민수기 27장 23절에서 모세가 여호수아에게 안수하여 계승자를 위탁하는 것 같은 행위인 것이다. 교회의 질서를 구축하는 데는 매우 필요한 절차일 수 있다. 그러나 예수께서 열두 사도를 세우실 때에도 안수하신 일이 없음을 생각해 보면, 사도들의 안수는 예수의 가르침이라기보다는 그들이 아직도 유대교의 전승에 묶여 있음을 보여 주는 한 증거로 여겨진다.

5. 교회는 없다

교회는 성전이다. 성전은 건물이 아니다. 어디든지 하나님이 임재하시는 곳이 바로 성전이다. 성경에 나타난 역사는 성전의 변천사이다.

교회는 하나님이 자신을 우리에게 계시하시는 통로다. 그러나 하나님의 뜻은 교회 안에 정체되어 머물러 있지 않고, 용솟음치는 사랑의 물결을 타고 끊임없이 세상을 향해 흘러간다. 그 사랑이 빠져나가고 난 빈 건물은 더 이상 교회가 아니다.

광야에서 하나님이 임재하시는 대로 따라가며 성막을 들고 다니는 훈련을 받았던 이스라엘 민족은 다윗 왕 때에 이르러 고정된 성전 건축을 원하게 된다. 다윗은 자신이 백향목 궁에 거하는 데 비해 하나님의 성소가 너무 초라하다는 생각을 하게 되었다. 전쟁과 방랑의 시기가 지나고 안정된 평화기가 찾아왔던 것이다. 그러나 하나님은 "네가 나를 위하여 나의 거할 집을 건축하겠느냐?"(삼하 7:5)고 반문하시며, 오히려 "내가 너를 위하여 집을 이루어 주겠노라. 네 몸에서 날 자식이 내 이름을 위하여 집을 건축할 것이요 나는 그 나라 위를 영원히 견고케 하리라"(삼하 7:11-12)고 답하신다. 이 말씀은 장차 다윗의 후손으로 세상에 오셔서 살아 계신 성전이 되실 예수 그리스도에 대한 예언이다. 그러나 하나님의 이 약속의 말씀은 그의 아들 솔로몬 시대에 이르러 마침내 최초의 붙박이 성전으로 가시화되었다. 그 이후 이스라엘 백성은 불순종함으로 말미암아 '사람 막대기'와 '인생 채찍'으로 무수히 징계를 받게 된다.

어렸을 적, 어버이날에 선물을 한답시고 떼를 써서 부모님께 용돈을 타내어 그것으로 바나나 한 송이를 사서 갖다 드린 적이 있었다. 그 당시만 해도 바나나가 너무 귀하고 먹고 싶던 시절이었다. 부모님은 어이가 없어 웃었지만, 그러나 한편으로는 무척 기뻐하셨다. 물론 그 바나나는 나와 동생들이 대부분 다 먹어 버렸다. 더러 우리는 우리가 하나님을 위한다고 하면서 사실은 자신의 욕심과 편의를 위해 하나님의 주권과 영역을 제한하는 잘못을 많이 범한다. 그러나 하나님은 그의 사랑하는 자녀들의 어린 마음을 기쁘게 받아 그 어리석은 제안들을 그대로 용납하시기도 하는 것이다. 성숙하기를 기다리는 부모의 마음이다. 하나님이 거하실 성전을 멋들어지게 짓겠다는 다윗의 소원, 그 마음은 순수하여 표면적으로는 하나님을 위하는 것 같았지만 사실은 자기 자신을 위하는 일이었다.

그런데 문제는 그 이후에 발생하였다. 솔로몬의 성전이 건축된 후, 우주 만물과 천지를 지으신 하나님이 성전 안에 갇혀 버리고 만 것이다. 성전은 하나님이 계신 곳이기에 날이 갈수록 거룩한 곳으로 변해 간 반면, 하나님은 성전 밖 세상에 출입을 하실 수 없게 되었다. 그리고 성전을 맡은 제사장은 하나님을 감시하고 관리하는 관리인이 되기 시작했다. 그들에게 성전은 치외법권의 영역이었다.

이와 같은 성전의 우상화와 잘못된 인식을 간파했던 스데반 집사는

'지극히 높으신 이는 손으로 지은 곳에 계시지 아니하노라' 고 대제사장 앞에서 설파하다가 돌에 맞아 죽임을 당한다. 성전에 대한 성역화는 유대 제사장들에게는 필수적이었다. 자신들의 생존권과 직결되는 문제였기 때문에 그 문제를 건드리는 것은 매우 민감한 사안이었다. 예수께서 성전에서 장사치들을 몰아 내치며 "내 아버지의 집으로 장사하는 집을 만들지 말라"(요 2:16)고 외치셨을 때, 자신들의 신성한 영역을 침범당한 제사장들은 분노했다. 그들을 향해 예수께서는 자신의 십자가의 죽음과 부활을 상징하는 놀라운 예언으로 응수하였다.

"이 성전을 헐라. 내가 사흘 동안에 일으키리라"(요 2:19).

예수는 하나님의 임재를 나타내는 영광스런 성전이었다. 그리고 그 영광의 성전은 그의 십자가와 부활을 통해 확증되었고, 그것을 믿고 따르는 제자 된 우리들에게 전이(轉移)되었다. 예수께서 말씀하셨다.

"하늘과 땅의 모든 권세를 내게 주셨으니 그러므로 너희는 가서 모든 족속으로 제자를 삼아 아버지와 아들과 성령의 이름으로 세례를 주고 내가 너희에게 분부한 모든 것을 가르쳐 지키게 하라. 내가 세상 끝날까지 너희와 항상 함께 있으리라"(마 28:18-20).

이 명령에 따라 교회는 지금도 민족과 민족을 넘어 땅 끝으로 움직여 가고 있다.

성경 새롭게 읽기 ③
천국 열쇠를 맡은 사람들 마태복음 16:13-28; 사도행전 1:12-26

"너희는 나를 누구라 하느냐?"는 예수의 질문에 베드로가 대답했다. "주는 그리스도시요 살아 계신 하나님의 아들이시니이다"(마 16:16).

베드로의 이 유명한 신앙 고백은 예수로부터 "바요나 시몬아 네가 복이 있도다"라는 칭찬과 인정과 축복을 받아낸다. 그리고 예수께서는 베드로를 향해 반석 위에 내 교회를 세우겠노라는 엄청난 예언을 주셨다. 그리고 이어서 베드로를 향해 내가 너에게 천국 열쇠를 주겠다고까지 말씀하신다. 이 구절을 근거로 로마 가톨릭 교회는 베드로를 통한 사도권의 계승과 교회의 정통성을 주장하고 있으며, 개신 교회에서도 성직자의 권위에 대한 바탕을 어느 정도 이 본문을 통해 얻고 있다.

그런데 이런 생각을 해 보았다. 그 순간 만일 베드로가 아닌 다른 제자가 그 자리에서 똑같은 대답을 했다면 예수의 반응은 달라졌을까? 아니 만일 지금 이 순간 우리가 예수 앞에 서서 베드로와 같은 심정으로 동일한 신앙 고백을 한다면 예수께서는 달리 말씀하실까?

물론 처음 답을 맞힌 사람과 이제 그것을 알고 맞히는 사람과의 차이가 있을 수도 있다. 세상의 규칙은 항상 2등보다는 1등을 먼저 쳐주는 것이 상식이기도 하다. 그러나 진리를 깨달은 사람에게 공평하게 임하시고 약속한 대로 이루시는 하나님의 뜻은 차별이 있을 수 없다(마 20:1-16). 그것은 상식을 뛰어넘는 은혜의 법칙이기 때문이다.

그 같은 칭찬과 축복을 받았던 베드로가 얼마 지나지 않아 하나님의 뜻을 잘못 이해하고 예수의 십자가의 길을 가로막자, 예수는 즉각 준엄하고 통렬한 반응을 보였다. "사단아, 내 뒤로 물러가라!" 베드로는 종종 하나님의 일을 생각지 않고 도리어 사람의 일을 먼저 생각하는 실수를 범했던 사람이다. 제자들 가운데서 누구보다도 높아지기를 원했던 사람이며 한편으로는 넘어지기 쉬운 나약한 사람이기도 했다(갈 2:11-14). 어쩌면 성경에 나타난 베드로라는 인물을 통해, 실수와 허물투성이의 인간이 하나님 손에 붙들려 어떻게 쓰임받게 되는지를 우리에게 알려 주시는 것이 하나님의 계획된 의도가 아닌가도 싶다. 성경은 우리 인간들의 실수와 허물을 가감 없이 정확히 기록해 놓음으로써 자기 충족적으로 그 권위를 인정받는 책이기도 하다.

예수의 십자가와 부활을 체험하고 마가의 다락방에 모인 120문도가 마음을 같이하여 기도에 힘쓰던 중에 갑자기 베드로가 일어섰다. 유다의 죗값을 일장연설로 상기시킨 연후에 유다의 결석으로 말미암은 열두 사도 자리 중 남은 한 자리를 보궐선거로 메우자고 제안했다. 목적은 다른 사도들과 더불어 예수의 부활을 증거할 자를 뽑겠다는 것이다. 그러나 그곳에 모인 120문도 중 어느 한 사람인들 목숨 걸고 예수의 부활을 증거하지 않을 사람이 있겠는가? 조금은 황당한 대목이다. 결국 제비로 한 사람을 뽑았지만, 그때 뽑힌 맛디아는 더 이상 성경에서 언급되지 않는다.

베드로는 어떤 의미에서 다분히 정치적인 인물이었다. (베드로뿐 아니라 열두 제자 모두 서로가 정치적으로 높아지기를 다투던 사람들이었음을 성경은 기록하고 있다. 마 20:20, 막 9:34, 눅 22:24를 보라. 그들의 그런 모습이 예수의 십자가와 부활 사건을 전후하여 전부 사라졌을 것이라고 생각하는 것은 매우 순진한 생각이다.) 이스라엘 열두 지파를 상징하는 열두 사도를 채우고자 하는 마음은 유다의 배반으로 인한 사도의 권위 손상을 우려하는 정치적 표현일 수 있다. 베드로의 정통성을 이어받았다고 하는 로마 가톨릭이 정치적으로 흐른 것은 우연만은 아니다.

우리는 완전함을 추구하고자 하는 인간적인 욕심 때문에 오히려 하나님의 뜻을 제한하는 실수를 종종 범한다. 사도가 열한 명이면 어떻고 열세 명이면 어떠한가? 하나님의 우주 창조를 확고히 믿었던 독일의 천문학자 요하네스 케플러(1571-1630)는 행성들이 완전한 원 궤도를 그리지 않고 우리 인간의 생각에는 불완전해 보이는 타원 궤도로 돌고 있다는 사실을 받아들이기가 어려워 오랜 시간을 허비했다. 그러나 하나님은 우리의 불완전한 모습 그대로 사용하기도 하시는 분이다. 우리의 상식과 기대치에 의해 완전한 것이 정해지는 것이 아니라, 우리에게 불완전한 것이라 할지라도 하나님께서 완전하다 인정하시면 그것이 완전한 것이다.

사도행전은 베드로를 중심으로 예루살렘 교회의 초석이 세워지는 전반부와, 스데반과 빌립 집사 그리고 고넬료에 의해 이방 선교의 문이 열리는 중간기를 거쳐, 후반부에는 바울을 중심으로 땅 끝으로 성령의 역사가 전개되고 있음을 보여 준다.
천국 열쇠를 받았던 베드로, 그 반석 위에 교회를 세우겠다는 약속을 받았던 베드로가 왜 사도행전의 끝까지 그 주도권을 이어 가지 못했을까? 선교 역사의 릴레이에서 베드로가 맡았던 역할이 예루살렘 교회의 기초를 놓는 것까지였을 수 있다. 그러나 어쩌면 성령의 뜻을 제대로 헤아리지 못하고 예루살렘에 그대로 남아 있었던 베드로를 하나님이 더 이상 크게 들어 사용하실 수 없었기 때문일지도 모른다. 그렇다고 베드로가 그 남은 생애 동안 하나님께 쓰임 받지 않았던 것은 물론 아니다. 그러나 선교 역사의 선봉을 계속 지키는 영광을 누리지는 못했던 것이다. 성령은 하나님의 영이시다. 그분은 하나님의 뜻대로 순종하는 사람에게 임하시며 일하신다. 하나님은 얼마든지 성령의 촛대를 옮기실 수 있는 분이다. 우리는 하나님의 뜻에 순종하는 만큼 쓰임 받게 된다.
지금도 예수께서는 우리를 향해 동일한 질문을 던지고 계신다.
"너희는 나를 누구라 하느냐?"

그리고 베드로의 신앙 고백을 하는 사람들을 향해 말씀하실 것이
다.

"내가 너에게 천국 열쇠를 주노니, 네 반석 위에 교회를 세우리라."

(발제를 위한) 현장 소설

"고도(古都)를 기다리며"

"혹시 《고도를 기다리며》라는 소설을 아시나요?"라는 질문에 대해

철학자 : (학자연한 어조로) 프랑스의 작가 사무엘 베케트의 작품 《En Attendant Godot》 말인가요? 소설이 아니라 희곡입니다. 실존주의 부조리 희곡의 대표작으로 1969년 노벨상을 수상했죠. 알 수 없는 존재를 무작정 기다리는 현대인의 존재론적 불안심리를 묘사한 작품이에요.

신학자 : (고개를 끄덕이며) 고도(Godot)는 결국 미망에 빠진 현대인이 찾아 헤매는 절대자를 상징하는 것 아닐까요? 인간은 절대자를 발견할 때까지는 언제나 불안할 수밖에 없는 존재입니다.

어떤 목사님 : (예언자적 음성으로) 우리 인간에게 주어졌던 가장 오래된 고도(古都)는 바로 에덴(Eden)입니다. 그런데 안타깝게도 인간은 죄로 말미암아 그 에덴에서 추방당하여 죄악의 도시 바벨론에서 살게 되었습니다. 우리는 모두 우리 주 예수 그리스도를 믿어 다시 에덴으로 복귀해야만 합니다. 기다리고 있어서는 안 돼요. 언제 주님이 다시 오실지 모릅니다.

평신도 : (고개를 내저으며) 소설이라고요? 아니 잘 모르겠는데요. 제목이 무척 흥미 있군요. 특별한 의미를 지닌 것도 같고요. 혹시 그 책가지고 계시면 빌려 주세요.

불신자 : (기가 막히다는 듯이) 아니 여보슈, 요즘같이 바쁘고 현란하게 돌아가는 멀티미디어 세상에서 누가 아직 소설나부랭이를 붙잡고 있단 말이오? 소설 같은 이야기 집어치고 골프나 치러 갑시다.

현장 소설

고도(古都)를 기다리며

2001년 1월 1일 아침, 천문봉 정상에 기어이 오른 무리들 가운데 송지혁도 끼어 있었다. '21세기를 백두산에서' 라는 슬로건을 내건 관광 특수의 상술에 딸려 온 사람들도 있었지만, 그에게는 특별한 감회가 있었다. 훅훅 대며 뿜어져 나오는 하얀 입김이 입 밖으로 나오자마자 바람에 휘날려 금세 부서져 내린다. 여기저기서 절반쯤 얼어붙은 입으로 외쳐대는 고함 소리와 만세 소리가 어우러져 흥분된 분위기를 돋우고 있다. 운무에 젖은 안경을 벗어 손가락으로 문질러 닦아 본다. 짙은 안개를 쏟아 붓듯 세차게 몰아치는 바람을 가슴으로 맞받아치며 서 있는 그에게 형언키 힘든 뜨거운 감정이 가슴 언저리를 설레며 누르고 있다.

5년 전, 눈이 쌓여 오르지 못했던 이 산을 기어코 눈길 등반으로 올랐다는 성취감이 그를 감싸고 있다. 더구나 그에게는 지금 이 순간이 지난 5년간 어렵게 지나온 긴 어두움의 터널에서 빠져 나온 해방의 순간인 것만 같았다. 어쩌면 그것을 확인하기 위하여 아내의 반대도 무릅쓰고 기를 쓰고 올라온 것인지도 모르겠다. 중턱의 산장 호텔에 두고 온 아내와 두 아이가 떠오른다. 얼마 만에 가져 보는 가족 휴가인지. 한껏 부풀어 남들처럼 따뜻한 남방으로 가고 싶어하는 것을 그가 고집을 세워, 아니 사정하다시피 하여 이곳으로 끌고 왔다.

갑자기 몰아닥친 IMF 한파와 이어진 성진그룹의 부도와 몰락, 거대한 중국 대륙에 홀로 버려진 고아가 된 심정으로 마흔의 나이에 재기를 위해 몸부림치던 일들, 그리고 창업하여 중국에 자그마한 현지 공장을 세우기까지. 아직도 어려움과 가야 할 길이 멀기는 하지만 그에게는 이제 5년 전 처음 중국 땅을 밟던 때와는 전혀 다른 꿈과 자신감이 생겼다. 그 한 세기를 넘는 심정으로 이 백두산에 오른 것이다.

한바탕 돌풍이 몰아치는 듯하더니 산봉우리를 에워싸고 있던 운무를 거두어 간다. 그리고 눈앞에 펼쳐진 장대한 광경에 그는 순간 아연하여 어지러움을 느꼈다. 아, 저 꿈틀대는 백설의 향연을 보라! 백호의 힘줄처럼 힘차게 솟아오른 저 백두대간의 등줄기가 한반도 끝자락까지 뻗어 있을 것이 아니겠는가! 그리고 뒤쪽으로 한없이 펼쳐진 만주의 산야를 내려다보며 그는 깊은 상념에 젖어든다. 그때, 옆에서 갑작스런 휴대폰의 호출 소리가 들렸다.

"어이, 김 사장? 나, 여기 어딘 줄 알아? 백두산 꼭대기야 백두산. 하하하 정말 백두산이라니까."

1

성진물산의 송지혁 부장은 처음부터 이번 중국 출장에 대해 탐탁지 않은 감정을 품고 있었다. 그가 파리 지사장으로 발령이 날 것이라는 회사 내 소문과 더불어 유럽 출장 계획을 세워 보라는 해외 수출 담당 최 상무의 은근한 언질을 들은 지 채 일주일도 못 되어 회장 비서실로부터 돌연 중국 출장 명령이 떨어졌던 것이다. 부장에서 이사로 승진하기 전 한 차례의 해외 파견 근무를 의무화하고 있는 성진의 인사 경영 방침을 익히 알고 있는 터라, 이사 승진을 대기하고 있는 고참으로서 과연 어느 지사로 나갈 것인가에 촉각을 곤두세우고 있던 그는 적잖은 실망감을 감출 길이 없었다. 더구나 발령지의 낙점(落点)은 최고 경영진에서 부장들의 그동안의 업무 실적 평가와 신뢰도를 반영하는 바로미터의 성격까지 지니고 있었다. 해외 지사에서의 실력 발휘가 이사 승진 이후의 활로에도 영향을 미치곤 하였던 과거의 사내 전통을 돌이켜 볼 때 송지혁은 실망을 넘어서 모종의 불안감마저 느꼈던 것이다.

"21세기가 중국의 시대란 말도 못 들어 봤어? 자넬 중국통으로 키우려는 회장실의 특별 배려라 생각하고 언짢게 생각 말라고."

대학 선배로서 줄곧 송지혁의 후견인 역할을 해왔던 최 상무는, 집무실 소파에 짐짓 냉정하게 비껴 앉은 채 자신의 예측이 빗나가 버린 이번 출장 명령에 대한 무색함을 입가에서 꾸역꾸역 밀려나오는 파이프 담배 연기 속으로 감추고 있었다. 결재판을 챙겨들고 상무실을 나오면서 송지혁은, 자신이 그동안 혹시 발아래 썩은 버팀목을 딛고 의지하며 서 있었던 건 아닌가 하는 위기의식과 함께, 입사 이래 자신의 전도를 끌어 줄 유일한 보증인으로 믿으며 충성을 다해 오던 최 상무에 대해 야릇한 배신감을 느꼈다.

미국 유학 시절 박사 학위 취득을 목전에 두고 있을 무렵, 당시 성진 그룹의 인력 관리 부장으로서 명문 대학들을 순회하며 박사 리쿠르트를 하던 지금의 최 상무를 만났다. 그것이 인연이 되어 한 배를 탄 지도 올해로 칠 년째 접어들고 있었다. 당시만 해도 흔치 않았던 대기업의 박사 신입사원으로서, 이사비용에서 주택까지 일괄 회사에서 책임지는 조건으로 삼십대 초반의 젊은 나이에 차장으로 발탁되었다. 입사이후에도 남다른 업무 추진력과 순발력을 발휘하여 남들이 떠맡기 힘든 일만 골라 가며 프로젝트 매니저 역할을 충실히 수행함으로써 발군의 실력을 인정받은 그였다. 유달리 남에게 지기 싫어할 뿐 아니라, 맡은 일은 한 치의 오차도 없이 철두철미하게 끝을 보아야만 직성이 풀리는 성격 때문에 입사한 지 1년 만에 일중독(workaholic)이라는 명예스런(?) 꼬리표를 붙이기도 했다. 더구나 직속상관으로 부임한 최 상무의 입김마저 가세하여 쾌속 승진이 뒤따랐고, 갓 마흔 나이에 벌써 이사 승진을 목전에 두게 되었다.

그러나 송지혁의 이같이 화려한 질주 뒤에는 밤하늘의 은하수를 뚫고 들어오는 우주 배경 복사선과도 같이 그의 무의식을 감싸고 흐르는 남모르는 고통의 순간들이 점철되어 있었다. 입사 초기, 위 아래로 따갑게 다가오는 질시의 눈초리들을 의식하게 된 송지혁은 단시일 내에 자신의 존재를 회사 내에서 부각시키고자 작정한 후 밀어붙이기식의 강공 작전을 펼치기 시작했다. 하루도 어김없이 가장 일찍 출근하여 가장 늦게 퇴근하는 본때를 보였고, 숱한 밤들을 사무실에서 뜬눈으로 지새우곤 했다. 마침내 회사 수위로부터 고위 경영층에 이르기까지 그의 지독한 프로 근성을 인정하여 독종이라며 혀를 내두르기에 이르렀다. 나이 많은 부하 직원들을 술자리에서 휘어잡느라 모주꾼의 흉내를 내야 했고, 실적을 올리면 올릴수록 신경질적으로 더 많은 것을 요구하는 최 상무의 까다롭고 탐욕스런 비위를 맞추기 위해 자신이 쌓은 모든 공로를 그에게 돌려 가며 가슴앓이에 시달려야 했다.

하지만 그 무엇보다도 그를 괴롭혔던 일은 아내와의 사이에 발생하였던 뿌리 깊은 갈등이었다. 회사 일에만 몰두하다 보니 결국 가정은 나 몰라라 뒷전일 수밖에 없었다. 날이 갈수록 그들 부부 사이에 살얼음이 한 꺼풀 두 꺼풀 덮이는 듯하더니 마침내 두텁게 얼어붙은 빙판으로 변해 갔다. 유학 시절 방학을 이용해 잠시 귀국한 틈을 내어 수차례 맞선을 본 후 날치기 결혼식을 올리고 나서 데리고 들어간 아내였다. 이국에서의 장밋빛 신혼을 꿈꾸며 멋모르고 따라나선 아내를 박사 학위를 핑계로 냄새나는 단칸 기숙사에 덩그러니 생과부로 남겨 두었다. 어쩌다 생겨난 딸아이를 볼모로 품에 안은 후에는 옴짝달싹 못하고 주저앉아 젖병을 물리며 남편의 학위 끝나기만 기다리느라 목이 한 치는 더 길어졌을 아내였다.

귀국 후, 금의환향하여 이제는 한숨 돌리고 오순도순 맺힌 정 풀어 가며 한껏 기를 펴고 살겠구나 싶었는데, 막상 뚜껑을 열고 보니 이게 웬일인가. 남편의 행동거지는 유학 시절을 뺨치듯 하였다. 온 밤을 기다리다 지쳐 깜빡 잠든 눈을 부비며 일어나 현관문을 따 주면, 거무죽죽 파김치가 된 남편은 엉금엉금 침대로 기어 올라가 등 돌리고 눕자마자 천장이 무너지랴 코를 골며 곯아떨어지기 일쑤였다. 그뿐인가? 잠시 눈을 붙이는가 싶으면 동이 트기도 전에 자명종 소리에 홀린 듯 벌떡 일어나 후닥닥 양복을 집어 들고 튀어나가는 것이었다. 자연히 부부 관계는 가물에 말라비틀어진 콩깍지 찾듯 손가락을 헤아릴 정도가 되었고, 그 사이에도 운이 없었는지 사내아이가 하나 더 생겨 온종일 집 안 구석구석을 뒤집어엎으며 아내의 신경을 곤두서게 했다. 주기적으로 터지는 아내의 발작성 히스테리에 온 동네 새벽잠을 깨우는 치열한 부부 싸움을 벌이다가 이혼 직전의 위기 상황에 몰린 때도 여러 차례 있었다.

미국 유학 시절을 그리워하던 송지혁의 아내에게, 파리에 위치한 유럽 지사로 남편이 발령받는다는 소식은 오랜 가뭄 끝에 해갈을 만난 것 같은 신선한 충격이었다. 그날 밤, 오랜만에 더운 정을 나눈 후 송 지혁은 그동안 무심했던 자신을 탓해 가며 아내의 어깨를 토닥거려 위로했다.

"이게 모두 당신이 잘 참아 준 대가 아니겠어? 파리에 떨어지는 즉시, 유럽을 한 바퀴 주욱 돌면서 회포를 풀어 보자고."

아내는 감격에 겨워 눈물을 글썽이며 잠이 들었고, 그날 이후로 신혼 초의 싹싹함이 되살아난 듯 매사에 서비스가 여간 새롭지 않았다. 그러던 차에 '아닌 밤중에 홍두깨' 격으로 중국 출장을 떠나게 되었으니, 송지혁의 속사정은 여간 답답한 것이 아니었다.

"아니 갑자기 중국은 왜죠?"

의아스런 눈초리로 물어 보는 아내에게 그 자리에서 털어놓기가 민망하여 대충 얼버무리며 서울을 떠나왔다.

2

북경에서 지사 설립을 위한 사전 조사를 사흘 만에 끝낸 송지혁은 곧바로 연길로 들어가는 비행기를 잡아타기 위해 공항으로 향했다. 출장소 직원이 자금성이나 만리장성 구경이라도 하고 떠나라고 붙들었지만, 애초부터 북경 관광에는 관심이 없었다. 북경에 살게 되면 신물나게 볼 것을 왜 미리부터 맛도 없는 맹물을 들이킨단 말인가. 간부 직원 셋을 포함하여 10여 명의 유능한 파견 직원을 두고 오랜 실적을 통해 본사에서 크게 인정받아 온 파리 지사와는 대조적으로, 햇병아리 남자 직원 하나와 현지인 타이피스트 단 둘이 초라하게 앉아 있는 한심한 임시 출장소에 들어설 때부터 송지혁은 신경질이 나기 시작했다.

누울 자리도 안 펴 주고 느닷없이 중국 시장을 개척하라니, 회사를 위해 가정도 내팽개치고 필사적으로 일해 온 사람을 무시해도 유분수지 완전히 노리갯감이 되어 버린 기분이었다. 더구나 중국 시장은 몇 년 전 성진이 섣불리 손대었다가 크게 실패하고 철수한 경험이 있는 터였다. 어느 자식의 소행일까? 회장 조카라는, 미국에서 학위를 받고 작년에 새로 입사한 젊은 녀석이 기획조정실장으로 들어앉은 후 제멋대로 인사권을 주무른다는 소문은 들어 알고 있었다. 최 상무도 그쪽 라인의 눈 밖에 났다는 이야기를 언뜻 듣긴 했지만 설마하고 지내 왔었는데, 틀림없이 이번에 된통 당한 모양이다. 달리는 택시의 옆 창문을 통해 모래바람이 한바탕 밀려 들어왔다. 며칠 새 대충 훑어본 북경 시가지는, 고아하면서도 화려한 맛을 풍기는 유럽의 도시와는 비교할 수 없이 밋밋하고 우중충한 가운데, 그저 여기저기 눈에 뜨이는 먼지투성이 공사장의 무질서한 모습들이 중국 특유의 만만디를 과시하는 듯하였다. 거대한 중국 대륙의 간판이나 다름없는 국제공항치고는 북경공항 또한 너무나 볼품없이 느껴졌다. 과연 이 속에서 세계가 우려하는 대로 13억 인구의 저력이 뿜어져 나올 것인가?

동승하여 따라온 출장소 직원을 떼어놓기 위해 억지로 택시에 도로 태워 보낸 후, 송지혁은 시골 터미널을 연상케 하는 무질서 속에서 연길행 탑승 수속을 위한 줄에 서서 한 시간 이상을 기다리고 있었다. 간혹 들려오는 한국 장사꾼들의 본때 없는 말씨와 북한 억양의 조선족 사투리를 귓전에 흘리면서, 공연한 발걸음을 시작한 것이 아닌가 하는 후회가 조금씩 일어나기 시작했다. 어차피 잡아 놓은 일주일간의 출장 일정을 반납하고 싱겁게 일찍 돌아가기도 싫었을 뿐 아니라, 아내 얼굴 대면하기도 만만치 않아 망설이던 차에 느닷없이 이번 기회에 백두산 구경이나 하고 가야겠다는 생각이 떠올랐던 것이다. 겉으로는 연길시 인근의 시장 조사라는 명분을 내세웠지만, 내심 말로만 듣던 백두산 정상에 올라가서 천지(天池)를 내려다보면 가슴속을 가득 메우고 있는 답답증이 확 트일 것만 같았다.

송지혁은 탑승자 대기실에 앉아서 머리 위로 보이는 이륙 안내 모니터를 힐끔거리며 9월의 막바지에 이른 오후 한때의 무료함을 만끽하고 있었다. 갑자기 밀어닥치는 졸음에 겨워 하품을 하며 주위를 둘러보니 느릿느릿 움직이며 자신을 곁눈질하는 북경 공항 전체가 나른한 몽상에 젖어 있는 것만 같았다. 내가 무엇 때문에 이곳에 앉아 있을까? 여기가 과연 수천 년의 장대한 문화유산을 자랑하는 중국의 수도란 말인가? 앞자리에서 전혀 알아들을 수 없는 소리로 시끄럽게 떠들어대는 남루한 행색의 중국 여인들을 넘겨다보며 송지혁은 오히려 야릇한 안도감 속으로 빠져들어 갔다. 그들의 말을 알아듣지 못한다는 것이 무척이나 다행스럽게 생각되었다. 그들의 입가를 적시며 분수처럼 쏟아져 나오는 말의 화살들이 허공을 향해 하릴없이 지나가 버리고, 자신은 난공불락의 요새 속에 안연히 앉아 있는 기분이었다. 머저리들아, 쏠 테면 쏘아 보아라. 난 눈 하나 깜짝 않을 테다. 그를 힐끔대던 여인들이 입을 씰룩거리며 더욱 안간힘을 쓴다. 말의 홍수 속에서 그동안 얼마나 많은 화살들을 맞으며 살아왔던가? 그것을 피하며 맞받아 쏘아대고 안간힘을 다해 사투를 벌이던 것이 지난 7년간의 한국 생활이었다. 그가 쏘아댄 화살에 맞아 비칠거리며 쓰러진 사람들은 또 얼마나 많았던가? 말없이 묵묵히 참아 가며 자기 일만 하면 결국 손해는 자신에게 돌아올 뿐이었다. 자기 몫을 챙기느라 목소리를 키워 가며 상대방의 약점을 파고 들어가 여지없이 허물어뜨려야만 했던 지난 날들. 그나저나 이번 사태를 어떻게 역전시킬 묘안이 없을까? 말도 안 통하는 이 한심한 나라에서 무작정 썩어야 한단 말인가? 앞자리의 여인들이 가물가물 눈에서 사라지며 아무 소리조차 들리지 않는 듯하더니, 껌쩍, 무릎을 타고 어깻죽지까지 섬광처럼 소스라치게 흐르는 한 줄기 경련과 함께 송지혁은 눈을 떴다.

복권 발표라도 있는 것처럼 사람들이 우르르 몰려 있는 것이 눈에 띄어 송지혁은 혹시나 하는 마음으로 어슬렁거리며 다가갔다. 청색 제복을 입은 공항 안내원이 화이트보드에 각 도시로 떠나는 여객기의 이륙 시간과 탑승 출구를 열심히 적고 넣고 있었다. 눈여겨 살펴보니, 아뿔싸 연길행 비행기는 제일 상단에 적혀 이미 출발 시간을 마지막 5분 남겨 놓고 있는 것이 아닌가? 재빨리 핸드 캐리 가방을 집어 들고 출구를 빠져나와 숨을 헐떡이며 물이 쏟아지듯 계단을 내려가던 송지혁은 화가 치밀어 오르기 시작했다.

'병신 같은 짱골라 새끼들, 안내 모니터는 그저 폼으로 달아 놓고 있나?'

비행기가 둥실 이륙하자 송지혁은 비로소 그가 향하고 있는 목적지 연길 공항에서 자신을 기다리고 있을 박민수라는 한 인물의 얼굴을 떠올렸다. 이어서 그의 곁을 그림자처럼 붙어 다니던 한 여자의 얼굴도 떠올랐다. 백두산을 핑계 삼아 자신을 불러들인 장본인이 어쩌면 그들일지도 모른다는 생각이 스치고 지나갔다. 그들의 만남과 결합 과정을 멀찌감치 바라보며 남몰래 속 끓이던 세월들이 생각났다. 송지혁의 마음이 갑자기 어수선해졌다. 제길, 이제서 무슨 확인할 거리가 있다고.

중국 출장이 결정된 후, 잊혀진 기억의 벽돌담 한 귀퉁이를 뚫고 한 마리 벌레가 스멀대며 고개를 쳐들고 기어 나오는 것처럼 작은 꿈틀거림이 일어나기 시작했다. 처음 그것의 움직임은 무엇인지 분간하기조차 힘들 정도로 미미했는데, 시간이 지날수록 온몸을 뒤틀며 조금씩 빠져 나와 북경에 도착했을 때 마침내 형체를 완전히 드러내고 보니 그였다. 어제 저녁만 해도 호텔에서 샤워를 하고 나온 뒤, 무언가 빠뜨린 느낌에 수첩을 공연히 뒤적이며 이리저리 살펴보다가, 언젠가 다른 사람을 통해 무심코 적어 넣은 그의 중국 전화번호를 발견하고 가슴이 덜컥 내려앉았다.

"지혁이라고? 거기가 어디야?"

7년이라는 세월의 간격을 징검다리 건너뛰듯 가볍게 대꾸하는 그의 차분하면서도 부드러운 음성을 들으며 얼떨결에 가겠노라고 약속을 했다. 어쩌면 지나간 시간의 흐름 속에서도 무의식 가운데 물컹하게 남아 있던 그에 대한 미련덩어리가 오랜만에 갖게 된 휴식의 틈새를 타고 비어져 나온 것인지도 몰랐다.

박민수. 얼마나 귀에 익은 이름인가? 대학 신입생 시절 멋모르고 찾아 들어간 등산 서클에서 그를 만났을 때 그는 물리학과 3학년이었고, 서클 회장으로서 송지혁 앞에 첫 모습을 나타냈다. 그리스 조각상을 연상케 하는 수려한 용모에서 말없이 뿜어 나오는 기품으로 후배들의 눈길을 선망으로 몰아갔던 사람, 박민수. 산을 찾을 때면 언제나 검정색 머리띠를 이마에 불끈 동이고 가파른 산세를 평지에 흐르는 물처럼 유유히 넘나들던 사람. 맞아, 그 시절 그 친구 참 멋있었어. 언젠가, 내 설악이던가? 산야의 칠흑 같은 적막 속에 텐트를 세워 놓고 깜빡거리는 호롱을 들여다보며 무심한 우주를 휘감아 몰려드는 온갖 상념에, 걷잡을 수 없는 감상에 젖어 들어가던 그때. 그래, 나에게도 그런 때가 있었지. 송지혁은 기류 변화에 의한 기체의 요동을 느끼는 순간, 유성처럼 흐르던 옛 추억의 조각이 흐트러진 기내의 틈새를 뚫고 들어와 파편처럼 가슴에 꽂히며 속이 울렁거림을 느꼈다.

송지혁은 술 취한 동료들이 제각기 텐트 속으로 기어 들어간 후, 말할 때마다 그의 가슴 언저리를 간질이듯 눈썹 끝을 파르르 떠는 음대의 한 여학생과 끝까지 남아 오순도순 인생을 저울질하고 있었다. 그들은 촉촉하게 젖어오는 산 속의 한기를 얼음장 같은 소주잔 끝으로 송송 느껴 가며 타오르는 입술을 적시고 있었다. 그때, 저녁 무렵 홀연히 산 속으로 사라졌던 그가 발자국 소리도 없이 바람처럼 나타나 그들 사이를 가르고 앉았다. 그리고 침묵이 흘렀다. 어쩌면 그는, 펠로폰네소스 반도의 올림포스 산 속에서 벌어지고 있던 요정들의 유희를 깨고 들어온 주신(酒神) 바쿠스였을까? 코펠에 소주 한 병을 차분히 따라 냉수 마시듯 단숨에 들이키더니 입가에 묻은 물기를 닦아내고는 말없이 앉아 있었다.

"형은 왜 산을 찾는 거죠?"

한참 만에 송지혁이 묻자,

"내가 산을 찾는 것이 아니라, 산이 나를 찾고 있어. 숨으려 해도……."

그가 그렇게 대답했던 것 같다.

"언제까지일까요?"

눈썹이 물결치는 여학생이 고개를 갸웃거리자,

"산이 나를 찾지 않을 때까지. 더 이상 말이야."

그가 대답했다. 그리고 또 침묵했다. 산이 내는 신비한 소리가 세 사람 사이를 번갈아 오가며 요동치듯 가슴을 휘젓고 있었다.

"하나가 될 수만 있다면. 아무도 찾을 필요 없이……."

그가 다시 말했다.

"그때까지 기다려야 하나요?"

파르르 떨며 그녀가 말했다.

"아니야, 찾아 나서야지."

그가 말했고, 그때 송지혁은 취기를 느끼며 코웃음을 쳤다.

"흥, 결국 순환논법이군."

(그녀는 후에 박민수의 아내가 되었다.)

송지혁이 그를 다시 만난 것은, 박정희 대통령 암살 사건이 일어난 10·26 사태 이후 혼란기의 와중에서 대학가를 휩쓸고 있던 치열한 시국 성토의 현장에서였다. 박민수는 총학생회장 후보로 지명된 몇몇 인물 중 하나였고, 대학 광장에서 연일 뿜어져 나오던 시국 연설과 구호와 선동의 도가니 속에서 종종 붉은 머리띠를 동이고 단상에 등장하곤 하였다. 그가 올라서면 광장은 찬물을 끼얹은 듯 일시에 잠잠해졌고, 그는 마이크를 길게 뽑아들고 한 손을 뒷짐 진 채 작은 입술을 일자로 굳게 다문 냉철한 표정으로 한참 동안 말없이 좌중을 응시하다가 말문을 열곤 하였다. 차분하면서도 카랑카랑한 그의 목소리가 허공을 메아리치다가 광장을 빽빽이 메운 군중들의 머리 위로 가라앉는 것을 바라보면서, 송지혁은 열광하는 무리들 사이에서 덩달아 흥분하여 진저리를 쳐 가며 그의 연설을 경청하였다. 그 무렵 박민수는 그리스 주신의 조각상에서 어느새 로마 제국의 집정관으로 바뀌어 있었다. 얼마 후, 학생회장 선거가 채 실시되기도 전에 박민수는 교정에서 홀연 자취를 감추었고, 항간에는 그가 남산 모처에 연금되어 취조를 받고 있다는 소문이 떠돌았다.

송지혁이 대학원에 진학한 후, 석사 졸업 논문을 작성하느라 매일 도서관을 드나들던 시절 다시 그를 만났다. 머리를 식히려고 열람석 귀퉁이에 붙은 흡연실 문을 열고 들어갔을 때, 한 건장한 뒷모습의 사내가 도서관 앞의 교정을 내려다보며 우두커니 서 있었다. 돌아서는 얼굴을 흘깃 바라보는 순간 송지혁은 한눈에 그를 알아보았다.

"아니, 민수 형! 언제 돌아왔어?"

그는 잠시 송지혁의 얼굴을 지그시 응시하다가 곧 빙긋 웃음을 띠고 말했다.

"오늘."

그의 용모는 여전히 수려하여 크게 달라진 것이 없었으나 어딘지 모르게 깊은 그늘에 젖어 있는 듯 무게를 느끼게 하였다.

"그동안 어디 있었는데?"

"응, 군대 갔다가, 복학했지."

예전의 그에게서는 좀처럼 볼 수 없었던 부끄러움이 깃들여 있는 표정이었다.

그 이후로도 송지혁은 도서관에서 박민수를 자주 만날 수 있었는데, 이번에는 머리띠가 흰색으로 바뀌어 있었다. 그는 국비 유학 시험을 준비하고 있었다. 도서관 휴게실에서 우연히 커피를 한 잔씩 뽑아 마주 앉았을 때, 송지혁은 박민수의 얼굴에서 풍기는 냄새가 전과는 판이하다는 것을 알아챘다.

"흰색은 항복했다는 표신가요?"

송지혁은 과거 웅변을 토해내던 로마 집정관의 위용을 떠올리며 짓궂게 물었다.

"글쎄, 처음부터 다시 칠해 보자는 뜻이겠지."

송지혁이 담배를 권했을 때 박민수는 가볍게 거절했다. 몇 달 사이에 박민수는 담배도 끊고 있었다. 송지혁이 종이컵에 담뱃재를 떨어 넣는 동안 박민수는 생각에 젖은 눈을 깜빡였다.

"항복할 대상이 무엇인지 찾을 수 있었다면야 벌써 항복했겠지. 진정한 항복이야말로 사랑할 수 있다는 용기의 표시 아닌가?"

박민수는 스콜라 철학자로 변해 있었다.

뜻밖에도 박민수는 국비 유학 시험에 수월히 합격하여 송지혁이 목표로 하고 있었던 미국의 명문 H대학으로 먼저 떠나갔다. 3년 후 송지혁이 미국에서 그를 만났을 때, 그는 H대학 내에서도 이름을 날릴 정도의 천재성을 발휘하는 비범한 물리학도가 되어 있었다. 졸업도 하기 전에 굵직굵직한 국제 저널에 소립자 물리에 관한 자신의 독특한 이론

논문을 발표하여 센세이션을 일으키더니 박사 학위 취득과 동시에 포스트 닥터를 거쳐 H대학의 연구원으로 발탁되었다. 들어가기가 바늘구멍만큼이나 어렵다는 서울의 모교에서 박민수를 교수로 초빙하고자 교섭중이라는 소문도 파다했다.

그러나 박민수는 그런 소문을 아랑곳하지도 않은 듯 졸업 후에는 한동안 캠퍼스 내의 한국 후배들을 모아 돌보는 일에 열중하였다. 박민수를 둘러싼 측근들은 자신들의 모임이 있는 날이면 아무리 급한 행사로 소집하여도 일체 모습을 나타내지 않았기 때문에 한국 학생회 간부들의 눈살을 찌푸리게 만들곤 했다. 당시 송지혁은 유학생 학생회 회장을 맡고 있었다. 엘리트 중의 엘리트 그룹이 모인 H대학의 학생회 회장이라면 하나의 버젓한 경력으로 남을 만큼 단순한 명예직 이상이었기 때문에, 한국 유학생 사회에서도 치열한 선거 경쟁을 벌여야 당선될 수 있는 만만치 않은 자리였다. 대내외적인 행사들을 수시로 주관하여 자신의 역량을 과시하고자 했던 송지혁에게 박민수 패거리들의 비협조적인 태도는 눈엣가시처럼 느껴졌고, 알게 모르게 박민수와의 사이에 담이 쌓여 가는 것을 느끼곤 하였다. 그러나 박민수의 모습은 무엇인지 형용키 힘든 색다른 힘에 휩싸여 가는 듯 나날이 카리스마를 더해 가는 것이었다. 캠퍼스 안에서 우연히 그의 평온한 자태와 마주칠 때면 송지혁은 내심 거부 심리를 느끼면서도 속절없이 엄습해 오는 나른함 속에서 맥이 풀리는 것을 느껴야 했다.

"어이 지혁이, 시간 내서 우리 모임에 한번 참석해 보지 않겠나?"

박민수는 신비감마저 자아내며 근접키 어려운 권위를 느끼게 하던 과거 서클 선배로서의 시선을 견지하고 누르듯이 다가서는 것이었다.

"형은 아예 종교 개혁가로 변신한 모양이군요?"

송지혁은 자신이 은연중 내려 깔리는 듯한 그 기분이 못마땅하여 노골적으로 코웃음을 치며 등을 돌려 피해 버리곤 하였지만, 과연 저들이 모여서 하는 짓거리들이 무엇인지 내심 궁금하기도 했다. 언제 한 번 갑자기 치고 들어가서 박민수의 내막을 낱낱이 알아보리라 생각하고 있던 차에, 어느덧 송지혁은 학위 막바지에 이르러 정신없는 나날을 보내게 되었다. 논문이 통과되어 가까이 지내던 유학생 가족들을 초청하여 축하파티 겸 축배를 떠들썩하게 들던 그해 겨울 크리스마스 전날, 소리 소문도 없이 그가 중국 어느 대학의 교수로 떠났다는 뜻밖의 소식이 들렸다.

3

저녁 햇살에 반사된 활주로가 탑승객들의 미간을 눈부시게 자극하고 있었다. 한참을 걸어서 시골 역사처럼 초라한 공항 청사를 빠져 나와 기다리고 있으니, 트렁크를 잔뜩 실은 트럭이 비틀거리며 나타났다. 웅크리고 앉아 있던 중국인들이 먹이를 노리며 달려든 하이에나 떼처럼 잽싸게 몰려들어 트럭 주변은 저마다 짐을 찾으려는 사람들로 북새통을 이루었다. 돌발적으로 일어난 변화에 송지혁은 넋이 빠진 사람처럼 그 모습을 멍하니 바라보고 서 있었다. 7년 만의 해후의 쑥스러운 감정이 무색해지도록 박민수는 억센 손으로 악수를 하며 흔들어대었다. 그리고 곧바로 짐표를 낚아채듯 빼앗아 들더니 트럭을 둘러싼 한 바탕 촌극 속으로 뛰어 들어가 버렸다. 추리닝 차림에 밀짚모자를 쓰고 나타난 박민수를 보는 순간 송지혁은 다시 한 번 그의 갑작스런 변신을 무방비 상태로 겪어야 하는 일종의 무참한 심정 속으로 빠져들고 말았다. 검게 그을린 얼굴에 구레나룻과 턱수염까지 기르고 있는 박민수의 모습은 건강미를 넘어서 퍼덕이는 활어를 손에 쥐고 있는 듯한 생동감을 느끼게 하였다. 과거 학자풍으로 날카로운 지성을 과시하던

그의 눈매는 찾아보기 힘들었고, 과연 이 사람이 대학 교수인가 하는
의구심이 들 정도였다. 새벽 어시장의 경매꾼을 연상케 하는 트럭 위
의 사내들을 향해 짐표를 뒤흔들며 알아듣지 못하는 중국말로 고함을
질러대던 박민수는 곧 송지혁의 트렁크를 찾아들고 만면에 웃음을 머
금은 채 득의양양하게 다가왔다. 석양을 받아 빛나는 그의 눈동자에서
기이한 힘을 발견한 송지혁은 일순간 숨이 막히는 것 같았다.

달리는 차창 밖으로 뉘엿한 햇살을 머금은 연길 시가지가 초콜릿 빛
깔을 띠고 반사되어 송지혁의 눈을 어지럽혔다. 연길의 첫인상을 초콜
릿 색조의 느낌으로 받은 이유가 곳곳에 붉은 벽돌로 지어진 건물이
많아서임을 한참만에야 알아차렸다. 거친 벽돌로 지어진 나지막한 건
물들 사이로 튀어 오르듯 다가서는 생경한 조선말 간판들을 바라보며
송지혁은 비로소 자신이 옛 선조들의 한과 설움이 서려있는 북간도에
발을 내디뎠음을 의식하게 되었다. 모래 바람에 흩날리는 쓰레기와 악
취 속으로 남루한 행색의 거무죽죽한 얼굴들과 자전거의 무리들이 뒤
섞여 지나가고 있었다. 송지혁의 일행을 태운 구 소련제 라다 택시는
뿌얀 먼지를 뒤집어 쓴 채 털털거리며 빈틈 사이로 질주하였다. 거리
의 광경은 그다지 낯설지만은 않았는데, 그것이 그의 기억 속에 남아
있던 60년대 한국의 거리를 영상 화면처럼 끄집어내어 옮겨 놓은 듯
한 착각 속으로 빠져들어 가고 있기 때문이라는 것을 그는 곧 알아차
렸다.

박민수의 아내가 차려놓은 저녁 식사를 마친 후 송지혁은 쉬어야겠
다는 핑계로 서둘러 그 집을 나왔다. 그것은 비단 핑계만은 아니었다.
도대체 차분히 앉을 만한 자리도 없이 어지럽혀진 공간 속에서 이리저
리 뛰어다니는 아이들의 고함 소리며 밀치고 넘어져 우는 모습들을 바

라보던 송지혁은 차멀미 증세와 유사한 두통과 울렁거림을 느꼈던 것이다. 그러나 그의 머릿속을 더욱 혼란스럽게 만든 것은 엉망진창의 혼잡 속에서도 그들 가족에게서 흔들리며 풍겨 나오는 아지랑이같이 노곤한 평화스러움을 바라보는 일이었다. 박민수는 어느새 세 아이의 아빠가 되어 있었고, 7년 전 미국에서 유치원에 다니던 첫 아이는 불쑥 중학생으로 변신하여 어렴풋한 옛 모습의 기억을 무색하게 하였다. 피아니스트였던 그의 아내는 다듬지 않은 머리를 손으로 쓸어 올리며 올망졸망한 아이들을 돌보느라 정신이 없었고, 동네 아이들을 모아놓고 무엇을 가르치는지 그의 집은 마치 영아원을 연상케 했다. 식탁을 마련하는 거칠어진 손등을 훔쳐다보며 송지혁은 과거 학창 시절 티 없이 청순했던 그녀의 모습과 미국 생활 중 유학생 부인들 가운데서도 유난히 깔끔하고 세련됨을 과시하던 모습이 겹치며 번갈아 머릿속을 스치고 지나갔다.

"힘들지 않아요?"

송지혁이 묻자 그녀는 손등으로 입을 가리고 소녀처럼 까르르 웃었다.

"둘러보세요. 왜 힘이 안 들겠어요?"

변하지 않은 그녀의 웃음소리가 세월의 무상함을 오히려 부각시켰다. 송지혁은 무심코 '그런데 당신은 전혀 힘들어 보이지 않는군요?'라는 말이 튀어나오려는 것을 삼켜 버렸다. 때마침 아내 얼굴이 불현듯 떠올랐던 것이다. 그녀는 더 이상 눈썹 끝을 파르르 떨지 않았다.

송지혁이 짐을 대강 풀어 놓고 호텔 로비로 내려왔을 때 박민수는 프런트에서 어디론가 전화를 걸고 있었다. 시골 다방을 연상케 하는 커피숍에 엉덩이를 붙이고 앉아 있으려니 '복무원'이란 명찰을 단 여종업원이 다가와서 무언가 알아듣지 못하는 중국말로 지껄였다. 송지혁이 멀뚱히 쳐다보고 있자 그녀는 곧 조선말로 고쳐서 다시 물어왔다. 송지혁은 대답 대신 전화를 걸고 있는 박민수를 손끝으로 가리켰고 그녀는 휙 돌아서서 가 버렸다.

"장백산은 안 되겠어."

박민수가 고개를 절레절레 흔들며 다가와서 앞자리에 앉았다.

"얼마 전 첫눈이 많이 내려서 장백폭포 입구까지밖에 못 들어간다는구먼."

"아니, 아직 9월인데 벌써 눈이야?"

"장백을 잘 몰라서 하는 소리지. 눈 걱정 전혀 안 하고 오르기는 여름철 두세 달뿐이야. 9월 중순만 넘어서면 눈 때문에 못 올라가기가 십상인걸. 장백(長白)이니 백두(白頭)니 하는 이름이 달리 붙었겠나?"

"젠장, 그럼 헛걸음한 셈 아닌가?"

"마음먹기 나름이지. 한쪽 길이 막히면 다른 길을 찾는 것도 방법이 아닌가?"

박민수가 빙긋 웃는다.

"그럼, 무슨 시원한 아이디어라도 있수?"

송지혁은 여전히 아쉬움이 서린 얼굴로 박민수를 쳐다본다.

"사실, 지혁이 자네 전화를 받기 전부터, 이번 중국 국경절 연휴 기간에 가 보려고 마음먹은 곳이 있다네. 워낙 장거리라 학기 중에는 엄두를 못 내었지. 몇 년 전부터 꼭 한번 가야지 하며 벼르고 있던 곳이거든. 만일 자네가 원한다면 같이 갈 수도 있지."

"어딘데?"

"옛 고구려 도읍지였던 국내성이라고 생각나는가? 중국에서는 집안(集安)이라고 부르는 곳에 위치하고 있지."

"글쎄, 역사시간에 언뜻 들은 것 같기도 하고. 거기 가면 좋은 구경거리라도 있답디까?"

"물론 볼 것은 많지. 생각하기 나름이긴 하지만, 왜 있잖아, 광개토대왕 비(碑)라고 국사시간에 배운 적 있지?"

송지혁은 갑자기 비석 이야기를 듣자 따분한 생각이 들었지만, 그의 입술은 유도 심문에 이끌리듯 재차 캐묻고 있었다.

"대체, 얼마나 떨어진 곳인데?"

박민수가 대답 대신 빙글빙글 웃기만 하다가 입을 뗐다.

"승용차로 내리 달려도 왕복 서른 시간은 잡아야지. 중국에선 아주 가까운 거리야."

"뭐라고? 서른?"

송지혁은 기가 질려 자기도 모르게 비명이 튀어나왔다.

"핫핫! 강요하진 않으니까 겁낼 건 없어. 하지만 어차피 중국을 알려면 그 정도 장거리는 한번쯤 뛰어 보는 것도 나쁘지 않을걸?"

박민수는 여전히 느긋한 여유를 보이고 있다. 송지혁은 그 점이 내심 못마땅하기도 했다. 한편 생각하니까 오기도 나고, 이번 기회에 박민수와 중국을 동시에 파악할 겸 못이기는 척하고 따라가 볼까 하는 생각도 들었다.

"언제 출발하는데?"

"내일 새벽."

박민수가 왼쪽 손바닥으로 오른쪽 팔꿈치를 괴고 오른 손으로는 입가의 덥석 부리 수염을 쓰다듬으며 송지혁의 대답을 기다리고 있다.

"오우케이, 갑시다."

4

다음날 아침 7시 무렵, 송지혁은 박민수와 그리고 갑자기 등장한 또 다른 사내와 더불어 두만강이 한눈에 내려다보이는 어느 언덕 위에 말 없이 서 있었다. 철광석으로 이름난 북한의 광업 도시 무산시는 한밤을 새워 가며 겹겹이 감추어 두었던 검은 자태를 강 건너 아침 햇살 아래 낱낱이 드러내고 있었다. 세 사람은 제각기 망연한 자태로 무산시를 바라보며 한동안 침묵을 지키고 있었다. 새벽잠을 깬 탓으로 송지혁은 몽롱한 의식 가운데 온몸이 자근거리는 피로감을 느꼈다. 언덕에 털썩 주저앉아 팔짱을 낀 채 무산시에서 어떤 종류의 기척이든 눈에 뜨이길 기다리며 지켜보았으나 결국 아무런 변화도 발견할 수 없었고, 그것은 마치 송지혁으로 하여금 자신이 어떤 정물화의 화폭 속에 앉아서 그것의 일부분으로 존재하는 것이 아닌가 하는 착각에 빠져들게 했다. 잠시 후, 송지혁이 정신을 차리고 주위를 둘러보니 박민수는 눈을 감은 채 고개를 숙이고 명상에 잠겨 있었고, 다른 사내는 망원 렌즈를 장착한 카메라를 삼각대에 세운 채 무엇인가 의미 없게 느껴지는 작업에 골몰하고 있는 모습이 눈에 들어왔다. 그들을 싣고 온 운전기사는 승용차 속에서 입을 벌리고 시트와 함께 뒤로 벌렁 젖혀져 있었다.

"이것이 우리 역사의 현실이야. 이제 비로소 이번 여행의 출발점에 선 셈이지."

박민수가 말했다.

"그럼 목적지는 어디를 향한 여행인가?"

송지혁은 문득 자신의 입술이 자동인형의 나불거림처럼 움직이고 있음을 느끼며 반문했다. 그의 머릿속에서 피어오르는 회사와 아내의 생각들이 아주 아득한 과거의 일처럼 꾸물거리며 현재 자신이 응시하고 있는 너무나도 현실과 동떨어진 우중충한 실루엣과 중첩되어 뒤엉키고 있었다. 송지혁의 그 같은 심정을 아랑곳하지 않는 듯 득의양양한 모습으로 카메라 다리를 접고 있던 사내가 끼어들었다.

"그야 물론 1,500년 전 우리들의 과거를 향한 여행이지."

"1,500년, 과거라고?"

송지혁이 맥없이 중얼거리자, 지난밤 새벽길을 달리며 애써 감아 놓았던 흑백 필름이 스르르 거꾸로 풀려 나가기 시작했다.

제길, 새벽도 새벽 나름이지, 잠시 눈을 붙이자마자 따가운 전화 소리가 송지혁의 단잠을 깨우더니 잠시 후 박민수가 양손에 시커먼 보따리를 들고 들이닥쳤다. 박민수는 송지혁이 엊저녁 마땅히 입고 갈 편한 옷이 없다고 한마디 한 것을 잊지 않고 어디서 중국인들이 입는 카키색의 찌든 군복을 들고 와서 입으라고 던져 주었다. 언뜻 시계를 보니 새벽 두 시를 가리키고 있었다.

"입어 보면 곧 그 옷이 편하게 느껴질 거야. 가다가 들를 곳이 생겨서 좀 일찍 떠나야겠어."

박민수는 송지혁의 마음을 읽기라도 하는 듯 한마디 툭 던졌다.

호텔 앞에서 택시를 잡아타고 어둠침침한 거리를 10분쯤 달려간 후, 박민수는 미리 약속한 지점인 듯 길가에 세워진 그럴싸한 세단 뒤꽁무니에 차를 세웠다. 택시가 떠나자, 검은 그림자처럼 일렁이며 세단 운전석에 앉아 있던 사내가 빨간 담뱃불을 빨아당기며 밖으로 나왔다.

"동생, 서로들 인사하지. 이쪽은 멀리 한국서 온 송 선생이고."

김철룡이라 불린 사내는 피우던 담배를 발로 밟아 비벼 끄고, 인사는 하는 둥 마는 둥 하더니 뒷머리를 긁적이며 박민수에게 바짝 다가섰다.

"형님, 어찌지요? 손님이 하나 더 있는데."

박민수는 흠칫 놀라며 차 쪽을 쳐다보았다. 그러고 보니, 앞자리에 누군가 한 사람 더 타고 있는 것이 눈에 띄었다. 박민수가 약간 불만 섞인 목소리를 낸다.

"아니, 여보게. 한두 번 장사하는 것도 아닌데, 이런 법이 어디 있어? 누군 줄 알고 믿고 데리고 간단 말이야?"

"글쎄 말이, 저 선생이 내일까지 필시 집안으로 가야 한다고 통사정을 한단 말이. 서울서 왔다고서리. 지내 괜찮을 겁네다."

"뭐 하는 사람이래?"

"대학서 선생질한다는 것 같소."

"우리가 강가로 들렀다 가야 한다는 걸 잊었어?"

"일없슴다. 말했슴다. 같이 갈 수 있슴다."

그 사이에 앞자리에 앉아 있던 사내가 차문을 열고 고개를 삐죽이 내밀더니 소리쳤다.

"아니 뭣들 하고 있는 거요? 같이 갈라면 빨리 타라고!"

박민수가 무슨 말을 꺼내려 하자, 동생이라 불리던 운전기사가 갑자기 박민수의 보따리를 빼앗아 뒤 트렁크에 밀어 넣더니 서둘러 그들을 차 안으로 몰아넣었다.

"인차 동틉네. 날래 갑세."

차가 어둠 속을 달리기 시작하고 나서 한동안 어색한 침묵이 흘렀다. 손바닥만한 시가지를 벗어나자 곧바로 한적한 시골길로 접어들었다. 송지혁은 으스스 떨리는 새벽 공기를 쐰 탓으로 온몸에 한기가 드는 듯 움츠린 채 창밖을 응시하였다. 그는 희뿌연 어둠 속에서 어린 시절 눈에 익은 초가집들이 간간이 옆을 스쳐 지나가는 것을 바라보다 문득 자신이 이곳에 와 있다는 사실에 대하여 한바탕 밀어닥치는 곤혹스러움을 느꼈다. 며칠 전만 해도 그 혼잡한 서울 시가지의 러시아워를 뚫고 치열한 생존 경쟁의 아우성 속에서 경음기를 눌러 가며 돌진하던 그가, 어둠에 싸인 이 한적한 시골길을 아무 저항 없이 내달려 가고 있는 것이다. 그가 지나고 있는 이 길이, 이미 오래 전에 그렇게 지나쳤던 과거의 한 시점은 아니었을까? 시공간이란 기실 스푼으로 잠시 휘젓기만 하여도 금세 소용돌이처럼 혼란이 일어나고 마는 컵 속의 물과 같은 것일까?

박민수가 헛기침을 한두 번 하더니, 앞자리의 양복 입은 사내에게 말을 건넸다.

"무슨 일로 집안까지 가십니까?"

"학술 연구차 가는 거요. 그나저나 말씨를 들어 보니 서울 사람들 같은데, 댁들이야말로 무슨 볼일이요?"

뒤를 흘깃 돌아보는 사내는 머리가 희끗희끗한 것이 카랑카랑한 목소리에 비해서는 나이가 좀 들어 보였다. 사내는 박민수와 송지혁의 행색을 보고 적잖이 무시하는 말투를 보이고 있었다. 송지혁은 그것을 의식하고 내심 기분이 언짢아졌다. 그러나 박민수는 아랑곳하지 않는 듯 쾌활하게 말을 받았다.

"우리야 그저 옛 도읍지를 한번 둘러보려는 것이죠."

"연길에 사시우?"

"예."

"장사하시는가 보군."

사내는 대충 짐작하겠다는 듯이 혼자말로 단정을 지었다.

"장사라. 하하! 듣고 보니 맞는 것 같군요."

박민수는 무엇이 그리 유쾌한지 웃음을 터뜨렸다. 송지혁은 박민수가 행색뿐만 아니라 말투에서도 예전과는 이미 다른 사람이 되어 있다는 것을 느꼈다. 날카로운 위엄 속에서 좀처럼 품위를 잃지 않는 완벽주의자로서의 박민수의 이미지는 이미 사라지고, 매사에 오히려 약간은 흐트러진 매무새에 푸근한 여유를 보이고 있었다.

"대학에 계신다면서요? 고고학을 연구하시는가요?"

"사학이오."

"사악? 아, 사아하악!"

사내는 주섬주섬 안주머니를 뒤지더니 명함을 두 장 꺼내어 건네준다. 비즈니스가 몸에 밴 송지혁은 명함을 받자 습관처럼 자신의 명함을 꺼내려다가 자신의 복장을 생각하고는 공연히 멋쩍은 생각이 들어 그만두었다.

"어이구, K대학의 장성호 교수님이시군요. 그러고 보니 오래 전에 매스컴을 통해 몇 번 뵌 기억이 납니다. 광개토대왕 비에 대한 새로운 판독 해석으로 한동안 국내외 학계를 떠들썩하게 만들던, 뭐라 할까……."

명함을 받아든 박민수가 아는 체를 하였다.

그들을 실은 승용차는 끝없이 펼쳐진 과수원 지대를 가로질러 질주하더니, 다시 어둠에 싸인 초라한 도시로 진입하고 있었다.

"여기가 용정(龍井)이란 곳인데, 시인 윤동주의 시비(詩碑)와 무덤이 있는 유서 깊은 도시지. 이곳 용정중학은 일제 시대부터 항일 투사를 비롯한 큰 인물들을 많이 배출하여 이름난 곳이야. 잘 안 보이지만, 저쪽 산등성이에 솟은 정자가 일송정(一松亭)이라고, 자네도 잘 알지? 우리가 데모대에서 줄기차게 불러대던 '선구자' 노래 있잖은가? 이 다리가 용문교라고 하는데, 이 밑을 흐르는 개천이 바로 해란강일세."

"동생, 오늘은 제법 쓸 만한 차를 구한 것 같은데? 승차감이 괜찮아."

"뉘기 부탁인데 여부가 있깐둥?"

"설마 지난번처럼 산 속에서 고철 덩어리로 둔갑하는 건 아닐 테지?"

"허이구야, 형님두, 또 그스그 소릴. 이번엔 일없슴다. 이래봬두 이 차가 닛산 부루바든가 뭬잉가 하는 일제 참네다. 힘도 지내 좋슴다."

그는 차의 성능을 과시하려는 듯 부르릉 하고 액셀러레이터를 한번

힘 있게 밟아 보였다. 송지혁은 엔진 소리에 심상치 않은 쇳소리가 섞여 있음을 감지하고 슬쩍 물어 보았다.

"몇 킬로나 뛴 차요?"

"글쎄, 일제 차는 지내 북조선에서 수리해서 들어온 것들이 돼놔서리, 모르긴 해두 두 바퀴는 돌았을 겁네다."

"두 바퀴라니요?"

"고저 량십만(20만) 킬로란 말이. 그래도 괜찮습다. 내래 사기질만 10년 아이 했소? 엔진 소리만 들어도 지내 알 만합네다. 고저 믿기요."

"사기질?"

송지혁이 놀라 묻자, 박민수가 흐드러진 웃음을 터뜨렸다.

"핫하, 놀랄 것 없네. 이쪽선 운전기사를 사기라고 부르지. 이보게, 김 사기, 내래 당신 믿다가 낭패 만난 것이 한두 번이라야디. 자칫하다간 정말 사기질하는 줄 알겠어."

장 교수라 불린 사내는 고개를 좌우로 도리질하며 졸고 있다.

"김 사기 동무, 화룡에서 두만강 쪽으로 빠지라우. 지난번 그 마을에 잠시 들려야 해."

박민수가 재삼 다짐을 준다.

그들을 실은 승용차는 푸르스름하게 내리 누르고 있는 새벽 기운을 힘써 밀쳐내면서 산허리를 이리저리 휘감고 달렸다. 울렁거리는 비포장도로를 한참 달려 왼편 기슭 아래로 확 트인 벌판이 나타났을 때는 강 건너 산등성이를 살포시 누르며 먼동이 움트고 있었다.

"바로 저기가 북조선이네."

박민수의 짤막한 한마디가 떨어지자 송지혁은 자기도 모르게 혼미하던 정신이 번쩍 나는 듯 고개를 창 쪽으로 들이밀며 밖을 내다보았다. 송지혁의 눈에 비친 두만강은 노 젓는 뱃사공의 노랫가락을 따라 조각배가 넘실거리며 푸른 물을 유유히 가로지르는, 그런 상상 속의 강과는 거리가 멀었다. 건너갈 수 없는 산하를 에워싸고 싸늘한 새벽 공기 속에서 우윳빛 안개를 내뿜으며 수면을 가리고 있는 두만강은 풀어헤친 옷고름을 흐늘거리며 달려가는 정신 나간 아낙네의 허리춤처럼 간간이 맨살을 드러내곤 하였다. 강 건너 산허리에는 식별하기 힘든 붉은 선전 문구가 아로새겨져 아득히 동떨어진 세계의 생경함을 더해 주었고, 그 바로 아래로 철길을 따라 잿빛 뭉게구름을 내뿜는 증기 기관차가 지나가며 오래된 활동사진의 한 컷을 연출하고 있었다. 졸고 있던 장 교수도 어느새 잠을 깼는지 열심히 고갯짓을 하며 창 밖 건너편을 기웃거리고 있었다.

마을로 내려서자 그들이 타고 있던 승용차는 왼쪽으로 커브를 틀더니 두만강을 오른쪽으로 끼고 거슬러 올라가기 시작했다. 압록 강변에 있다던 그들의 최종 목적지인 집안과는 반대편으로 점점 멀어져 가고 있는 느낌을 받았지만, 송지혁은 아무 말도 하지 않았다. 그는 어차피 이번 여행의 주도권을 전적으로 박민수에게 일임하지 않으면 안 되리라는 것을 어렴풋이 느끼고 있었다. 두만 강변에 도착하기 전에는 시간 낭비를 한다고 간간이 투덜대던 장 교수도 비껴 지나가는 강 건너 산하의 가슴 언저리를 압박하며 다가오는 적막감에 더 이상 할 말을 잃은 듯 잠잠하기만 했다. 강폭은 협소하여 돌팔매질을 하면 바로 닿을 듯한 곳에 북쪽 마을들이 드문드문 내깔겨 있었다. 차가 꿰뚫고 지나가는 중국 쪽의 마을들도 예스러운 초가집의 모습을 그대로 유지하고 있었고, 강가에는 주로 조선족들이 모여 사는 듯하였다. 강 이편의 중국 마을은 비록 쇠똥 냄새를 풍기는 초라한 시골이지만 사람이 사는 온기가 조금은 느껴지는데, 어째서 저쪽은 저리도 차갑게 죽어 있는 것일까?

"젠장, 분단 역사의 현장을 눈앞에 두고 비껴가야만 하다니, 비극은 비극이로군."

장 교수가 학자연한 어조로 한마디 던졌다.

"겨울철에는 꽁꽁 얼어붙어서 맘만 먹으면 단박에 건너갈 수 있지요."

박민수가 낮은 음성으로 중얼거린다.

"넘어가고 싶던가요?"

"갈 수만 있다면야."

"요즘은 탈북자들 땜에 감시가 심하다면서요?"

송지혁이 물었다.

"사선(死線)을 넘어 탈출해 본 경험이 있나?"

박민수가 거꾸로 반문했다.

"글쎄요. 그러는 형은 있수?"

"사선을 체험한 자만이 생(生)을 체험할 수 있는 법일세."

"……."

"10여 년 전만 해도 저쪽이 외려 중국보다는 입질하기가 나았단 말이. 북조선 지붕 위에 늘어 말리는 명태를 훔치려고 나도 지내 강을 오갔구마."

운전대를 잡은 김 사기가 끼어든다.

"요즘은 어느 정도랍디까?"

"말도 말기요. 강가에 사는 우리 사촌 형님 이야기를 들을라이, 아예 점심이란 말도 없어진 지 오래고, 하루 두 끼도 푸르멀건 풀죽으로 후루루 때운단데. 강 건너 마을끼리는 고저 서로 안방서 건넌방 내다보듯 하고 지내지 않소? 한동안 눈에 익은 아이 얼굴이 뵐질 않아 살며시 건너가 보면 들판에 굶어 자빠져 있는 것을 보기 십상이란데? 아이를 잡아먹은 애비도 있다는 흉측한 소문까지 돌고 있는 형편이니."

"작년에 이어 지난여름 또다시 큰물 진 후에 최악의 상황으로 몰리고 있다네. 농토가 죄다 유실되었으니, 북한은 이제 단순한 수해 상황이 아니라네. 뭐라 할까, 극도의 생태계 파괴로 인한 재생 불능의 상태로 들어서고 있는 느낌이야."

수풀에 가려 흔들거리며 길을 따라 멀어졌다가는 다가서곤 하는 강 건너 마을들을 한 장면이라도 놓칠세라 유심히 관찰하는 동안 차는 아직 새벽잠이 덜 깬 어느 마을 어귀로 진입하고 있었다.

"동생, 여기서 잠시 차를 세우게."

뿌연 먼지를 일으키며 달리던 승용차가 갑작스런 명령에 경기를 일으키듯 멈춰 서자 뒤따라오던 먼지바람이 차 안까지 밀려 들어왔다. 장 교수가 먼저 문을 열고 나서려 하자 박민수가 저지하고 나섰다.

"이곳은 경비초소가 있는 외국인 출입 금지 구역이니 차에서 내려서는 안 됩니다. 특히 장 교수님의 양복 차림은 너무 눈에 띄어서…….”

"이것 보슈. 어딜 가든 말든 용변은 보아야 할 것 아니오."

"잠깐만 더 참으시죠. 이 마을 지나서 곧 내려 드릴 테니."

"아니 무슨 잘못한 일도 없는데 내가 왜 지레 겁을 먹는단 말이오?"

장 교수는 박민수의 만류를 뿌리치고는 기어코 차 밖으로 나섰다. 그는 오히려 보란 듯이 어슬렁 큰 걸음을 걸으며 짤막한 골목을 빠져나가 수풀 사이로 들어가서 좌우를 두리번거리더니 아예 강가로 나서고 있었다. 내친김에 두만강 푸른 물에다가 볼일을 보려는 심산인 듯싶었다.

"동생, 이래서 내가 아무나 데려오지 말라고 당부하는 거라구."

그의 행동을 주시하며 입가를 어루만지던 박민수가 나지막하게 말했다.

"무슨 일이나 있을라구."

송지혁이 대수롭지 않게 대꾸하자 박민수가 씁쓰레한 실소를 머금으며 말했다.

"저 양반이야 무슨 일이 있을 턱이 있겠나? 그저 덕분에 이 동네에서 목숨 내걸고 은밀히 일하는 사람들의 활동이 위축을 당하니까 하는 말일세. 이 근방은 탈북자 때문에 특별히 감시가 심한 곳이야. 저 친구는 지금 자신의 행동이 양쪽 초소에서 면밀히 감시되고 있다는 것도 전혀 모르지."

볼일을 마친 장 교수가 바지춤을 추스르며 돌아섰다. 그는 무심한 두만강 물에 자신의 냄새나는 과거를 실려 보내는 역사적 행위를 마친 후, 만면에 만족스런 웃음을 흘리며 다가서고 있었다.

"지혁이, 잘 보게. 국제적으로 이름난 학자라는 사람의 소영웅심리가 바로 저 수준일세."

"……."

"다름 아닌 우리들의 모습이기도 하지."

박민수가 너털웃음을 터뜨리며 덧붙였다.

약속된 장소에서 30여 분을 기다려도 아무도 나타나지 않자 팔짱을 끼고 말없이 상념에 잠겨 있던 박민수가 입을 열었다.

"아무래도 오늘은 포기하고 돌아가는 것이 좋겠어."

자신의 만용 때문에 당초의 계획에 차질이 생긴 것을 알아차린 장 교수도 약간은 미안한 듯 머쓱한 표정으로 앉아 있었다. 북으로 보낼 물건들을 전달하려던 계획이 수포로 돌아가자, 송지혁도 왠지 허전한 마음이 생겼다. 더욱이 그것들이 오늘 밤 북조선으로 건너가는 사람들의 손에 들어가기로 되어 있었다는 사실이 가슴 한 귀퉁이를 답답하게 하였고, 그 물건들을 받으려고 눈이 빠지게 기다리고 있을 어떤 굶주린 얼굴들이 막연히 떠올랐다. 가장 담담한 표정을 짓고 있는 것은 박민수였다.

‘그나저나 저쪽을 향해 손짓이라도 한번 하고 싶은 심정이 드는 것은 어찌된 영문일까?’

송지혁은 평소에 분단이니 통일이니 하는 골치 아픈 문제가 등장할 때마다 지레 모른 척 외면하곤 하던 자신을 생각하며, 이것이 고향을 떠나온 필그림(pilgrim)의 공연한 센티멘탈리즘인가 하고 스스로 반문해 보았다.

"여기까지 온 김에 그냥 돌아가긴 맥 빠지는 일이니, 북한의 무산시가 한눈에 내려다보이는 언덕마루까지 가 봅시다."

5

무산시 어귀를 떠나 집안을 향해 달리기 시작한 후 얼마 가지 못해 인가라곤 찾아볼 수 없는 산길에서 타이어가 두 번 연이어 펑크를 내더니 끝내는 엔진마저 꺼져 버렸다. 마침 지나가던 소달구지를 세워 타고 김 사기가 어디론가 사라진 후에 그들은 바람 빠진 타이어의 모습으로 망연히 앉아 있었다. 송지혁은 비로소 자신이 중국이라는 타임머신을 타고 과거를 향해 훌쩍 날아왔다는 실감이 나기 시작했다. 잠시 후, 갑자기 비가 후드득 떨어지더니 굵은 빗줄기가 고장 난 깡통 차를 사정없이 두들겨대기 시작했다. 어처구니없는 상황 속으로 빠져든 자신에 대해 조금씩 화가 치솟아 오르려던 송지혁은 소낙비와 장단을 맞추듯이 쉴 새 없이 퍼부어 대는 장 교수의 불평 섞인 욕지거리 속에서 오히려 무덤덤한 마음이 되고 말았다. 소책자를 꺼내 들고 차 속에서 기대어 예사롭게 책을 읽고 있던 박민수는 어느새 요란한 빗소리에도 아랑곳하지 않고 늘어지게 낮잠을 자고 있었다.

비가 그친 후에 숲 속의 흐드러진 나뭇가지 사이를 뚫고 다시 햇빛이 쏟아지기 시작했다. 송지혁은 기울어진 차체 속에서 허리를 곧추세운 채 묵묵히 앉아 있었다. 왜 사람은 하늘을 향해 직립하여 살아가도록 생겼을까 하는 공연한 생각을 하며, 그는 정말 오랜만에 위 속 깊숙이 파고드는 심한 시장기를 느꼈다. 배가 고파 본 적이 언제 있었던가? 북한의 굶주린 얼굴들을 떠올리다가 송지혁은 어지러운 생각의 물결 속에 휩싸여 흘러가기 시작했다. 정말 참을 수 없이 배가 고플 때 사람은 선해질 것인가 악해질 것인가? 사람다운 존엄성을 상실한 채 극도로 치사한 모습을 드러낼 것 같기도 하고, 오히려 진실하고 엄숙한 모습으로 바뀌어 영감 넘치는 시인이 될 것 같기도 했다. 나는 어느 쪽일까? 양쪽의 가능성이 전부 숨어 있겠지. 인간이 처음부터 양면적 존재이기 때문인가? 아담과 하와가 선악과를 따먹은 것이 배가 고픈 까닭은 아니지 않은가? 배고픈 것과 선악의 문제는 무관하다고도 볼 수 있겠군. 그렇다면 사람을 악하게 만드는 뿌리는 무엇이란 말인가? 심심한데 박민수 이 친구한테 한번 물어 볼까? 그쪽 방면에는 무언가 해답을 가지고 있을 법도 해. 제길, 그나저나 이번에 내가 왜 이 작자를 만나고자 하는 맘이 들었을까? 무언가 아직 해결하지 못한 것을 나도 모르는 사이에 가슴 한 귀퉁이에 껴안고 살아왔단 말인가?

어둠이 깔리기 시작하자 낮잠에서 깨어난 박민수가 느릿느릿 일어나더니 트렁크에서 보따리를 챙기며 떠날 채비를 했다.

"사기꾼 같은 친구 기둘리다가 산 속에서 밤을 맞을 수야 없지. 내려갑시다."

박민수는 승용차 앞 유리창 와이퍼 사이에 메모지를 꽂아 두고 산길을 허위허위 앞장섰다.

"아니 이런 일이 처음도 아니라면서 왜 그 사기꾼한테 번번이 속아 넘어가는 거유?"

뒤따르던 송지혁이 박민수의 구두 뒤축에다 대고 볼멘소리를 내질렀다.

"사기꾼? 어이쿠 내가 말실수를 했군. 김 사기 그 친구 얼렁뚱땅한 데가 있어서 그렇지, 완전 사기꾼은 아니야. 그저 사람 한번 만들어 보려고 자꾸 속아 넘어가 주는 거지. 한번 잘살아 보겠다고 기를 쓰는 것이 되레 가상하지 않는가? 20-30년 전 바로 우리들의 모습일세."

제일 뒤처져서 작은 보따리를 하나 쥐고 헉헉대며 따라오던 장 교수가 투덜거렸다.

"오호라, 이제 알겠다. 당신들, 혹시 국경 넘나들며 장사하는 밀수꾼 아니오?"

박민수의 짐 보따리를 나누어 들고 밤길을 두 시간 남짓 걸어서 겨우 인가를 찾아냈을 때는 밤 9시가 넘어서고 있었다. 다행히 북한과의 국경 지대를 크게 벗어나지 않은 곳이라 촌락에는 대부분 조선족들이 모여 살고 있었다. 박민수는 마치 잘 아는 동네를 찾아가듯 골목을 휘휘 돌아가더니 이미 철시한 허름한 가겟집을 두드리기 시작했다. 어둠 침침한 불빛을 뒤로하고 잔뜩 경계하는 눈빛으로 고개를 내밀어 훑어 보던 남루한 행색의 아낙이 갑자기 박민수를 알아본 듯 반색을 하며 안으로 끌어들였다.

"아이구 박 선생이가 이 밤중에……."

"잘 지내셨수? 어째 나그네(남편)는 안 보이네?"

그들이 들어서자 갑자기 꽉 찬 느낌으로 변해 버린 두 칸짜리 좁은 거실은 부엌과 식당을 겸하고 있는 듯 방 한구석에 솥 얹힌 아궁이와 펌프가 얼른 눈에 띄었고, 이어서 너저분한 그릇들이 흩어진 주방이 차례대로 몰려 들어왔다. 이 산 속에서도 말이 통한다는 것이 얼마나 신기하고 좋은 일인가? 느닷없이 찾아든 신기한 손님들을 위해 서둘러 밥상을 마련하던 안주인은 곰살스런 눈빛을 힐끔거리며 몇 마디씩 주고받더니, 우리가 한국에서 온 손님들이라는 것을 알아차린 후에는 점차 넋이 나간 듯 혼자 신명을 내기 시작했다.

"우리 아메(할머니) 고향도 남조선 충청도지요. 어디메라든가……."

약간 백치 끼가 엿보이는 예닐곱 살짜리 빡빡머리 사내아이가 윗입술로 흘러내리는 콧물을 혀로 핥아 가며 아랫목에서 우리들을 신기하게 바라보고 있었다. 안주인이 국밥 세 그릇을 말아다가 밥상에 올려붙이자마자 박민수는 능청스레 숟가락질을 시작했다. 송지혁은 불결하기 짝이 없는 이 빠진 사발과 그 속에 담긴 국밥의 역겨운 냄새를 참아 가며 억지로 몇 술을 뜨고 있는데, 장 교수가 투덜대며 기다란 머리카락을 하나 끄집어내더니 먼저 밥숟가락을 내려놓았다.

안주인은 밥상을 물리고는 우리에게 선뜻 안방을 내주었다. 밤늦게 들이닥친 불청객을 귀찮은 줄도 모르고 신기한 구경을 만난 듯이 싱글거리며 대접하느라 애쓰는 표시가 역력했다. 대강 몸을 씻고 방 안으로 들어서자 구식 호마이카 장롱이 한쪽 벽을 가로막고 있었고 윗목에는 낡아빠진 흑백텔레비전이 나지막한 밥상 위에 올라앉아 있었다. 안주인이 깔아놓은 이부자리에서 시궁창 언저리에서 나는 쉰 냄새가 와락 풍겨 나왔다. 군데군데 구멍이 뚫리고 가장자리에 새까만 때가 반들거리는 이불을 들쳐보다가 송지혁은 이부자리를 한쪽 구석으로 밀어내고 온기를 더듬어 엉거주춤 엉덩이를 바닥에 붙였다.

"젠장, 이게 무슨 꼴이람. 고린 냄새나는 방구석에서 새우잠을 자게 생겼으니."

투덜대던 장 교수가 아주머니를 손끝으로 불러 세우더니 지갑에서 중국 지폐를 꺼내 던져 주며 술상을 보라고 시킨다. 산골 구멍가게에서 받아 보기 힘든 큰돈을 손에 쥔 아낙은 싱글벙글 기분이 좋아서 금세 사라졌다.

"어디 맨송맨송 그냥 잠이 오겠소? 술추렴이나 하다가 잡시다."

세 사람이 겨우 다리를 펴고 등을 기댈 곳을 찾고 있을 때, 바깥주인이 들어오는 문 소리가 들렸다. 동네 마작 판에서 늦게 돌아온 남자는 이미 얼근히 취해 있어서 혀 꼬부라진 소리로 몇 마디 안주인과 대꾸하며 투덜대는 듯하더니 후닥닥 황급히 방문을 열고 들어섰다.

"어째 박 선생이가 온 줄도 모르고 설라무네……."

얼굴이 벌건 남자가 어깨를 움츠리고 기어 들어와 입술을 가리며 쩔쩔매는 모습이 술 마신 것이 부끄러운 듯 못내 겸연쩍은 표정을 감추지 못하고 있다.

"한잔 하셨구랴. 좋은 일 있으면 마실 수도 있지."

박민수가 오히려 민망한 듯 한마디 하자 집주인은 금세 얼굴이 펴지며 눈꼬리를 늘어뜨렸다. 박민수를 바라보는 그의 얼굴에는 말할 수 없는 존경심 같은 야릇한 표정이 번져 가고 있는 듯했다.

"박 선생 얼굴을 보이, 저녁 내리 부셨던 술이 확 똘겨(쫓겨) 가는 듯싶소."

"핫하. 내 얼굴에 술 쫓는 귀신이라도 붙었단 말이오? 아무튼 좋아. 그렇다면 술 깬 김에 내 심부름이나 한번 해 줘."

덩치 큰 집주인을 마치 어린아이 다루듯 하며, 박민수는 수첩을 꺼내어 몇 자 적더니 죽 찢어내어 그에게 건네준다.

"아랫마을 남새밭 하는 황 아바이에게 이걸 전해 줘."

술 깬 남자는 '아니 이 밤중에' 하는 놀란 표정을 잠시 짓더니 곧 일어선다.

"인츰 댕겨 오리다."

"술기운에 실족하지 말고 조심해서 다녀와요."

송지혁은 박민수가 이들 부부를 대하는 모습을 바라보며 야릇한 감정에 빠진다. 도대체 박민수는 이들과 어떤 관계이기에 아닌 밤중에 홍두깨 격으로 나타나 이 같은 세도를 부린단 말인가?

술상이 들어오자 장 교수가 맥주 병따개를 두드리며 엉거주춤 물러 앉아 있던 두 사람을 반강제로 불러 앉혔다. 차례로 돌아가며 맥주잔을 넘치도록 부어 안겨 준 장 교수는 선창으로 건배를 하더니 금세 주욱 잔을 비워낸다. 송지혁이 절반가량 잔을 비우고 바라보니 장 교수가 모주꾼 특유의 눈빛으로 맥주잔을 엉거주춤 들고 있는 박민수를 향해 막 공격의 포문을 열려고 하는 기세였다. 그때 빙긋 웃고 있던 박민수가 그를 가로막고 화제를 돌렸다.

"아닌 게 아니라, 모처럼 국사학계의 저명인사를 모셨으니 오늘밤 우리 역사공부 좀 합시다."

6

"고구려의 발상지 내지 첫 성읍은 지금 요녕성 근방의 환인이란 곳으로 추정되고 있기 때문에, 결국 우리가 가려고 하는 국내성은 1차 천도를 한 후에 세운 두 번째 도읍지라고 볼 수 있지요. 가 보면 자연히 알게 되겠지만, 남으로는 압록강이 굽이 흐르고 북으로는 겹겹이 산들로 에워싸인 그야말로 천애(天涯)의 요새를 형성하고 있습니다."

국내성의 내력에 대해 설명해 달라는 박민수의 요청을 받고서 어깨가 올라간 장 교수는 자신의 전문 분야에 대한 권위를 한껏 내세우며 말문을 열기 시작했다.

"391년 17세에 등극하여 413년까지 22년간 재위한 광개토대왕은 강력한 기마 군단을 앞세워 64개의 성과 1,400개 촌락을 정복함으로 우리나라 역사상 가장 넓은 국토를 차지한 임금이 되었지요. 대왕이 39세에 요절한 후 그의 아들 장수왕이 수도를 평양으로 옮긴 것이 결국 우리나라가 만주 벌판을 중국에게 내주고 한반도 내로 움츠러들게 된

시발점이 된 것 아닙니까."

"광개토왕비가 발견된 것이 언제쯤인가요?"

송지혁은 알코올의 더운 기운이 식도를 타고 올라오면서 자신도 모르게 대화에 끼어들고 있는 것을 발견하고는, 굳어진 혀를 풀어 주는 술의 위력을 새삼 느끼고 있었다.

"그것이 참 이해하기 힘든 점이란 말이오. 과거의 그 화려했던 도읍지가 물경 1,500년이란 긴 세월 동안 어떻게 까마득히 잊혀질 수 있었던지. 광개토대왕 비의 탁본이 밝혀짐으로 집안이 고구려의 고도(古都) 국내성임을 알게 된 것이 청나라 시절 1875년경이니, 기껏 100여 년밖에 되지 않았지요. 15세기 조선조 세종 때의 용비어천가에 평안도 강계 땅 북서쪽 강 건너편 120리 지점에 금나라의 황제성이라 일컫는 넓은 옛 성과 큰 비석이 있다는 기록이 나오고, 17세기 이수광이 지은 지봉유설에도 금나라 황성 유적지에 큰 비석이 있다는 기록이 있지만, 그것이 실상 광개토대왕 비라는 것은 모르고 있었지 뭐요."

"마치 사막 속에 잊혀졌던 바벨탑의 전설을 듣는 기분이군요."

박민수가 빙긋 웃음을 띠며 송지혁을 바라보았다.

"과거 역사의 비밀을 품고 있는 이 고도(古都)를 공개하기 꺼려했던 역대 중국 왕조들의 숨은 책략 탓도 다분히 있었을 것이오. 아무튼 그 후로 이 비석은 중국, 조선, 일본의 세 나라 학자들에 의해 1,500년간의 풍상을 이겨내며 간직해 오던 역사의 비밀을 밝혀내느라 큰 관심을 불러 일으켰는데, 이른바 '신묘년 기사'라 불리는 비문의 해석을 둘러싸고 큰 논란이 벌어지게 되었지."

장 교수는 산나물을 집어 들던 젓가락을 허공에 멈추고는 잠시 의미심장한 미소를 띠어 보이며 전문가다운 여유를 짐짓 과시하고 있었다.

"비문의 제1면 8, 9행에 기재된 글 중에, 신묘년 다시 말해 광개토대왕이 즉위하던 해인 391년에 조공을 바치지 않는 속국을 정벌하여 신민으로 삼았다는 내용이 나오는데, 일본인들이 그 비문을 교묘히 해석하여 왜(倭)가 백제와 신라를 정벌하여 속국으로 삼았다는 이른바 야마도 정권에 의한 '임나일본부' 설을 내세우는 증거로 삼았던 게지."

술잔을 거듭 비워 감에 따라 장 교수는 얼굴이 벌겋게 달아오르면서 말투가 점차 투박해지기 시작했다. 목을 빼내며 권위를 한껏 내세우는 폼이 학생을 앞에 두고 강의하는 듯한 착각 속에 빠져들어 가는 듯하였다.

"일제 시대에 식민 사관으로 길들여진 어용 사학자들에 의해 움직일 수 없는 사실처럼 받아들여지던 임나일본부설이 해방 이후 정인보, 박시형 선생들에 의해 비문의 재해석이 시도되면서 정면으로 도전을 받게 되었거든! 끄윽."

장 교수는 중요한 역사적 논쟁거리를 이끌어내고 있는 자신의 모습에 한껏 도취된 표정이었다.

"그러던 중 재일 교포 학자인 리진희라는 사람이, 문제의 비문은 청일전쟁 이후 일본의 대륙 침략을 정당화하려고 부심하던 일본군 참모부의 밀정 사꼬오 중위에 의해 석회로 도포되어 조작된 것이라는 논문을 발표하여 학계에 커다란 충격을 던져 주었지. 물론 일본인들은 그에 즉각적인 반발을 하였고, 어용 사학자인 중국인까지 합세하여 광개토대왕 비는 1,500년의 침묵을 깨고 역사 속에 다시 등장하자마자 국제적인 논쟁의 회오리바람에 말려들게 되었던 게지."

송지혁은 과거에도 한 번쯤은 어렴풋이 들어 보았음직한 광개토대왕 비에 대한 논쟁의 시말을 다시금 깨달아 가며 지금 자신들을 기다리고 있는 집안이라는 고도의 무게를 조금씩 느끼기 시작했다. 비록 자신이 그 비문을 직접 들여다본다 하여도 일말의 단서조차 잡을 수 없는 문외한이지만, 그와 같은 역사의 수수께끼를 지닌 장소를 향해 달려가고 있는 이 순간조차, 시간이라는 무형의 액체가 담겨진 컵을 기울여 한밤의 적막에 잠긴 기나긴 역사의 강물 위에 방울방울 띄워 보내고 있는 것이 아닌가 하는 묘한 역사의식을 느꼈다. 그래, 우리 민족의 정기가 서려 있는 백두산 자락의 어느 산골 마을에서 1,500년 전 고도를 향해 떠나기 위해 기다리고 있는 것이다. 우리 민족 근대사의 비애가 서린 이 만주 땅의 한 귀퉁이에서 말이야. 제법 그럴듯한 운치가 있는 밤이야. 송지혁은 입술로 맥주잔을 빨아 가며 방 안을 둘러보았다. 한 시간 전까지 눈살을 찌푸리게 하던 냄새나는 이부자리조차 역사의 한 모퉁이를 휘감고 있는 깃발처럼 고창연한 빛깔을 띠고 다가서고 있었다.

"장 교수님, 제가 몇 가지 질문을 드려도 될까요?"

장 교수의 일방적인 강의를 귀 기울여 듣고 있던 박민수가 구레나룻을 쓰다듬으며 말했다.

"요즘같이 현대 과학 문명이 발달한 시대에 그 따위 고리타분한 비석 하나를 둘러싸고 야단법석을 떠는 이유가 무엇이라 생각하십니까?"

열을 내던 장 교수는 갑작스런 반격을 당한 사람처럼 일순간 멈칫하더니 이내 전열을 가다듬은 듯 허리를 뒤로 재끼며 다시 포문을 연다.

"참 좋은 질문이오. 사실 그 질문에 본격적인 답을 하기 위해서는 역사란 무엇인가라는 강의부터 시작해야 하겠지만, 오늘밤을 새워도 모자랄 일이고. 간단히 생각하면 모든 학문의 출발이 그렇듯이 인간이 지닌 알고 싶어하는 욕망과 호기심이 역사의 진실을 밝히겠다는 학문적 욕구로 표출된 것으로 볼 수 있겠지. 그렇지만 역사란 것이 단순한 과거 사실의 발견에서 그치는 것이 아니라 현재적 의미를 추구하는 목적성을 지니고 있기 때문에 그 배후에는 각국의 이해관계가 얽힌 일종의 고지 쟁탈전이 펼쳐지고 있음도 간파해야만 할 것이오."

"아니 이해관계라뇨? 옛 비석에서 무슨 떡고물이라도 떨어진답니까?"

송지혁이 냉소하듯 반문하자 맥주를 벌컥벌컥 들이키던 장 교수가 손을 내저으며 곧바로 받았다.

"여보시오, 당신은 역사의식이 지닌 잠재력을 전혀 이해하지 못해서 그런 소릴 하는 거요. 어째서 학자도 아닌 일본군 참모부가 개입하여 광개토대왕 비를 왜곡 날조하려고 애를 써야만 했는가, 그리고 그 같은 날조된 역사의식 속에서 결국 조선 침략과 대동아 공영권을 꿈꾸는 일본 제국주의가 탄생할 수 있었다는 사실들을 상기해 보면 조금은 쉬워질 것이오. 역사란 사실은 떡고물이 아니라 김이 모락모락 나는 떡의 문제야."

"하하하, 역사를 떡의 문제로 풀어내시다니 역시 대단하십니다. 저역시 전적으로 교수님의 의견에 동의를 합니다. 어차피 인간이란 존재는 그 내용이 진리든 비진리든 잘 짜여진 이론만 있어도 충분히 의식화가 가능한 허약한 존재가 아닙니까? 국가라는 이익 집단의 요구에 의해 집단 의식화를 이루어 내기 위한 방편으로 역사의 편린들이 종종 악용되어 온 것이 사실이지요. 그러나 더 큰 문제는 그것이 '역사의 진실'이랄지 '학문' 또는 '과학'이라는 그럴듯한 문양의 포장지로 싸여 있다는 데에 있습니다. 교수님이 방금 광개토대왕 비를 둘러싼 논쟁 가운데는 진실을 밝히기 위한 학문 정신도 섞여 있다고 언급하셨는데, 외람되지만 과연 역사 연구에 의해 진실이 밝혀질 수 있다고 믿으십니까?"

박민수의 질문이 점차 날카로워지고 있었다. 장 교수는 허드레 장사치인 줄로 알았던 박민수의 연이은 질문 공세를 받자 약간은 긴장하는 듯한 표정을 지었다.

"당신은 마치 우리 사학자들이 이루어낸 학문적 업적을 전적으로 무시하려는 듯한 말투로 이야기하는군. 사실 나 역시 이쪽 방면의 연구를 수십 년 해오는 동안에 학계에서 벌어지는 웃지 못 할 해프닝들과 소위 학자라는 작자들의 허위적인 모습에서 생겨난 회의가 전혀 없는 것은 아니오. 하지만 그렇다고 투철한 학문 정신에 의해 얻어진 역사 해석의 찬란한 성과들과 비판의식들이 인류가 지속적으로 이루어내고 있는 진보의 물결에 동력을 제공해 왔다는 사실을 업신여겨서는 안 되지."

"천만에요. 그럴 뜻은 없습니다. 올바른 역사 기술(記述)을 위해 자신의 목숨을 내걸어야 했던 충실한 사관(史官)들이나 지나온 과거를 통해 올바른 미래관을 제시코자 했던 역사학자들의 공로와 역할은 충분히 인정되어야 하고 또한 지속되어야만 할 것입니다. 다만 제가 드리고자 하는 질문의 핵심은 인간이란 존재의 본질에 관한 것입니다. 바꾸어 말하면 과연 인간이 역사를 진실 되게 기록할 수 있는 존재였는가 하는 질문이죠. 진실을 추구하고자 했으나 끝내 진실에 이르지 못한 허약함은 차치하더라도, 자신에게 돌아올 떡의 문제를 앞에 두고 고의적으로 진실을 외면하거나 때로는 악의적인 허위 사실을 조작해 가면서까지 역사를 왜곡 날조시킨 일들이 얼마나 많았으며, 그로 인해 흘린 피는 얼마나 많았는지 생각해 보면 소름이 돋칠 만큼 끔찍하기조차 합니다."

박민수는 마치 그 장본인이 장 교수라도 된다고 생각하는지 눈썹을 치켜뜨며 차갑게 그를 노려보았다. 장 교수가 마른침을 꿀떡 삼키고 있는 사이에 박민수가 재차 입을 열었다.

"불과 1,500년 전의 역사조차, 그것도 돌비에 새긴 문자 기록의 물증을 눈앞에 두고도 인간들의 부패한 심성 때문에 진실을 밝혀내지 못하고 다투고 있습니다. 광개토대왕 비가 일본군에 의해 왜곡 변조되었다고 생각하는 것은 우리 측에서 생각하는 진실일 뿐이지 일본인들은 일본인대로 철석같이 자신들이 믿고 있는 것이 진실이라고 주장한다는 것입니다. 그들은 여전히 광개토대왕 비의 발견으로 이미 5, 6세기에 일본열도에서 의문시 되어 왔던 야마도 정권이라는 고대 국가가 존재하여 한반도에 속지를 점령하였다는 사실이 입증되었다고 배우며 가르치고 있습니다. 따라서 일본의 조선 침략은 과거의 자신들의 영토를 탈환한 것에 불과하다는 것이죠. 그뿐입니까? 엄연히 아직도 역사의 증인이자 피해 당사자들이 생존해 있는 종군 위안부 문제에서도 거짓된 역사를 만들어 가는 것이 바로 일본인이요, 바로 인간들의 모습이라는 것입니다."

얼떨떨해서 쳐다보고 있는 송지혁에게 박민수가 덧붙였다.

"자넨 혹 일본인들하고 우리는 다르다고 말하려 하는가? 오십보백보, 마찬가질세."

고개를 좌우로 흔들어대는 박민수에게는 일종의 신념이 엿보였다.

"소위 히스토리아(historia)라는 어원을 만들어낸 희랍의 역사학자 헤로도투스와 투키디네스가 쓴 역사서도 각기 페르시아와 펠로폰네소스의 전쟁사(戰爭史)였다는 사실이 시사해 주는 바가 매우 많지 않습니까? 결국 세계의 역사란 정치 경제적 이득을 쟁취하기 위하여 인간들이 연출해 내는 이전투구(泥田鬪狗)의 한마당이요, 그 속에서 벌어지는 다양한 풍속도라고 여겨지는군요. 정직한 사관의 역할과 공로는 오히려 왜곡과 날조로 얼룩지고 주름져 있는 역사의 전면에 부각된 부도덕한 주체 세력과 맞서서 최소한의 양심과 진실을 수호하기 위해 싸워 온 저항 세력으로서 가치가 인식되어지는 것이 올바른 자리 매김이 아닐까요?"

잠시 침묵이 흘렀다. 거대한 밤의 정적과 싸우는 저항 세력으로서의 밤벌레 소리가 간간이 귓속을 찌르고 있었다. 술맛이 달아난 듯 잠자코 빈 술잔을 쥐고 있던 장 교수가 무겁게 입을 열었다.

"역사의 여신이란 겉보기에는 비록 평화로운 시기일지라도 엎드려

진 시체들의 산 너머로 승리의 전차를 몰고 가는 가장 잔인한 여신이라고 엥겔스가 지적한 바가 있지. 나 역시 역사 자체를 본질상 전쟁사로 간주해야 한다는 당신의 말에 굳이 반대할 생각은 없소. 그러나 그같은 전쟁의 와중에서도 전차의 수레바퀴가 짓밟고 지나간 자리에서 생명력을 잃지 않고 또다시 피어나는 이름 모를 꽃송이들이 있는 법. 끊임없이 시련을 극복하며 미래를 개척해 가는 사람들의 노력에 대해 주목하고 의미를 부여하는 것 또한 우리 역사학자들이 해야 할 몫이 아니겠소?"

송지혁은 지금껏 학자연한 태도로 으스대며 거드름을 피우던 장 교수가 한결 수그러들고 침착해진 것을 보며 비로소 학자다운 면모를 그에게서 조금 발견했다. 역사 속에 선과 악이 공존하듯 인간이란 이렇듯 양면적 존재인가 하는 생각이 머리를 스쳤다.

"옳습니다. 하지만 역사(歷史)가 역사가(歷史家)만의 몫이 될 수는 없겠지요. 역사라는 강물을 타고 흘러가는 우리 모두가 결국 용기 있는 종군 기자나 정직한 사관의 역할을 감당해야만 할 것입니다. 그러나 거대한 전쟁의 소용돌이 속에서 벌어지고 있는 국지전의 전투 양상을 아무리 충실히 지켜보고 기록한들 그 전쟁이 일어난 원인을 파악하지 못하고 있다면 결코 완전하고 의미 있는 기록이 될 수 없는 것처럼, 역사라는 강물의 물줄기를 올바로 타기 위해서도 반드시 강물의 발원지를 파악해야만 한다고 생각합니다. 어쩌면 그것이 우리에게 던져진 영원한 숙제일 수도 있겠지요."

"그럼 박 선배는 전쟁의 원인을 파악이라도 했단 말이오?"

송지혁이 툭 쏘듯이 한마디 뱉었다.

"하하, 무슨 나 같은 밀수꾼이 그걸 다 알 수야 있겠나? 다만 전쟁의 상흔을 입은 사람들과 더불어 살아가다 보면 조금씩 깨닫는 바가 있게 마련이지. 광개토대왕 비에 대한 질문으로 되돌아가 보게나. 결국 그들의 관심에는 과거 역사에 대한 호기심 이전에 떡의 문제가 깔려 있었고 또 그 배후를 살펴보면 돌을 떡으로 바꾸도록 종용하는 세력이 존재하고 있었다는 것을 알게 되지 않는가?"

"돌을 떡으로 바꾼다고?"

"하하하, 어렵게 생각하지 말라고. 사람은 본질상 떡을 필요로 하는 존재가 아닌가? 떡을 먹어야 살 수 있도록 되어 있단 말이지. 그러나 인간의 욕심이 잉태하여 때로는 먹어서는 안 될 돌까지 떡으로 바꾸어 먹는 일이 종종 벌어진단 말일세. 지혁이 자네 혹시 예수가 광야에서 마귀에게 시험받은 이야기 들어 본 적 있는가? 그때 그가 받은 첫 번째 유혹이 바로 돌을 떡으로 바꾸라는 것이었지. 광개토대왕 비의 돌비석을 자신들의 욕심을 따라 떡으로 바꾸어 먹은 일본인들이야말로 바로 그 유혹에 넘어간 자들이고 사실상 그 유혹은 모든 인간들에게 지금도 던져지고 있는 본질적인 시험이라고 생각하네."

송지혁은 자신의 지난 삶이 언뜻 스치면서 떡을 향한 집념을 불태우며 살아왔던 그 역시 동일한 시험대 위에 올라 있었던 것이 아니었나 하는 생각이 들었다.

"떡보다 중요한 것이 있다는 사실을 진실로 깨닫고 발견한 자만이 자신과 사회를 향한 왜곡된 역사를 회복시키는 삶을 선택할 수 있지."

박민수가 중얼거리듯 한마디 덧붙였다. 송지혁이 갑자기 망연해진 심정으로 술잔을 응시하고 있는 동안 장 교수도 혼자 자기만의 생각에 골똘히 잠겨 있었다.

"1,500년 역사도 해결 못하는 인간들이 때론 수십만 년, 수백만 년 전의 이야기들을 마치 완전히 입증된 진리처럼 주장하는 것을 보면 때론 웃음이 나올 때가 있습니다. 장 교수님 어떻습니까? 수백만 년 전의 역사를 마치 사실화처럼 묘사해 놓은 박물관의 전시실을 지나치실 때면 어떤 생각이 나십니까? 역사학자로서의 솔직한 견해를 듣고 싶군요."

"여보슈, 한참 사학을 까발리더니 이젠 지질학이나 고고학까지 물고 늘어질 심산이오?"

장 교수가 어이가 없다는 듯이 말을 하자 송지혁도 옆에서 한마디 거들었다.

"고고학적인 발견들이야 엄연한 과학적 물증들이 있는 것 아닌가?"

박민수가 빙긋 웃더니 이내 말을 받았다.

"지혁이 자네가 소위 '과학적'이라는 말 속에 숨어 있는 함정이 얼마나 교묘한지 몰라서 하는 말이야. 사람들이 자신들이 믿고 있는 혹은 믿기를 원하는 사실에 대하여 일단 집단 무의식적인 신앙에 빠지기만 하면 모든 것이 그 사실을 입증하기 위한 과학적인 물증 자료로 변하게 마련일세. 과학사(科學史)를 돌이켜보면 지금은 완전한 오류로 밝혀진 과학적 사실들도 당시에는 최상의 과학적 이론과 증거로서 뒷받침되고 있었다는 것을 익히 알고 있지 않은가?"

"하긴, 당시 일본 사학계의 주류를 이루고 있던 사람들도 소위 실증사학을 한다는 사람들이었고, 자신들의 주장들은 모두 과학적 뒷받침을 지니고 있다고 생각들을 하고 있으니……. 자신들의 주장과 이론을 입증하기 위한 자료만이 과학적이라는 아집과 편견에 사로잡혀 있는 학자들이 얼마나 많은지는 학계에 있어 본 사람들만이 알 수 있는 일이겠지."

장 교수가 너털웃음을 지으며 입맛을 다셨다.

"오히려 과학자들이 비과학적이라고 일축해 버리는 신화나 전설 속에 오히려 진실을 향한 실마리들이 숨어 있는 경우가 종종 있지요. 우리 조상들의 단군(檀君) 신화만 해도 그래요. 단군왕검(檀君王儉)이라는 말뜻에서부터 그가 소위 제사장과 왕을 겸한 제정일치 시대의 지도자였다는 사실을 알 수 있고, 민족의 기원을 다루는 신화의 내용이 알(卵)

이나 돌(石)과 같은 지상의 것에서 출발한 것이 아니라 하늘에서 내려
온 점을 미루어 볼 때, 그 당시 우리 민족의 조상들이 믿고 있던 종교
는 소위 비교종교학에서 말하는 하향 종교(下向宗敎)였다는 사실 등을
쉽게 알아낼 수 있다는 것이지.”

박민수의 말을 계속 듣고 있던 장 교수가 갑자기 어이가 없는 듯 눈
꼬리를 치켜뜨며 물어 본다.

“아니 대체 당신은 뭐 하는 사람이오?”

박민수도 문득 정신을 차리는 듯 자세를 바로잡고 무슨 대답을 하려
고 할 때, 심부름 나갔던 집주인이 들어왔다. 이만하면 잽싸게 다녀오
지 않았느냐는 듯이 만족감의 웃음을 흘리고 있는 그의 뒤를 밟고 60
대 초반의 노인과 40대쯤 되어 보이는 깡마른 체구의 사내가 뒤따라
들어왔다. 사내는 얼른 박민수를 알아보고 아는 체를 하려다가 옆에
앉은 일행을 보자 긴장하며 곧 움츠러들었다. 검은 작업복을 입은 그
의 두 눈은 퀭하게 들어가 어둠침침한 불빛 아래서 보니 마치 눈두덩
을 얻어맞아 시커멓게 멍이 든 형상을 하고 있었고, 까무잡잡한 얼굴
가죽이 툭 튀어나온 광대뼈를 겨우 한 꺼풀 얇게 감싸고 있었다.

“영감님, 어서 오십시요. 이쪽으로 앉으시지요.”

박민수는 노인에게 깍듯한 예의를 갖추며 안으로 모셔 들인다.

영감과 사내가 방 한 귀퉁이를 점하고 앉은 후 이름 석 자만 서로 주
고받는 형식적인 인사들이 오갔다.

“제가 찾아가는 것이 더 위험할 것 같아서, 밤늦게 오시라 했습니
다.”

박민수는 겁먹은 표정으로 두리번거리고 있는 초라한 작업복의 사
내에게 눈길을 준다.

“이보게 걱정 말라고. 여긴 안심해도 좋아. 그런데 어째 더 야윈 것
같아? 아팠었나?”

박민수가 작업복 차림의 사내를 바라보며 양미간을 찌푸리며 물어보자 옆에 있던 황씨 성을 가진 노인이 혀를 끌끌 차며 대신 대답했다.

"지난주 내내 설사만 해댔수다. 그저 물 설사를 하면서두 찬찬히 조금씩만 먹지 않구 걸신들린 눔 마냥 먹어대니, 쯧쯧. 기름진 것이 조금만 들어가두 영 새겨내질 못 하구스리."

"이런, 미련하긴. 기껏 먹어서 설사만 하면 몸만 축나지."

말없이 듣고 있던 사내가 겸연쩍은 듯 고개를 비틀며 조그맣게 중얼거린다.

"설사를 하면 어뗗소. 자꾸 먹다 보면 건덕지 한두 점은 뱃속에서 걸릴지 누가 아오? 당장 입에서 물귀신처럼 끌어당기는데 어찌 아이 먹겠소?"

"이 사람아, 가족 다 내팽개치구 나와서 혼자 음식이 입에 잘도 들어가는가? 자넨 새 사람이 되어 가족 품에 돌아갈 궁리를 해야 돼."

돌아간단 말에 그 사내는 마치 전기에 감전된 듯 꿈쩍 놀라며 박민수를 쳐다본다.

"하하, 당장 돌아가란 소린 아니니까 너무 걱정 말라구."

송지혁은 그들의 대화를 들으며 작업복의 사내가 북에서 도망쳐온 자라는 것을 이내 짐작할 수 있었다. 그러나 왠지 모를 긴장된 분위기가 그에게 아무런 질문도 하지 못하게 만들었다. 그들끼리 말이 오가는 가운데 자세히 살펴보니, 처음에 언뜻 나이 들어 뵈던 그 사내는 기껏해야 20대 후반 정도의 청년이라는 것을 알게 되었다. 박민수가 가지고 온 보따리를 그들에게 건네주며 무언가 목소리를 낮추어 두런두런 이야기를 하고 있는 동안 송지혁은 남아 있던 맥주를 마저 해치웠다. 박민수 앞에서 쩔쩔 매던 집주인 사내와는 달리 꼿꼿이 앉아 간혹 고개를 끄덕이며 이야기를 듣고 있는 황 노인에게서는 고요하면서도 쉽사리 넘보기 힘든 기품이 흘러내리는 것 같았다. 시골 노인에게 풍겨져 나오는 신비스럽기조차 한 저 빛깔은 도대체 무엇일까? 송지혁은 이곳에 도착하자마자 갑작스레 만난 각양각색의 사람들을 곰곰이 헤아려 보았다. 장 교수는 술기운과 피곤이 몰아치기 시작한 듯 술상머리에 앉아서 꾸벅꾸벅 졸더니 마침내 옆으로 스르르 쓰러져 버렸다.

"몸을 추스르는 대로 빨리 이 지역을 벗어나는 것이 좋겠어요."

박민수는 종이에다 무엇을 그려가며 그들에게 설명을 하고 있었다. 어쩌면 그 청년에게 몸을 숨길 은신처를 가르쳐 주고 있는 것이라고 송지혁은 생각했다. 잠시 후, 박민수의 배웅을 받으며 그들은 곧 보따리를 챙겨 들고 열려진 어둠 사이로 사라졌다.

술상을 치운 후 송지혁은 박민수와 더불어 마주보는 벽에 기댄 채 서로를 묵묵히 바라보고 있었다. 대학 입학 초 세상 물정 모르고 나다니던 시절, 새내기의 순수한 가슴을 품고 함께 산을 타며 존경스런 선배, 마치 올라야 할 산과 같은 존재로서 박민수를 좇아다니던 시간들이 문득 생각났다. 박민수는 송지혁이 장차 걸어가야 할 학문과 삶의 여정에서 이정표를 제시해 주는 사람의 표본처럼 비쳤고, 송지혁 또한 그것을 달갑게 받아들였다. 무던히도 좋아하던 그에 대한 감정이 일종의 열등의식을 동반한 반감으로 바뀌게 된 것이 언제였던가? 어느 순간부터─아마 좋아하던 여자를 빼앗기고 나서부터였는지도 모른다─송지혁의 마음속에는 그를 질시하고 오히려 경쟁 상대로서 극복하려는 마음들이 꿈틀거리며 생겨나기 시작했고, 어쩌면 그것을 위해 피나는 노력을 기울여 가며 그 나름대로 자신만만한 길을 걸어왔는지도 모른다. 얼마 전까지만 해도 송지혁은─아주 가끔씩 그가 생각날 때마다─이제 박민수 정도야 완전히 제쳐놓았다는 자신감이 가득했고, 그나마도 점차 기억 속에서 사라져 가고 있었지 않았던가? 그와 같은 무렵에 너무나도 갑작스럽게 그가 모습을 다시 나타내고 만 것이었다.

그러나 지금 송지혁이 바라보고 있는 박민수는 과거에 그가 상상하던 그런 모습이 아니라 빽빽이 들어찬 밀림으로 더 높고 울창해져서 깊이를 측정하기 어려운 태산과 같은 존재로 탈바꿈해 버린 것만 같았다.

"박 선배, 사는 것이 행복합니까?"

자신도 모르게 문득 튀어나온 유치한 질문에 송지혁은 얼굴이 약간 화끈거림을 느꼈고, 자신의 속을 내비친 것 같아서 공연한 소릴 했다는 후회감이 들었다. 박민수는 송지혁의 그 같은 마음을 아는지 모르는지 입가에 부드러운 미소를 띠고 말없이 한참을 바라보고만 있었다.

"행복이란, 그 단어를 소유한 자의 기준이 무엇인가에 따라 마음속에 이미 답이 정해지는 법일세."

박민수는 모로 누워 웅크리고 코를 골고 있는 장 교수에게 때로 찌들어 반들거리는 이불을 덮어 주었다. 산 속이 되어서 그런지 밤이 깊어지자 방 안에도 한기가 스며들었다.

"그렇다면 박 선배가 지닌 기준은 뭐요? 박 선배의 행복은 굳이 가족들을 희생시켜 가면서까지 남의 나라에서 이 고생을 해야만 찾아지는 겁니까?"

송지혁은 내친김에 한마디 더 파고들었다.

"나 역시 인생이라는 행복 찾기 게임에서 성공하기를 바라는 사람인데 왜 편하게 살고 싶은 마음이 없겠는가? 하지만 내가 먹을 떡을 취하기 위하여 한평생을 투자하기에는 인생이 너무 짧다고 생각하네. 인간의 욕심이란 한번 빠지면 헤어날 수 없는 늪과 같아서 그걸 깨달았을 때에는 이미 자신의 수명이 코앞에 달해 있게 마련이지. 방금 만나 보았던 비극의 역사 속에서 탈출한 주인공을 생각해 보게나. 그의 황폐한 몰골을 보고 자넨 무슨 생각을 했는가?"

송지혁은 그 순간 박민수의 말을 들으면서, 자신의 어린 시절의 어두운 환영을 어슴푸레 떠올리는 한 가지 상념에 사로잡혔다. 때때로 밀물처럼 몰려드는 답답한 현실의 출구를 찾아서 집 밖으로 뛰쳐나와 무작정 달음박질쳐야만 했던 그 시절, 시골 역사(驛舍)를 관통하여 초록의 벌판을 향해 끝없이 이어지는 철길을 따라 혼자 하염없이 걷다가 멀리서 기적을 울리며 요란하게 다가서는 기차를 피해 철길 옆에 우두커니 서서 기다려야 했다. 어디서 와서 어디를 향해 달려가는지도 알 수 없는 그들을 향해 막연한 기대감으로 바라보고 있노라면, 스치는 객차의 창으로 가지런히 목을 드리운 어떤 화사한 얼굴들이 자신과의 순간적인 만남을 위해 기껏 달려왔다가 맥없이 사라지고 마는 기묘한 배신감을 맛보곤 하였고, 잠시 후 그는 덩그렇게 벌판에 홀로 남겨지는 것이었다. 그는 자신으로부터 냉정하게 도망가고 있는 두 줄기 검은 철길의 뒷모습을 향해 공연히 두 주먹을 불끈 쥐며 분노를 터뜨리곤 했다.

"같은 핏줄을 나눈 2,000만의 형제들이 지척에서 지금 당장 굶어 죽어 가고 있는데도 분단 이데올로기를 앞세우며 원한의 총구를 서로 겨누고 있었던 것이 지난날 우리의 기막힌 현실이 아니었던가? 우리가 정권과 위정자들에 대한 대립과 분노의 시선을 거두지 못하고 있는 동안 그 밑에서 희생양이 되어 지난 50년의 기나긴 세월을 신음해 오고 있는 불쌍한 내 민족이 산송장과 같이 쓰러져 길바닥에 나뒹굴고 있다네. 우리들의 닫힌 마음 그 이면에는 자신이 움켜쥔 떡이 아까워서 나눠 주기를 두려워하는 우리의 어리석은 그림자가 깊이 드리워 있음을 솔직히 시인해야 할 것일세. 그렇다고 해서 자네가 움켜쥔 떡이 자네의 행복을 담보해 주던가? 결국 행복이란, 마틴 부버라는 한 철학자가 지적했듯이, 나와 너 사이의 관계 회복이 있을 때, 그 나눔 속에서 얻어지는 것이라네."

송지혁은 생각했다. 어쩌면 어느 순간부터 자신이 어린 시절 경원하던 그 열차에 거꾸로 옮겨 탄 채 잔인한 궤도 여행을 하고 있었고, 철둑 길가에 저항할 길 없이 남겨져야만 했던 수많은 얼굴들을 향해 냉담한 미소로 눈길을 떼며 질주하고 있었던 것이 아닐까?

"아까 본 황 아바이가 어떤 분인 줄 아는가? 일제 시대에 독립군의 자손으로 이곳 북간도에 들어와, 모진 풍상을 겪으면서도 조선 민족의 뿌리를 잃지 않고 이 척박한 땅을 개척해서 지켜온 역사의 산 증인과 같은 분일세. 구차한 살림에도 불구하고, 강 건너에 있는 같은 핏줄들의 굶주리는 아우성 소리를 외면할 수 없어 남은 생을 그들을 돕는 일에 헌신하고 있는 그분이야말로 진정한 인생의 행복을 찾은 분이 아니겠나?"

김빠진 맥주로 찰랑거리는 유리 글라스를 천천히 기울여 한 모금, 두 모금, 시간의 강물 위로 흘려 붓는 어색한 침묵이 흐르고 있었다. 두 사람 사이에 맥주 반 잔만큼의 빈 공간이 생긴 후에 송지혁이 침통하게 다시 물었다.

"형이 체험한 사선(死線)은 어떤 것이었소?"

송지혁은 박민수라는 울창한 숲 속에 감추어져 있을 그 어떤 비밀을 캐내고 싶은 충동이 불현듯 일어났다. 기습적으로 뜻밖의 질문을 받은 박민수는 움찔하더니 윗니로 아랫입술을 자근자근 깨물며 한동안 무엇인가 골똘히 생각하다가 입을 열었다.

"내가 사선을 체험했다하기보다는 목격했다고 하는 편이 더 솔직한 표현이라는 생각이 드는군. 80년 봄, 내가 한창 학생회장 후보로 발 벗고 뛰어다니다가 갑자기 사라졌던 것을 자네도 기억하고 있겠지? 비록 처한 형편은 조금씩 달랐을지라도, 그 당시 뜨겁게 타올랐던 새 시대의 도래에 대한 우리의 꿈과 열망을 잔인한 군부 쿠데타가 무참히 짓밟았던 좌절과 분노의 기억을 누군들 잊을 수 있겠는가? 그 시절 우리는 카프카의 《변신》에서 등장하는, 하루아침에 벌레로 전락해 버린 주인공 그레고르가 맛보아야 했던 처참한 실존의 한계 상황에 처박혀 있었다네. 내가 동물적인 아니 벌레만도 못한 존재로서 끝없이 왜소해 져 가고 있는 자존감을 부둥켜안고 떨고 있을 때, 상처 입은 내 옆구리 에서는 퍼런 벌레의 진액이 흉측스럽게 흘러내리고 있었지."

그를 다시 만난 후 줄곧 미소를 잃지 않던 박민수가 양미간을 찌푸 리며 힘들게 입을 떼고 있는 모습을 바라보며 송지혁은 당시 박민수가 받았던 고통의 무게를 어느 정도 짐작할 수 있었다.

"어느 날 그들은 정순휘라는 내 고등학교 시절부터의 단짝 친구를 끌고 들어와 대질심문을 시작했다네. 우리는 서로가 마지막 순간까지 자신의 목숨을 던질망정 상대는 저버릴 수 없는 우정을 지닌 유일한 사이라는 것을 늘 확인하며 지내던 둘도 없는 친구였다네. 사실 그는 나와의 관계 때문에 그저 운동권에 살짝 발을 걸치고 있는 정도였지 깊은 내막을 알 수도 없는 처지였기 때문에, 그자들이 나를 겨냥하고 붙들어 온 것이 분명했지. 더구나 그는 고교 시절부터 독실한 신앙인 으로 내가 평소에 돌팔이 목사라고 짓궂게 놀려대던 친구였고, 나에게 이끌려서 가끔씩 우리들의 모임에 참석할 때에도 항상 온건한 방향으 로 무리를 유도하려고 애쓰던 친구였다네. 모든 면에서 나와는 정반대 의 성격을 지닌 그를 내가 왜 그렇게 좋아했는지는 지금도 미지수지 만, 아마도 그의 끝없이 온유한 성격이 나의 가장 부족한 약점을 채워 주는 듯한 안정감을 느꼈기 때문인지도 모르지. 그 친구는 그 선한 성 품 때문에 나에게 이리저리 끌려 다니며 못 마시는 술도 억지로 받아 마셔야만 했던, 아니 어쩌면, 처음부터 그가 내 곁에 계속 머물러 주었 을는지도……."

박민수는 산산이 부서져 버린 과거의 단편들을 떠올려 힘겹게 짝 맞 추기를 하는 듯 말을 더듬고 있었다.

"무차별 구타와 거꾸로 매달아 고춧가루 섞은 물을 콧속으로 내리붓는 물고문을 수차례 번갈아 당하는 날들이 지속되었지. 고문에 지쳐 실신하다시피 하면, 축 늘어진 해파리 두 마리를 질질 끌어 빨랫줄에 걸어 말리듯 나란히 묶어 놓고 또 대질심문을 하곤 했다네. 손목을 끊을 듯 날카로운 상처로 파고드는 철사 줄에 묶여 매달린 채 우리 둘은 입에 담을 수도 없는 수치스런 신체적 모독을 똑같이 당했다네."

그의 몸이 부르르 전율을 일으킨다.

"상대방의 찢어지는 비명을 통해 드러나는 허약하고 비참해진 자신의 존재를 확인하기가 싫어서 서로의 눈을 피하기만 했는데, 우리를 비틀어대며 쥐어짜던 자가 마침내 최후의 통첩을 던졌다네. 고문을 담당하던 그 잔인한 사내가 빙글거리며 벌거벗겨진 우리의 치부를 번갈아 송곳으로 쿡쿡 찌르며 희롱하더니, 느닷없이 다가와 그 큰 손으로 내 목을 움켜쥐고 미친 듯이 조여 대기 시작했어. 그러고는 말하기를 '지금부터 한 시간 내에 너희 중 먼저 입을 열지 않는 자식은 반드시 내 손으로 죽이고 말겠다' 고 말이야. 벌건 백열등 아래 반사되어 번득이는 흰 이빨을 갈며 맹세를 하는 그 모습이란! 그의 악마적인 얼굴에서 풍겨나는 섬뜩한 기운을 통해 나는 그 말이 틀림없는 사실일 거라는 것을 순간적으로 직감할 수 있었다네."

그때의 장면을 회상하는 박민수의 안면 근육 한 귀퉁이가 경련을 일으키는 것을 송지혁은 짧게 바라보았다.

"죽음의 공포가 한번 몰아치기 시작하자 나의 모든 오장육부가 오그라들기 시작했는데, 그것은 그때까지 당하던 육체의 고통과는 비교할 수 없는 것이었다네. 그런데 자네는 내 말이 믿어지겠는가? 거꾸로 매달려 물고문을 당하는 그 처절한 상황 속에서도 내 뇌리에는 저러다가 저 친구가 나보다 먼저 무슨 말이든 되는 대로 지껄이면 어떡하나 하는 두려움과 초조감으로 심장은 거의 터질 듯 떨리면서 미쳐 버릴 것만 같았단 말일세. 고문은 계속되었고, 정신이 혼미해질 정도의 공포 속에서 마침내 내가 벼랑 끝에 세워지고 말았을 때, 나는 내 이름을 희미하게 부르는 어떤 목소리를 들었다네. 나는 두려움에 떨며 고개를 기울여 그를 바라보았지. 그 역시 간신히 고개를 비틀어 나를 응시하고 있었는데, 우리의 눈길이 서로 마주치는 그 순간, 그가 나에게 신비한 미소를 지으며 고개를 끄떡여 주었지. 나는 그것이 의미하는 바를 알아차리고는 더 이상 그를 바라볼 수가 없었다네."

박민수의 목소리가 잠기면서 그는 간신히 마른침을 삼켰다.

"그때 그가 내게 던진 눈길과 미소는 지상에서는 다시 찾아보기 힘든 그런 것이었지. 나에 대한 완전한 사랑과 동정과 용서를 다 포함한 듯한, 그런 어떤 것이었다네."

희미한 불빛 아래서 겨우겨우 참아내며 감추어 오던 맑은 샘물이 박민수의 눈 속에서 흐르는 과거의 시간을 넘어 출렁거리다가 마침내 그의 두 뺨을 타고 주르륵 흘러내렸다. 흐트러졌던 심기를 겨우 가다듬은 듯 한참 만에 박민수가 촉촉이 젖은 목소리로 입을 열었다.

"결국 나는 그들이 원하는 모든 것들을 토해 내었고, 미리 짜놓은 왜곡된 역사에 동조하는 거짓 문서에 부끄러운 이름 석 자를 적은 후, 강제 징집을 당하여 전방으로 배치되고 말았지. 정순휘 그 친구 역시 전방 모 부대에 배속되었다가 곧 싸늘한 시신으로 변하여 후송되었다네. 나는 아직도 그의 죽음이 그들이 말하는 대로 훈련 도중 돌발적으로 발생한 사고사였다고는 믿고 있지 않다네."

7

다음날 아침, 어느새 차를 끌고 나타나 빨리 떠나자고 재촉하는 김 사기의 떠들썩한 목소리에 송지혁 일행은 부스스 눈을 떴고, 연길에서 다른 예약 손님을 받아야 한다고 돌아갈 날짜를 계수하며 안달하는 그의 성화에 떠밀려 차에 올랐다. 뭉게구름 같은 먼지를 꽁무니에 달고 집안시를 향해 덜컹거리며 질주하는 차 속에서 그들은 하루 종일 꾸벅꾸벅 졸고 있었다. 덜컹거리는 송지혁의 머릿속에는 지난밤 산 속에서 밤길을 걷던 것과 밤을 새워 박민수와 깊은 대화를 나누던 일들이 아주 오래된 아련한 꿈처럼 피어올랐다. 문득문득 경기를 일으키는 가위눌림 속에서 송지혁은 비몽사몽 흔들리며 뒷좌석에 깊이 파묻혀 있었다. 와, 이거 정말 장관인데! 박민수의 놀라는 감탄사에 문득 눈을 뜬 송지혁의 시야에, 석양에 물들어 붉게 타오르는 형형색색의 산봉우리들이 1,500년 전의 신비를 가득 머금고 힘차게 달려들었다. 첩첩산중의 산길을 굽이돌아 어둠이 내려앉기 시작한 옛 성터로 진입한 그들은 압록강과 북한이 바로 내려다보이는 아담한 빈관(賓館)에 서둘러 짐을 풀었다.

저녁식사를 마친 후에 송지혁은 북녘의 어두움을 눈길로 더듬으며 강변로를 산책하다가 시내 깊숙한 곳까지 홀로 걸어가 보았다. 번화가인 듯이 보이는 길가에는 호롱을 매달고 야참거리를 내다 파는 장사치들이 줄을 잇고 있었다. 어딘지 귀에 익은 목소리들이 오가는 야시장의 현란한 소란스러움 속에서 송지혁은 1,500년 전의 숨결이 갑자기 다가오듯 정겨움을 느꼈다. 역사는 잊혀진 것이 아니라 단지 잊고 살아왔을 뿐이라는 사실을 송지혁은 문득 깨달았다. 그가 일상의 어지러운 틈바구니에 끼여서 버둥거리던 그 순간에도 역사는 여전히 고도(古都)의 한 귀퉁이에서 살아서 숨을 쉬고 있었던 것이다.

이튿날 아침, 장 교수와 작별을 고한 송지혁과 박민수는 김 사기가 소개시켜 준 약삭빠른 현지 여행사 직원의 안내를 받으며 집안시에 흩어진 고구려의 유적들을 순례하였다. 박물관을 거쳐 광개토대왕이나 그의 아들 장수왕의 무덤으로 추정되는 장군총과 고분 벽화를 구경하는 동안에 찰거머리처럼 옆에 따라붙으며 사진을 찍지 못하게 하는 중국인 감시인과 승강이를 벌이던 송지혁은 점차 짜증이 나고 있었다. 더군다나 이곳에도 한국인 관광객을 상대로 한 교묘한 상술들이 번져 가고 있음에 마음이 불편했다. 송지혁의 눈에는, 펼쳐진 벌판 사이로 군데군데 솟아오른 고분의 봉분들이 마치 시루에 담아놓은 떡처럼 보였다.

광개토대왕 비를 모셔 놓은 누각 안에 들어서자 여행사 직원은 판에 박힌 설명을 종알거리기 시작했고, 송지혁은 그 소리를 귓전에 흘리면서 비석에 새겨진 글자들을 유심히 들여다보았다. 잘 알아보기도 힘든 한자들이 총총히 그러나 제법 네모반듯하게 새겨져 있었다.

"여러분들이 지금 보시는 호태왕 비의 높이는 6.39미터이고, 사면에 새겨진 글자는 도합 1,775자나 됩니다. 자, 다들 이리로 돌아와 보세요. 저 부분이 말썽 많은 신묘년 기사를 담은 부분입니다. 위에서부터 글자를 헤아려 보세요."

그러나 송지혁은 더 이상 신묘년 기사가 흥밋거리가 아니었다. 눈부신 햇살과 관광객들의 어지러운 발길들에 휘감긴 채로 송지혁은 현기증을 느끼고 있었다. 아내와 아이들의 얼굴이 비석 위에 잠시 떠올랐다가 사라졌다. 어제 보았던 한 굶주린 얼굴이 비석의 탁본처럼 떠올라 송지혁의 가슴속에 상형문자를 새겨 가고 있었다. 내가 서 있는 이곳은 어디인가? 무엇을 좇아, 누구를 위해, 어디를 향해 달음박질을 해 왔는지, 그리고 또 달려갈 것인지……. 어린 시절 막연한 파랑새의 꿈을 좇아 벌판을 달려가던 것들이 아련히 중첩되어 떠오르기도 했다. 그 가운데에서도 어렴풋이 다가오며 그의 가슴 언저리를 바람처럼 휘어 감는 한 느낌이 있었다. 잊혀진 채로 누군가에 의해 발견되기 위해

1,500년을 기다려 왔던 비석과, 아무런 이유도 없이 비석의 비밀을 품은 고도를 향해 이틀 길을 달려온 자신 사이에 과거에는 알지 못했던 어떤 의미 있는 시간들이 비온 뒤 계곡의 흐드러진 물처럼 소리 내어 흐르고 있었다.

1,500년 전의 따가운 햇살 속에서 글자를 새기던 석공의 망치 소리와 송글송글 맺힌 이마의 땀방울을 상상하며 묵묵히 장구한 세월을 뒷걸음질치던 송지혁에게 그 순간, 누군가 다가와 어깨를 부드럽게 어루만지고 있었다.

평신도 사역의 현장

"무엇이 행복인가?"라는 질문에 대하여

철학자 : (고뇌에 찬 얼굴로) 행복의 긍정적 측면을 논하던 소박한 시대
는 이미 지나가고 말았소. 불안으로부터의 도피, 억압과 고통으로
부터의 해방, 존재의 허무로부터의 탈출 등 이런 주제가 이 시대 행
복에 대한 담론이 될 수 있을지…….

신학자 : (질타하는 표정으로) 심령이 부유한 자는 복이 있나니 지옥이
저희 것임이요, 오만한 자는 복이 있나니 저희가 상처를 줄 것임이
요, 강포한 자는 복이 있나니 저희가 땅을 빼앗을 것임이요, 불의
에 주리고 목마른 자는 복이 있나니 저희가 배 터질 것이며…….

어떤 목사님 : (확신에 찬 목소리로) 사랑하는 성도 여러분, 우리 주님은
여러분이 복 받기를 원하십니다. 네 영혼이 잘됨같이 네가 범사에
잘 되고 강건하기를 내가 간구하노라고 하신 말씀을 믿으십니까?
아멘 하시는 분은 손을 들어 화답하십시오. 할렐루야!

평신도 : (답답한 어조로) 황금만능주의와 우상숭배에 물든, 썩고 부패
한 이 사회를 개혁하기 위해 크리스천이 세상의 소금과 빛의 역할
을 하는 것이 결코 쉽지만은 않은 문제죠. 하지만, 우리 평신도들
이 사회의 구석구석에서 그 역할을 감당하지 못한다면 이 시대는
정말 소망이 없는 것이 아닐까요?

불신자 : (침울한 표정으로) 행복은 무슨 얼어 죽을 행복이야. 그저 배부
르고 등 따시면 행복이지. 그나저나 주식 경기가 빨리 회복돼야 할
텐데. 자식 놈들 학원 등록금 대기 힘들어서 어디 살겠나? 공교육
은 무너져 내리고, 이민을 가든가 해야지, 원 참!

1. 부르심의 현장에 다시 서서

나와 아내는 중국에서 살고 있다. 우리 가족이 어떻게 이곳까지 오게 되었을까? 그것은 사람의 생각과 힘으로는 불가능한 일이었다. 하나님이 보이신 환상을 따라 길을 떠났던 성경의 인물들. 그들이 보았던 동일한 꿈과 비전이 없었다면 우리는 이곳에 오지 못했다.

성경의 진리가 철학적 담론이나 논증의 형식을 띠지 아니하고 역사성을 띠고 기술된 이유가 어디에 있을까? 기독교에서 복음의 전달 매체로서 간증(testimony)이라는 독특한 형식을 중시하고 있는 이유는 또한 무엇일까?

성경에 나타난 인물들은 지혜와 깨달음을 추구하던 수도사나 철학자들이 아니었다. 그들은 삶의 숱한 시행착오 속에서 자신의 불완전함을 발견해 가는 평범한 인간들이었다. 그것은 나와 내 아내에게도 마찬가지로 해당되었다.

세상 속에서 진리를 모르고 방황하던 내가 예수를 만나 인생의 목표를 찾았고, 교회 안에서 성장하며 그 속에서 하나님의 음성을 듣는 법을 배웠으며, 마침내 그분의 부르심을 따라 사역자의 길로 나서기까지 지난 10여 년의 세월은 내 인생의 가장 역동적인 기간이었다.

나와 내 아내의 삶의 여정을 이 자리에 소개하고자 한다. 그것은 대단한 자랑거리도 고차원적인 이론도 아니다. 평신도로서 교회를 섬기며 세상에서 일하던 한 가정이 지나온 발자취일 뿐이다. 오직 끝없는 고민과 기도 속에서 눈물 흘렸던 아픔의 흔적들이다. 그 속에서 우리는 성장했고 하나님이 주시는 축복과 기쁨들을 맛보았다.

지성과 영성의 일치, 믿음과 삶의 통합이라는 난제. 내가 과거에 고민하던 것과 같은 문제로 싸매고 있는 21세기 평신도 지성들을 위해 지적 언어로 기술하기에 앞서 역사적 언어로 기술할 필요를 느낀다. 이 이야기들을 소개하는 이유는, 이론과 철학을 넘어서 삶의 현장 속에 임하시는 하나님의 부르심과 인도하심의 음성이 평신도 신학의 중심이 되어야 한다는 믿음 때문이다.

*

성경 안에 흐르고 있는 성령의 역사는 끊임없는 역동성을 띠고 있어서, 2,000년 전에 발생한 십자가와 부활 사건이 지금 우리에게도 파도처럼 수시로 밀려와 미래 지향적인 산 비전을 제시해 준다. 내가 만난 기독교, 아니 그 속에 살아 계신 예수의 이야기는 한마디로 내 인생의 역동성의 회복을 위한 전환점이었다고 말하고 싶다. 대학 시절, 진리의 끝자락을 찾아 헤매던 그 무렵, 나는 잡다한 철학 사상들—오히려 더 사변적인 듯이 여겨져서 매료되었던 노자와 불교, 인도 철학—에 빠져 있었다. 지혜를 구한다 하며 오히려 어리석은 인생으로 치닫던 나에게 예수의 발견, 아니 예수 안에서 새롭게 발견한 내 인생은 내가 그토록 고민하던 '진리를 따르는 통전적 삶'에 대한 가능성의 문을 열어 주었다.

예수를 만나기 전, 내가 하는 공부와 학문이 내 인생에 어떤 의미를 부여하는지 그것을 깨닫지 못하여 고민하며 방황하던 시절이 있었다. 만일 나의 전공 공부가 단지 내 인생에서 육신의 필요를 채우기 위한 호구지책으로서의 직업(job)을 찾는 수단에 불과하다면, 그것은 나에게 큰 의미를 가져다 줄 수 없다고 생각했기 때문이다. 이는 보다 본질적인 문제에 대한 갈구, 즉 참 진리를 발견하여 삶의 목적을 깨우치고자 하는 갈증과 욕구가 강했던 까닭이기도 했다.

1988년 서른 살의 나이에 미국에서 예수를 만나고서야 나는 비로소 그 문제에 대한 해답을 찾았고, 나의 전공과목도 새로운 차원으로 거듭나는 체험을 했다. 내 삶의 목적에 나의 학문과 직업까지 용해되어 들어가 한 덩어리가 되어야 함을 알게 된 것이다. 더구나 그전에 그토록 재미없고 의미 없어 보이던 나의 전공—재료공학—이 하나님이 창조하신 물질세계의 한 부분, 그것도 인간 생활에 반드시 필요한 원질과 재료를 제공하는 중요한 역할을 감당한다고 생각하니 전혀 새로운 시각이 열리기 시작했다. 어떻게 하면 하나님의 창조세계에 들어가 내 역할을 감당할 수 있을까? 하나님이 나의 인생을 통해 부르신 직업(vocation)이 곧 내 삶의 목적이 되어야 함을 믿음 안에서 발견한 것이다.

그러나 많은 기독 지성인들이 여전히 고민하고 있는 바, 예수 안에서 깨닫고 회복한 지성과 영성을 구체적인 삶 속에서 어떻게 풀어헤쳐 나갈 것인가에 관한 실천적 질문은 여전히 남아 있었다. 그 간절한 기도와 소원이, 나를 이곳까지 끌고 온 것임에 틀림없을 것이다. 1990년 코스타(KOSTA)에 참석하기 얼마 전, 나는 새벽에 기도하는 가운데 많은 눈물을 흘리며 주님 앞에 서원한 일이 있었다. 어리석었던 학창 시절의 방황을 되새기며 아파하고 있는 나를 향해서 주님은, 지금도 너와 같이 갈등하며 힘들어하는 수많은 젊은이들이 세계 도처에 있으니 그들 앞으로 나아가 그들을 복음으로 일으켜 세우라는 분명한 말씀을 주셨다. 그러나 그것이 타국으로 나아가 복음을 증거하라는 선교적 명령이라고는 전혀 깨닫지 못했다.

1990년 미국 코스타에 참석했을 때, 송인규 목사님의 아침 강해를 통해 복음 안에서 신앙과 학문, 그리고 세상과 하나님 나라가 어떻게 하나로 통합되며 통전적 그리스도인의 지성과 영성이 어떻게 만날 수 있는지 하나씩 실마리가 풀리기 시작했다. 또한 김진홍 목사님과 홍정길 목사님의 저녁 설교, 그리고 당시 외국인으로서 중국에 과학기술대학을 세우겠다는 비전을 제시하고자 참석한 김진경 박사님의 간증을 통하여, 크리스천의 지성과 영성이 삶의 현장에서 어떻게 실천적으로 나타날 수 있는지 그 가능성을 발견하게 되었다.

비록 주님의 지상 명령이 크리스천에게 주어진 최우선 과제임에는 분명하지만, 나는 기독 지성인들이 모두 해외 선교를 위해 헌신해야 한다고는 생각지 않는다. 그럴 수도 없으려니와 각자를 부르시는 하나님의 부르심의 영역이 다를 것이기 때문이다. 이 말을 '주님의 선교적 삶을 향한 부르심이 제한적'이라는 말로 오해해서는 안 된다. 타문화권 해외 선교로 특별히 택함을 받은 사람들에게 임할 아브라함의 축복은 모든 크리스천에게 열려 있지만, 부르심의 방법이나 방향을 정하시는 것 또한 전적인 하나님의 주권 가운데 있음에 대한 고백이다.

나에게도 선교적 삶에 대한 부르심은 결코 쉬운 일이 아니었을 뿐만 아니라 오히려 생소하고 두렵기조차 한 것이었다. 연변과학기술대학에서 지금도 함께 일하고 있는 동역자 임형식 형제의 간증 가운데 내가 가장 좋아하는 대목이 있다. 예수를 믿고 복음서에 나타난 예수의 가르침을 자세히 살핀 결과, 그것은 한마디로 "나를 따르라"는 내용임을 알게 되었다고 한다. 그래서 처음부터 예수께서 따라오라고 말씀하실 것을 기다리며 어딘가를 향해 떠날 준비를 하게 되었다고 한다. 그에게는 떠나는 것이 자연스러웠고 전혀 문제가 아니었다는 말이다. 부러울 만큼 너무나도 명쾌한 믿음이 아닐 수 없다. 그러나 나에게는 그와 같은 단순한 믿음이 없었던 것 같다. 1990년 코스타에서 중국으로 부르시는 음성을 들었을 때 나는 충격에 앞서 두려움을 느꼈다. 나는 항상 생각이 많고 복잡한 사람이었으며, 최소한 다른 나라, 그것도 내가 한 번도 생각해 본 일이 없는 공산주의 죽(竹)의 장막으로 들어가 삶의 거처를 옮긴다는 것은 상상도 할 수 없는 일이었다.

그래서 성경에 나타난 대부분의 선지자들이 그러했듯이 부르심을 피하여 도망가고 싶은 마음이 먼저 들었다. 그러나 그 두려움의 실체는 선교적 삶 자체에 대한 두려움은 아니었던 것 같다. 왜냐 하면, 그 무렵의 나는 늦게 믿은 예수를 전하고자 하는 불붙는 열정에 이미 휩싸여 있었기 때문이었다. 내가 양육을 받았던 보스턴의 게이트 바이블 스터디(Gate Bible Study)의 리더가 되어, 새로 유학 오는 후배들을 거두어 섬기며 복음 전하는 일에 최선을 다하고 있던 중이었고, 한시 바삐 고국에 돌아가 부모 형제뿐만 아니라 과거에 내가 알고 지내던 술친구들과 대학 선후배들에게 복음을 전해야겠다는 일종의 사명감(?)을 안고 있었다(최소한 나에게는 술좌석에서 사귄 많은 친구들이 기다리고 있었다). 그것이 내가 서둘러 한국으로 돌아간 하나의 동기가 되었다.

그런데 오히려 내가 느꼈던 두려움의 실체를 정직히 돌이켜 본다면, 그것은 낮아짐 혹은 상실에 대한 두려움이었을 가능성이 크다. 비록 복음 안에서 주님이 원하시는 삶에 대한 이론적인 이해는 되었지만, 현실 속에서는 여전히 육신의 정욕으로 남아 있는 부분들, 다시 말해 높아지기 위해 치달아 왔던 지난 세월들을 한꺼번에 송두리째 빼앗길지 모른다는 막연한 두려움이 엄습해 왔던 것이다. 그래서 그것을 부인하고 외면하는 방법으로, 나는 선교지에 나가기에는 아직 준비가 덜 된 사람이라는 사실을 스스로 부각시킴과 동시에(모세형), 복음에 대한 열정과 사명감을 다른 곳에서 채우겠다는 자기 회피적 생각으로(요나형) 스스로를 무장하기 시작했다.

그 무렵 나는 보스턴에서 무중력 상태 우주 공간에서의 재료의 성질을 연구하는 나사(NASA) 프로젝트를 수행하고 있었고, 그 연구 결과가 신기하리만큼 잘 나오고 있었기 때문에 지도 교수는 내가 계속 남아서 자신과 함께 일하기를 몹시 원했다. (그 당시 균형감각을 상실할 정도로 영적(?)인 일에 많은 시간을 보내고 있었음에도 불구하고 연구 결과가 그토록 잘 나왔던 것은 성령께서 지혜를 주셨기에 가능한 일이었다. 마치 갓난아이가 어머니의 젖을 빨아들이듯 한창 말씀의 젖꼭지를 물고 성장하고 있는 나를 보호하시기 위한 하나님의 특별 배려였다고 지금도 생각하고 있다.) 어느 날 교수는 나를 자신의 사무실로 조용히 부르더니, 자신이 영주권을 내줄 테니 학교에 계속 남지 않겠느냐고 제의해 왔다. 그 당시 내가 갖고 있던 J1 비자는 반드시 귀국하도록 되어 있었기에 그것을 바꾼다는 것은 좀처럼 쉽지 않은 일이었고, 그의 말에 의하면 프로젝트의 중요성에 비추어 미국 정부에 특별히 신청하여 허가를 받아야 하는 일이었다. 그만큼 호의적인 제의였음에도 불구하고 나는 그 자리에서 깊이 생각해 보지도 않고 바로 거절했다. 예상치 못한 거절에 당황하며 이유를 묻는 그에게 나는 빨리 한국에 돌아가서 친구들에게 복음을 전해야 하기 때문이라는 설명까지 당당하게 덧붙였다.

그 당시 나는 예수를 늦게 믿은 대부분의 사람들이 그러하듯이, 복음에 대한 열정과 치기 어린 담대함을 가지고 있었다. 그것이 한편으로는 나의 어린 신앙을 세상의 핍박과 유혹으로부터 지켜 주는 보호막이 되기도 했다. 주중에는 너무 바빠서 학생들이나 박사 후 과정(Post-Doc.)에 있는 사람들과 연구에 관해 토론할 시간적 여유가 없었던 지도 교수가 주일이면 수시로 우리를 불러내곤 했는데, 예의 신앙선언을 한 이후 적어도 내게는 그런 일이 발생하지 않았다.

아무튼 그렇게 귀국한 나는 학생들을 가르치는 일에 대한 나의 소명조차 잠시 잊은 채, 서둘러 포항제철에서 세운 RIST 연구소의 스트립캐스팅 프로젝트팀(Strip Casting Project Team)이라는 생소한 이름의 연구팀에 합류하게 되었다. 그곳에 마음이 끌린 데는 이유가 있다. MIT에서 함께 지내던 두 사람의 대학 선배뿐 아니라 대학 시절 동기, 그리고 내가 과거에 인간적으로 가장 아끼던 후배가 줄줄이 같은 팀에 소속되어 있어서, 어떤 의미에서는 나에게는 복음을 전하기 위한 황금어장과 같은 곳으로 비쳤던 것이다.

그러나 그곳에서 3년을 지내는 동안, 나는 마치 요나가 사흘 낮 사흘 밤을 물고기 뱃속에서 지냈던 것처럼 철저하게 하나님과 대면하여 싸우며 나 자신의 감추어진 교만과 무능을 체험하였고, 결과적으로 하나님께서 나를 떠나보내기 위해 훈련시키고 준비시키는 기간임을 깨닫게 되었다. 그곳은 내게, 모세가 갑자기 변해 버린 자기 정체성에 너무 놀라 왕궁을 뛰쳐나간 후 40년간 방황하며 낮아짐의 훈련을 받았던 미디안 광야, 아니 사도 바울의 눈에서 비늘이 벗겨진 이후에 그의 율법주의와 각종 헬라 사상을 복음 안에서 용해하기 위해 필요했던 3년간의 용광로 길이요 아라비아 사막 길과 같은 곳이었다.

2. 한 영혼, 사랑할 수 있나요?

　내 안에 과연 타인을 사랑할 만한 능력이 있는가? 특별히 고통 받고 있는 이웃을 지속적으로 사랑할 수 있는가? 이 물음은 영혼들을 사랑하겠다고 달려온 사역지에서조차 종종 회의에 빠져 스스로에게 던지게 되는 질문이다. 결론은 '없다' 이다. 인류를 사랑하겠다고 박애정신을 외치는 것은 쉬운 일이다. 인류애를 향한 철학사상을 전개하고 위대한 저술을 남기는 일도 오히려 쉬운 일이다. 그러나 내 옆에 있는 힘 없고 고통 받는 소자를 사랑하기 위해 나 자신을 지속적으로 희생하는 일은 내 힘으로는 불가능한 일이다. 고아원과 학교를 운영하며 더러는 영적 프로젝트를 수행하는 많은 기독교인조차도 쉽게 빠지는 실패와 오류의 원인이 여기에 있다. 그것은 오직 내 안에 계신 성령의 능력으로만 가능한 일이기 때문이다.

*

1990년 코스타의 부르심을 뒤로하고, 1991년 초 서둘러 포항에 정착한 나는 곧바로 교회학교 고등부 교사를 자원하여 젊은 영혼들을 향한 복음의 열정을 불태우는 한편, 보스턴의 게이트 바이블 스터디에서 훈련받은 대로 포항공대와 연구소 박사들이 몰려 사는 교수 아파트 단지의 몇몇 가정을 규합하여 부부 성경공부 모임을 조직했다. 주로 믿지 않는 가정을 대상으로 그들에게 복음을 전하고 교회에 정착할 수 있도록 인도하는 일에 사역의 초점을 맞추었다. 고등부 학생들의 순수한 마음밭에 복음의 씨앗을 뿌리고 그들을 헌신케 하는 일은 정말 기쁘고 보람 있는 일이었다. 그 당시 가르쳤던 학생들 중에 벌써 사역자로 헌신한 열매들이 있을 정도이니, 무던히도 열심히 가르치고 또 배웠던 것 같다. 그러나 미국에서부터 복음을 전하기로 작정하고 가장 뜨겁게 준비하며 기도하였던 프로젝트팀의 선후배들은 전도 초기부터 거센 반발과 난관에 부딪히고 말았다.

　　예수를 믿기 전 술좌석에서 세상 철학을 논하며 그토록 가깝게 지내던 친구도 예수 이야기만 나오면 금방 안색이 변하며 고개를 돌리는 것이었다. 어쩌면 술자리나 일상적인 대화에서조차 예전과는 판이하게 다른 나의 태도가 그들을 당황하게 하고 더러는 불쾌하게 만들었는지도 모른다. 뿐만 아니라 내가 소속된 팀은 그 당시 포항제철이 일본의 신일본 제철과 경쟁하며 회사의 사활을 걸고 차세대 신기술 개발을 위해 구성된 특별 프로젝트팀으로서, 모든 사람들의 주목과 함께 성과에 상당한 압력을 받고 있었다. 이 프로젝트를 위해 MIT에서 특별히 스카우트하다시피 한 두 사람의 대학 선배와, 대개 자존심이 강한 S대 출신의 선후배 박사들로 구성된 팀원들은 출발 당시부터 미친 듯이 일에 몰두하는 일중독(workaholic) 증세를 나타냈다. 주변 사람들은, 100여 년 동안이나 불가능하게 여겨지던 꿈의 기술을 과연 저들이 종합 엔지니어링의 경험이 전혀 없는 한국의 산업기술 풍토에서 시험공장

(pilot plant) 규모의 대형 프로세스 개발로 성공할 수 있을까 하는 의구심과 호기심의 눈으로 지켜보았다. 그렇지 않아도 업무 지향적(task oriented)이던 팀원들은 이와 같은 압박 속에서 점점 더 일에 사로잡혀 갔다. 연간 예산 100억 원의 대형 프로젝트를 수행하면서 팀원들은 주말도 없이 매일 밤 자정을 넘어 퇴근하였고, 그들의 가정은 남편과 아빠를 잃어버린 가족들의 원망과 한숨 속에서 점점 병들어 가고 있었다.

이 같은 상황에서 그들에게 교회를 나가자 하거나 함께 성경공부를 하자고 말을 꺼내는 것조차 난센스였다. 일이 우상이 되어 버린 가운데, 같은 팀 내에서조차 서로 지지 않으려는 경쟁심리가 각자를 붙잡고 있었다. 나는 직장에서 맡은 일에 최선을 다함으로써 하나님의 영광을 드러내고자 항상 기도하고 있었으나, 한편으로는 일에 지나치게 빠지지 않기 위해 나 자신을 지키는 것도 여간 어려운 일이 아니었다. 내가 만일 미국에서 예수를 만나지 못하고 돌아왔다면 나 역시 그들과 동일한 모습으로 일에 중독된 채 경쟁적으로 치달았을 게 너무도 분명했다. 그러나 내게는 적어도 일주일에 한 번은 모든 일을 중단하고 본래의 모습으로 돌아가 제정신을 차릴 수 있게 해 주는 예배라는 안전장치가 있었다. 예배는 죄의 욕망에 빠지기 쉬운 우리를 위해 하나님께서 만들어 놓으신 영적 보호막이라는 사실을 새삼 절실히 깨달았다.
그 시절 나는 새벽마다 팀원들의 영혼 구원을 위해 매달려 기도를 하면서도, 과연 그것이 가능한 일일까 의심이 자꾸만 일었고, 사방으로 우겨쌈을 당한 것만 같은 답답함 속에 놓여 있었다. 어디에도 영적인 탈출구는 없는 듯했다.
내가 가장 어렵게 느꼈던 M이라는 선배가 있다. S대 금속과에서도 항상 수석을 달리던 사람이었고, MIT에서도 함께 있어 잘 알고 지낸 사이였다. 박사 학위를 마친 후 나보다 1년 먼저 이 팀에 합류한 그 선배는 집안 배경이 불교에 가까웠고, 일에 대한 남다른 집착과 열심을 가지고 있었을 뿐만 아니라 기독교에 반발심리까지 지닌 사람이어서, 이 팀에서 예수를 믿게 되는 가장 마지막 사람이 되지 않을까 생각했던 그런 사람이었다(그럼에도 불구하고 그 당시 Q.T 노트를 돌이켜 훑어보면 항상 그 선배를 위한 기도가 첫 자리에 올라가 있었던 것은 참 신기한 일이다). 그렇게 첫 1년이 흘러가고 있었다.

그런데 하나님은 이런 나의 생각들을 내가 전혀 상상할 수 없는 방법으로 산산이 무너뜨리셨다. 일이 우상이 되었을 때 가정이 무너질 수도 있다는 사실을 알지 못한 채 프로젝트의 성공 여부에 매달려 춤추듯 희비의 쌍곡선을 오르내리던 우리 팀에 엄청난 파문을 몰고 오는 사건이 발생했다. 성악을 좋아하고 감수성이 예민했던 M선배의 부인이 심리적 압박을 견디지 못해 심각한 병으로 쓰러져 버리고 만 것이다. 부인이 병원에 입원하자 두 아이를 각기 본가와 처가로 보내고 홀로 남은 선배는 이 일로 인해 큰 정신적 충격을 받았다. 인생의 성공과 행복을 위해 누구보다도 열심히 뛰어오던 그가 강제로 발걸음을 멈추게 되었다. 어떻게든 아내를 낫게 하려고 여기저기 병원을 찾아다니다 지친 그는 주위의 권유로 부인을 데리고 기도원을 찾게 되었다. 거기에서도 아내의 병은 차도를 보이지 않았다. 그러나 그가 예수 십자가 앞에 섰을 때 자신 속에 감추어져 있던 죄악들을 깨달아 알게 되었고, 마침내 그의 심령이 허물어지고 말았다.

기도원에서 돌아온 후, 후배인 나를 찾아와 자신을 교회에 데려다 달라고 부탁하던 그 선배의 떨리던 모습이 지금도 생생하다. 얼마나 절박했으면, 예수 믿는다며 자신이 핍박하던 후배를 찾아와 부탁을 했을까? 함께 교회 문을 들어서는데, 선배는 하염없이 울기만 했다. 이 모든 일들이 자신의 죄 때문에 일어난 것임을 깨닫고서 선배는 통곡하고 있었다. 그렇게 견고해 보이던 여리고 성이 하나님의 손길에 힘없이 와르르 무너지고 말았다.

그 일은 비단 M선배만의 것으로 끝나지 않았다. 함께 일하던 우리 팀 전원이 깊은 충격에 휩싸이게 되었다. 그리고 저마다 미친 듯이 달려가던 발걸음을 멈추고 인생을 뒤돌아보게 되었다. 대학 시절부터, 유학을 위해 또 학위를 위해 얼마나 많은 시간을 투자했던가? 좀더 나은 위치와 직장을 위해 달려온 지난 시간들. 저만치 기다리고 있는 영광을 위해 가정과 주변의 많은 것들이 유보되었고 희생되었다. M선배도 그랬다. 유학 시절에 이국땅으로 데려간 아내를 기숙사에 덩그마니 남겨 둔 채, 오직 박사 학위를 위해 밤낮 실험실에서 밤을 지새웠다. 그 아내 역시 남편의 학위만 끝나면 모든 것이 풀리고 행복한 장밋빛 미래가 그들을 기다리고 있을 줄로 생각하며 참았을 것이다. 그러나 막상 한국에서의 생활은 유학 시절보다 더 영적으로 힘들고 암담했으며, 남편은 더 큰 욕망에 휩싸여 날이 갈수록 가정에서 멀어져 갔다. 그나마 프로젝트가 성공하여 우리 팀의 업적은 신문과 텔레비전 등 온갖 매스컴을 탔다. 그러나 우리에게 남겨진 것은 상처투성이의 영광이요 쓰러져 가는 가정뿐이었다. 과연 무엇을 위해 질주했던가? 마치 이상의 시 '오감도'의 막다른 골목을 향해 질주하던 '13인의 아해'들처럼(그때 우리 팀이 어쩌면 바로 그 13인의 아이들이었는지도 모른다), 왜 뛰는 줄도 모르면서 남이 뛰니까 무작정 함께 뛰는, 안 뛰면 불안해서 달려 나가는 그런 인생들을 살아가고 있었다. 그러던 우리가 마침내 붉은색 정지신호에 걸리고 만 것이다. 어렵사리 퇴근시간이 저녁 6시로 정상을 되찾았다. 각 가정이 주말에 남편과 아빠를 되찾게 되었다. 그러나 그것은 소 잃고 외양간 고치는 격이었다.

*

고난 가운데 우리를 온전케 하시는 주님을 묵상해 본다. 폭풍우가 지나간 것과 같았던 그 시점에, 나는 조심스럽게 몇몇 동료들을 향해 함께 성경을 배워 보지 않겠느냐고 제의했다. 어느 월요일 저녁 일과 후, 마침내 네 명의 팀원이 처음으로 '태초에 하나님이 천지를 창조하시니라'로 시작하는 창세기 1장 1절의 말씀을 펴 들었고, 꿈에도 그리던 직장에서의 첫 '월요 성경공부 모임'이 시작되었다. 그 후로 한두 명씩 그 모임이 불어나기 시작하더니 반년 후에는 10여 명이 되었고, 그 팀의 연구원 대부분이 창세기 성경공부를 함께 하는 놀라운 기적이 일어났다. 파일럿 플랜트(시험공장)를 세우는 현장 사무실에서, 그 바쁜 일과 속에서도 월요일 저녁이면 어김없이 함께 모여 찬송가를 부르고 말씀을 나누며 기도를 하였다. 팀장이었던 K선배는 M선배의 일로 충격을 받았는지, 비록 자신은 참가하지 않았지만 그 성경공부 모임을 위해 항상 월요일 저녁 시간을 비워 주는 배려를 아끼지 않았다. 대다수가 성경을 한 번도 접해 보지 못한 사람들이었지만, 그들 가운데 말씀의 역사가 나타나면서 창세기에 감추어진 복음 앞에서 점차 드러나는 자신들의 실존을 깨달아 알기 시작했다. 그리고 창세기에 이어 마태복음을 공부할 때 예수를 영접하는 사람들이 생겨났다.

한편, 나는 이제 막 신앙의 걸음마를 시작한 M선배와 더불어 매일 새벽 Q.T를 시작했다. 유난히 아내를 사랑하는 그 선배가 병원에 두고 온 아내를 생각하며 죄책감으로 더러는 원망으로 힘들어할 때 내가 할 수 있었던 유일한 일은, 홀로 남은 그의 곁에 있어 주는 것으로 그 아픔에 동참하는 것밖에 없었다. 그런데 그 시절을 통해 하나님께서 내게 다가오셔서 가르쳐 주신 것은 잃어버린 한 영혼에 대한 아픔과 안타까움이었다. 자신의 이기심을 채우기에는 마음이 빨리 움직여도 다른 사람을 사랑하기에는 무디고 더딘 내게, 그 선배를 통하여 상처 입은 영혼을 어떻게 섬기고 사랑해야 하는지 배우게 하셨다. 다른 사람을 돕고 섬기는 일조차도 자신의 영적 만족을 채우기 위한 이기심의 발로가 되기 쉬운, 그런 위선에 쉽게 빠져드는 사람에게, 정말 고통 받는 한 영혼을 사랑하며 돕는 것의 참 의미를 비로소 깨닫게 하신 것이다. 다른 사람이 겪고 있는 고통과 아픔을 동정하고 위로하는 것이 아니었다. 내 안에 계신 예수의 영으로 그의 마음에 들어가 하나 됨을 확인하는 순간 그 영혼을 향한 내면 깊은 곳에서 솟구쳐 흐르는 참 아픔의 눈물이 있을 때 가능했다. 그의 자리로 찾아가고 내려가 그의 마음 속으로 들어가기까지 나는 쉬지 않고 기도했고, 내 안에 계신 성령께서 깊이 탄식하는 소리를 들었다.

어두운 새벽, 자명종 소리에 벌떡 일어나 먼저 기도를 드린 후 그 선배의 집을 찾아가면서 목자가 잃어버린 한 마리의 양을 찾아 초조히 발걸음을 옮기는 안타까움의 마음을 깨닫게 되었다. 아파트 문을 두드려 잠든 선배를 깨우고 함께 앉아 찬송을 부르고 말씀을 나눌 때마다 성령의 손길이 우리를 하나로 묶어 어루만져 주었으며, 우리는 함께 아파하고 함께 울며 부르짖어 하나님께 매달렸다.

그 선배와 더불어 새벽 Q.T를 시작한 지 반년이 지난 92년, 크리스마스 전날 밤에 우리 두 사람은 어쩌면 평생 잊지 못할 체험을 하였다. 나는 내게 맡겨진 일을 마무리 짓고 연휴를 보내야겠다는 심정으로 하루 종일 컴퓨터 앞에 앉아 일에 몰두하고 있었다. 그날 퇴근 무렵, 그 선배가 내 옆에 다가와 "정 박사 퇴근 안 해?"라고 두 번쯤 물었고, 나는 일에 빠져 건성으로 "예, 곧 할게요"라고 대답을 한 것 같은데, 정신을 차려 주변을 둘러보았을 때는 이미 어두컴컴한 건물에 나 홀로 남아 있었다. 크리스마스 전날의 설렘은 믿는 자에게나 믿지 않는 자에게나 마찬가지로 다가온 듯, 다른 날은 찾아볼 수 없는 정적이 건물 복도를 따라 흐르고 있었고, M선배의 연구실은 이미 잠겨 있었다. 나는 그제야 M선배가 어디로 갔을까 하는 걱정이 와락 들어 여기저기 전화를 걸어 보다가, 무작정 차를 몰고 거리로 나가 그를 찾아 헤매기 시작했다. 아무 데도 갈 곳이 없고 반겨 줄 가족이 없는 이 거리를 홀로 헤매고 있을 그를 생각하니 기가 막혔다. 혹시 외로움을 견디다 못해 유혹에 빠지지나 않을까 하는 걱정으로 이전에 잘 다니던 술집까지 찾아보았으나 허탕이었다. 주님이 맡기신 한 영혼도 제대로 책임을 못지고 결정적인 순간에 놓쳐 버린 나 자신을 생각하니 너무나 한심하고 속이 상해서 가슴이 저리기 시작했다. 길가에 잠시 차를 세우고, 그가 혹 나쁜 곳으로 가지 않기를 기도하며 예수께서 친히 그의 곁에서 지켜 주시기를 간절히 구했다. 실의에 빠져 집으로 돌아오니, 크리스마스 식탁을 차려놓고 기다리고 있던 아내가 깜짝 놀라 물었다. "아니, M선배는 어디다 두고 혼자 들어와요?" 혹시나 연락이 올까 해서 한참을 더 기다리다가 결국 우리끼리 맞이한 쓸쓸한 크리스마스 식탁에서 나는 첫술을 뜨다 말고 결국 울음을 터뜨리고 말았다.

밤 10시가 지났을까, 갑자기 현관문이 열리더니 마치 산타클로스라도 된 것처럼 선물 보따리를 한 아름 안고 M선배가 나타났다. 우리 집은 갑자기 축제 분위기로 바뀌고 말았다. 크리스마스 전날에 북적대는 거리에 홀로 나서니 처음에는 어디로 가야 할지 정말 막막하고 형언키 어려운 외로움이 몰려왔다고 한다. 음식점에서 쓸쓸히 저녁을 먹으며 흩어진 가족을 생각하다가 갑자기 선물을 사야겠다는 생각이 떠올랐다. 예수 믿은 후 처음으로 맞는 의미 있는 성탄절에 가족에게 줄 크리스마스 선물을 산다고 생각하니 기쁨이 몰려오기 시작했다. 백화점을 오르내리며 아내와 두 아들에게 줄 선물, 그리고 우리 가족에게 줄 선물과 카드까지 고르며 사는 동안에 조금 전까지 그를 감싸고 있던 외로움은 사라지고 마치 온몸이 두둥실 떠가는 듯 이상한 기쁨으로 채워지기 시작했다. 그런데 그 시간, 누군가가 자신 옆에 바싹 붙어서 따라오는 듯한 느낌이 들어 돌아보면 아무도 없는, 그런 일들이 계속 반복되었다. 예수께서 그를 보호하시기 위해 바로 옆에서 친밀히 동행하는 듯이 느껴지는 이상한 체험을 했다는 것이다.

그 체험이 있고 난 이후, 나는 새벽 말씀 속에서 형수(선배의 부인)가 몸이 나아서 돌아올 것이라는 확신을 갖게 되었고, 아침마다 한 단락씩 함께 보고 있던 고린도서가 끝날 때 형수가 돌아올 것이라는 예언까지 감히 하게 되었다. 1993년 새해에 들어서면서, 그때까지 전혀 차도가 없던 그녀의 병세가 기적처럼 좋아지기 시작했다. 마침내 그해 봄 부활절 무렵, 그녀는 죽은 나사로가 살아서 돌아온 것같이 퇴원하여 가정으로 돌아오게 되었고, 우리는 말로 표현하기 힘든 감사와 기쁨에 휩싸이게 되었다. 더구나, 성악가처럼 아름다운 목소리를 가진 그녀가 교회에 발걸음을 하면서, 월요 성경공부 모임을 통해 예수를 영접했던 한 형제의 결혼식에서 찬송가 288장 '완전한 사랑'으로 축가를 부른 것은 우리의 기억에 두고두고 남아 있다. 그날 성경공부 모임 가족 전원이 함께 '하나님께서는 우리의 만남을 계획해 놓으셨네' 하는 찬양을 교회에서 올려 드림으로써, 교회의 믿는 성도들뿐만 아니라 결혼식에 참석했던 믿지 않는 많은 직장 동료들 앞에서 우리의 기도를 들으시고 치유하시는 하나님의 살아 계심을 증거하며 영광을 돌린 일이 지금도 생생한 감격으로 다가온다.

그러나 그 같은 기쁨의 선물은 그리 오래 가지 못하였고 완전히 회복된 것처럼 느껴졌던 그 가정은, 몇 년 후 형수의 병이 재발하여 선배에게 아픈 상처를 남긴 채 먼저 하늘나라로 떠나고 말았다. 지금 그 선배는 교회에서 칭송받는 집사로서 새신자들을 섬기는 데 앞장서는 분이자 나에게는 둘도 없는 형제요 신앙의 동역자요 후원자가 되었지만,

지금도 나는 그 선배 가정을 생각하면 여전히 가슴이 아리고 안타깝다. 우리 가족이 중국으로 떠날 때 그렇게 아쉬워하던 선배 부부의 모습, "정 박사! 자네가 가고 나면 나는 이제 어떻게 해?" 하며 조용히 눈물을 글썽이던 그 선배의 얼굴이 지금도 눈에 선하다. 형수의 죽음을 통해 그 선배는 십자가에서 흘리신 예수의 대속의 피를 직접 체험하고 새로운 인생을 살게 되었다고 했다. 뿐만 아니라 그의 가족 모두가 구원을 얻는 축복도 함께 누리게 되었다. 하나님의 경륜과 계획과 하시는 일을 우리가 다 알 수는 없다. 하나님께서 장차 그 선배에게 또 어떤 모습으로 나타나실지도……

그 무렵 나는 새벽마다 하나님과 깊은 영적 교제를 나누며 이미 중국을 향해 부르시는 그분의 강한 음성을 듣고 있었다. 한 영혼을 사랑하는 방법을 배우는 동안, 하나님께서는 내게 맡기실 또 다른 영혼들을 준비하고 계셨던 것이다.

─ 이 글은 유학 생활 후 곧바로 한국에 돌아와 직장과 가정을 함께 섬겨야 할 후배들을 위해 기도하며 썼습니다. 그러나 혹시 이 글로 인하여 사랑하는 M선배의 마음에 다시금 옛 상처를 기억하게 하여 아프게 할까 봐 무척이나 고민하며 조심스러웠습니다. 부디 성령의 위로하심이 그의 마음을 지속적으로 만져 주시고, 또 새로운 계획 가운데 하나님의 더 크신 사랑이 선배의 가정과 두 아들에게 나타나길 소원합니다.

3. 아바의 지팡이

    한 가족이 하나님의 부르심을 받고 사역지로 떠날 때까지 겪어야 하는 어려움은 첩첩이 싸인 고개를 넘는 산행이다. 한편으로는 가로막힌 홍해를 건너는 것과 같은 기적의 체험이기도 하다. 부르신 이가 친히 인도하신다는 믿음 없이는 견디기 힘든 고비 고비가 기다리고 있다. 그러하기에, 어려운 산행을 위해 반드시 든든한 지팡이가 필요하듯이, 그 지팡이야말로 하나님께서 친히 준비해 주신 지팡이가 되지 않으면 안 된다.

*

    영혼을 사랑하는 훈련을 통하여 새벽에 매달려 기도하게 하신 하나님께서 내게 보여 주신 것은 광활한 만주 벌판이었다. 날마다 중국에 대한 생각이 떠오르게 하셨고, 만주에 지어진다는 대학 생각만 하면 가슴이 두근거리며 기도가 달아올랐다. 그러나 중국, 그곳은 여전히 만리장성으로 가로막히고 오르기가 전혀 불가능해 보이는 태산처럼 내 앞에 버티고 서 있었다. 주위 환경, 전혀 믿지 않는 가족들, 어디를 둘러보아도 내가 중국으로 갈 수 있을 만한 조건들이 없었다.

새벽 제단을 통해 중국을 향한 부르심의 음성을 확인해 가는 과정에서 내가 넘어야 할 고개로 처음 떠오른 것은 아내였다. 그 무렵 아내는 교회의 오르간 반주자로, 대학의 강사로 활약하며 한창 전문인으로서의 자신의 삶을 추구해 나가고 있었다. 그 모든 것을 포기시키고 무작정 중국으로 떠나자고 말을 꺼내기란 결코 쉬운 일이 아니었다. 반 농담 삼아 중국에서 한번 살아 보는 것이 어떠냐고 슬쩍 떠보는 방법밖에 없었다. 그럴 때마다 아내는 오히려 무슨 낌새라도 맡았는지 펄쩍 뛰면서 아예 말도 꺼내지 못하도록 가로막는 것이었다.

1993년 2월, 아내는 서울의 세종문화회관에서 기대 이상의 성황리에 파이프 오르간 독주회를 마쳤다. 어쩌면 자신의 전공인 오르간을 뒤에 두고 조만간 떠나야 할 그녀를 위로하시기 위한 하나님의 작은 배려였는지도 모른다. 그 무렵 아내는 자신이 아끼고 사랑하는 전공인 오르간을 최고조로 만끽하는 시절을 보내고 있었다. 나 역시 그러한 아내의 심정을 깨뜨리고 싶지 않아서 최소한 오르간 독주회가 끝나기 전에는 아무런 내색도 하지 않고 기도하며 기다리고만 있었다. 독주회가 끝나고 서울에서 다시 포항으로 내려온 후 아내가 약간의 허탈감에 빠져 있을 때, 나는 마침내 중국에 대한 이야기를 진지하게 꺼냈다. 내가 농담을 하는 것이 아니라는 사실을 알아차린 아내는 긴장하여 얼굴색이 하얗게 변하면서 아무런 대답도 하지 않았다. 아내의 그 같은 반응을 보면서 내가 깨달은 것은 아무리 서로가 사랑하는 부부지간이라 할지라도 이 일은 설득하거나 강요하여 해결될 문제가 아니라는 것이었다. 하나님께서 그녀를 움직이시기 전에는 전혀 불가능한 일일 것이라는 생각이 다가왔던 것이다. 더불어 만일 우리 가족이 중국으로 떠나는 것이 하나님의 뜻이 분명하다면 그분이 친히 이 문제를 해결하시지 않겠는가 하는 믿음도 생기기 시작했다.

*

그 시절 하나님께서는 나에게 소설 《아바》를 쓰도록 밀어붙이기 시작했기 때문에 나는 아내를 설득하는 일을 포기하고 오로지 글 쓰는 일에만 몰두하였다. 4월의 어느 날 아침, 우연히 K일보의 문학상 공모 광고가 출근길 내 발에 밟혔다. 지난 날 학창 시절의 기억 속으로 사라졌던 글쓰기에 대한 내면의 욕구가 갑자기 치솟아 오르면서 그날 저녁 컴퓨터를 마주하고 첫 문장을 두드리기 시작했다. 처음에는 글 쓰는 일이 중국행과 어떤 관계가 있는지도 모른 채 시작한 작업이었다. 중국 이야기가 사라지자 아내는 내가 중국을 포기하고 다른 길을 모색하기 시작한 것이 아닌가 하는 기대감을 갖게 되었고, 나의 글쓰기 작업에 대해 희망을 품고 적극적인 지지를 표명하였다.

그러나 글이 중반의 고비를 넘기기 시작하면서 어느 정도의 윤곽이 잡혀가자 나는 곧 이 일이 우리를 중국으로 보내시기 위한 하나님의 철저하신 계획 속에서 진행되는 것임을 깨닫게 되었다. 고된 하루의 일과 후에 시작되었던 한밤의 깊은 대화 속에서 주님은 어김없이 나를 만나러 찾아오셨고, 나는 무엇인가 홀린 듯이 컴퓨터의 단말기 속을 헤매면서 하염없이 눈물을 흘려야만 했다. 그분의 자애로운 눈길 앞에서 낱낱이 드러나고야 마는 지난날의 추한 단상들을 생각하며 매일 밤 나는 참회의 눈물을 흘려야 했다. 그리고 마침내 그분이 내게 질문을 던지셨다. "아직도 네가 어떻게 살아야 할는지 모르겠느냐?" 글쓰기를 시작한 후 하루에 평균 4시간의 수면을 취하면서도 내가 새벽마다 일어나서 필사적으로 매달리며 기도하는 모습을 지켜본 아내도 곧 사태의 심각성을 눈치 챘다.

그 당시 나는 새벽 기도시간에 모세오경을 다시 보게 되었다. 출애굽기를 통하여 모세를 부르신 하나님의 음성이 곧바로 나에게 들려오기 시작했다. 내가 들고 있는 지팡이 곧 내가 쓰고 있는 소설 《아바》가 바로 모세가 출애굽을 위해 하나님께 받았던 그 지팡이임을 알게 되었다. "내가 누구관대 바로에게 가며 이스라엘 자손을 애굽에서 인도하여 내리이까?" 하고 반문하는 나에게, "내가 정녕 너와 함께 있으리라. 네가 백성을 애굽에서 인도하여 낸 후에 너희가 이 산에서 하나님을 섬기리니 이것이 내가 너를 보낸 증거니라"는 말씀이 살아서 꿈틀거리기 시작했다. 장남으로서 퇴직하신 부모님을 부양해야 하는 등 현실을 돌아보며 용기를 잃고 두려움에 싸인 채 "주여, 정말 이것이 당신의 뜻이 분명합니까?" 재삼 질문을 던지는 나에게, "이제 가라. 내가 네 입과 함께 있어서 할 말을 가르치리라"고 말씀하셨고, 모세가 지팡이로 바다를 가르는 장면 앞에서 "너는 어찌하여 내게 부르짖느뇨? 이스라엘 자손을 명하여 앞으로 나가게 하고 지팡이를 들고 손을 바다 위로 내밀어 그것으로 갈라지게 하라. 이스라엘 자손이 바다 가운데 육지로 행하리라"는 말씀으로, 내게 주신 지팡이가 무엇인지 우리 가족이 건너야 할 바다와 육지가 어디인지 분명히 살펴보게 하셨다.

그 시절, 나의 질문 섞인 기도에 대한 하나님의 음성이 얼마나 강렬하였던지 나는 새벽마다 성령의 임재로 인한 기쁨과 황홀감이 파도처럼 몰려와서 내 심령과 온 방 안을 가득 채우는 체험을 하곤 하였다. 또한 그 당시보다 내가 깊고 넓은 중보 기도를 한 적도 없었던 것 같다. 부모 형제 친척은 물론 직장 동료와 내가 아는 모든 이들을 위해 새벽마다 지구를 한바퀴 돌면서 눈물로 매달리는 중보를 하였다. (당시

에는 불가능해 보이는 기도 제목들이었지만, 결국은 그 기도의 열매들을 거두
시고야 마는 하나님을 후일 경험하게 되었다.) 더구나 이 일이 전적으로 하
나님의 계획이라는 것을 알게 되면서부터 나는 오히려 그분에게 "당
신의 뜻이라면, 이러이러한 것을 해 주십시오"라는 식으로 떼를 쓰며
여러 가지 요구를 하게 되었다. 그때 미리 받았던 확실한 기도 응답 중
두 가지가 부모님의 구원과, 약속의 자녀로서 우리 부부가 오랫동안
기다리던 둘째 아이를 주시겠다는 약속이었다. 또한 아내의 마음을 돌
릴 수 있도록 쓰고 있는 소설 《아바》를 하나님의 영광을 드러내는 책
으로 출판시켜 달라고 기도를 시작하였다. 아내에게 보여 줄 분명한
징표가 필요하다고 생각했기 때문이었다. 그러나 그 역시 성령님의 반
응은 너무나도 즉각적이고 확실하여서 내가 감당할 수 없을 만한 기쁨
과 확신으로서 그 요구를 들어주시겠노라고 대답하시는 것이었다.

*

소설이 막바지에 이르렀을 때 나는 한 가지 갈등에 빠지게 되었다.
나는 소설의 주인공 강형수라는 한 젊은이를 통하여 마치 나의 지난
학창 시절을 회상하듯 갈등과 방황 속에서 아바 아버지를 발견하기 위
한 긴 여로를 추적해 가는 과정을 그려 가고 있었다. 가능한 한 신앙적
메시지의 무절제한 표출로 인하여 믿지 않는 독자들의 반발 심리를 일
으키지 않도록 신경을 쓰며 작품의 문학성을 최대한 유지하려고 노력
했다. 흔히 신앙적 메시지를 앞세우다 보면 작품성이 떨어지기가 쉽다
는 것을 신앙 소설들을 읽어 오면서 평소에 느껴왔기 때문이었다. 그
러나 강형수가 천신만고의 고통 가운데 회심하는 마지막 부분에 이르
자 과연 구원의 메시지를 직설적으로 전해야 할 것인가 하는 문제에
봉착하여 고민을 하게 된 것이다.

그러나 이 소설이 지닌 아바의 지팡이로서의 의미를 생각할 때, 복음을 과감하게 선포하고 지나가지 않으면 안 되겠다는 강한 이끌림이 있었다. 그것은 마치 복음을 전하지 않으면 중심이 불붙는 것 같아 답답하여 견딜 수 없다고 고백한 예레미야 선지자의 심정이었는지도 모른다. 한편으로는 K일보사의 기독교적 배경을 생각할 때 그와 같은 점이 크게 문제시될 것 같지 않다는 얕은 생각도 들었다. (나중에 알게 된 사실은, K일보의 문학상 공모는 종교부가 아니라 문화부에서 주관한 행사로서 기독 신앙과는 무관한 것이었다.) 고민 끝에 마침내 문학성을 약간 양보하더라도 복음의 메시지를 직접 전하기로 마음을 굳혔다. 돌이켜 보면 그것이 반드시 잘한 결정이었다고 생각하지는 않지만, 그 당시의 나에게는 꼭 필요한 결정이었다. 그런 가운데 출애굽기가 끝나고 소설이 완성되었다. 6개월간 신들린(?) 듯이 써 내려가던 원고지 2,600매 분량의 장편소설을 탈고하는 순간이었다. 나는 당선을 확신하며 원고를 K일보자로 보냈다. 이미 성령님께 약속받은 글이었기에 한 치의 의심도 없었다.

그런데 막상 원고가 내 손을 떠나고 더 이상의 숨 가쁜 집필 작업이 없어지자 문제가 생기기 시작했다. 아침 기도시간에 이전과 같은 기쁨과 확신에 찬 성령님의 응답이 점차 사라지기 시작한 것이었다. 오히려 머릿속에는 자꾸만 소설 당선의 상금이 오락가락하기 시작하였고, 그것을 어떻게 쓸 것인가 하는 잡념들이 떠오르는 것이었다. 먼저 응당 십일조부터 해야 할 것이고, 분명 하나님께서 부모님들도 책임지신다 하셨으니 부모님 부양비로 얼마를 떼어 놓자, 그리고 아내가 이전부터 조르던 연주용 전자 오르간을 한 대 사서 중국으로 가지고 가자, 그러면 그녀의 마음도 어느 정도 위로받겠지. 그래, 틀림없이 약속을 하셨으니 상금을 통하여 내가 당면한 여러 가지 현실적 난관들을 아마

한꺼번에 해결해 주실 것이다 등등.

그러나 이 같은 생각들이 한번 머릿속을 스친 후에는 불붙었던 중보기도의 문이 막히기 시작했고, 기쁨도 점차 사라지며 가슴이 답답해져왔다. 며칠을 그와 같은 상태로 보내던 중 나는 출애굽기에 연이어 읽기 시작한 레위기 말씀을 통하여 내가 쓴 소설 《아바》는 여호와께서 내게 주신 지팡이일 뿐 아니라 내가 여호와께 드리는 제물이 되어야 함을 깨닫게 되었다. 레위기 2장에서 "무릇 너희가 여호와께 드리는 소제물에는 모두 누룩을 넣지 말지니"라는 대목에서, 문득 내가 드린 제물 속에 어느새 누룩이 들어가지 않았는가 하는 생각이 스치고 지나갔다. 매일 아침 레위기를 읽을 때마다 등장하는 흠 없는 수컷, 흠 없는 수양, 흠 없는 수송아지 들을 태워서 바치는 제사를 보면서 하나님이 원하시는 순종의 길이 얼마나 순결해야 하는가 하는 것을 깊이 깨달아 알게 되었다.

레위기 10장에서 여호와께서 명하시지 않은 다른 불을 담아 분향하려던 아론의 아들 나답과 아비후가 멸망을 당하는 장면을 통해, 자신은 하나님 앞에서 제사를 지낸다고 생각하나 하나님께서 인정치 않는 제사도 있을 수 있다는 사실을 깨달았다. 하나님의 일을 한다고 나서는 사람들에게 주시는 경고의 말씀으로 받아들였다. 11장에 이르러서는 "나는 너희의 하나님이 되려고 너희를 애굽 땅에서 인도하여 낸 여호와니라. 내가 거룩하니 너희도 거룩할지어다" 하는 말씀을 통해, 하나님께서 우리를 불러내시는 참 이유는 우리를 통하여 당신의 무슨 특별한 사명을 감당시키려는 것이 아니라 우리를 죄 가운데서 건져 구원에 이르게 하심으로 우리의 참 하나님이 되고자 하시는 가장 본질적인 목적이 있다는 것을 알게 되었다. "너희도 거룩할지어다"고 엄숙하게 명하시는 하나님의 음성이 내 심령에 들리기 시작했을 때, 우리가 떠나는 이 길이 내가 거룩하게 되기 위한 길임을 알게 되었다.

레위기 20장을 통과하는 날, "너희는 내게 거룩할지어다. 이는 나 여호와가 거룩하고 내가 또 너희로 나의 소유로 삼으려고 너희를 만민 중에서 구별하였음이니라"는 말씀으로 다시 한 번 우리를 구별하여 불러내신 아버지의 뜻을 깨닫게 되었다. 동시에 내가 얼마나 더럽고 추한 죄인인가를 절감하였다. 그날은 그와 같은 상념 가운데 휩싸이며 거룩한 하나님 앞에서 자신을 감당치 못하는 심정을 토해 내야만 했다. 그러다가 문득 십자가 위에서 나를 굽어보시는 예수의 자애로운 얼굴이 떠올랐다.

제사장의 세족(1993년 11월 25일 아침 Q.T)

주여 저의 발을 씻겨 주옵소서
저의 발에 묻은 먼지를 떨어내어 주옵소서
주의 성소를 밟아 더럽힐까 두렵사오니
주여 저를 깨끗이 씻어 주옵소서

내 마음은 주가 거하는 성소
먼지 묻은 발자국으로 얼룩이 질 때
시기하고 미워하는 마음으로 가득 찰 때
예수님 수건을 두르시고 다가오시네

그가 물을 받아 내 발을 씻기시네
주여 내 발을 씻기지 못하시리이다
내가 너를 씻기지 아니하면 네가 나와 상관이 없느니라
주여 그리 하오면 손과 머리도 씻겨 주옵소서
이미 목욕한 자는 온몸이 깨끗하느니라

나는 다시 성소로 들어가네
휘장을 젖히고 지성소로 들어가네
기다리시던 주님과 마주치네
보고픈 주님의 얼굴을 바라보네

그 순간, 내 눈가엔 기쁨의 이슬
주님의 입가엔 수정 같은 웃음
주가 내 눈물을 닦아 주시면
내 입가에도 환한 웃음

*

　내가 다시금 회개의 기도를 통해 회복되고 정결한 마음을 품기 시작한 후, 《아바》를 통한 증거를 보고서 중국행을 결정짓겠다고 하던 아내에게 갑작스런 변화가 일어났다. 그 무렵 나는 아내 역시 매일 아침 기도로 매달리며 하나님의 뜻을 구하는 중이라는 것을 어렴풋이 알아차리고 있었다. 아내의 힘들어하는 모습을 그저 중보로써 말없이 지켜보며 지나던 어느 날, 퇴근하고 돌아와 보니 아내의 모습이 환하게 빛나며 광채를 내고 있었다. 저녁 식사 후에 느닷없이 아내가 웃으며 다가앉더니 내게 줄 좋은 선물 있다고 말문을 열었다. 어리둥절하며 바라보고 있는 나에게 아내는, 마침내 하나님으로부터 말씀으로 확실한 증거를 받았다며 중국으로 떠날 것을 순순히 제의하는 것이 아닌가?
　아내는 그 이후에도 여자로서 감당하기 어려운 여러 가지 현실적인 문제들 앞에서 감정의 기복을 겪으면서 계속 힘들어했지만, 한 번도 중국으로 떠나는 것에 대하여 철회하는 말을 꺼내지는 않았다. 그만큼 하나님은 아내에게도 철저히 역사하셨던 것이다. 어느 날, 하나님께서는 우리 부부의 기도 가운데 같은 날 동시에 '믿음의 글들'을 출판하는 홍성사를 떠올려 주셨고, 그것이 바로 소설 《아바》를 위해 하나님께서 예정하신 뜻이라는 것을 깨닫게 하셨다.

아내의 결단으로 한 고비를 넘기자 우리 부부는 이제 중국으로 떠나는 것을 기정사실처럼 여기게 되어 버렸고, 그 다음 넘어야 할 고개인 교회와 부모님들을 향해 기도의 포문을 열기 시작했다. 교회의 승낙을 받아내기 위해서 한 달 이상을 기도로 준비한 후 편지를 보냈다. 처음에는 반주자와 고등부 반사로 제각기 한몫을 담당하던 일꾼들을 놓치는 아쉬움으로 목사님과 당회에서는 절대반대 의사를 표하였다. 꼭 기독교 교육이 받은 소명이라면 곧 포항 근교에 개교하는 기독교 대학인 한동대학으로 가면 되지 않느냐고 하시며, 당장 한동대학의 지원서를 써 가지고 오라는 것이었다. 그러나 이미 우리 부부의 결심과 그동안 함께하신 하나님의 역사, 때마침 소설 《아바》의 출간 소식과 더불어 결국 우리 부부의 중국행이 철저하게 계획된 하나님의 뜻임을 알아차리고, 교회에서도 결국 허락을 하게 되었다.

그러나 신앙의 경륜이 짧은 양가의 부모님을 설득하는 일은 더욱 난감한 일이었다. 내가 미국에서 신앙생활을 시작한 이후, 강제로 이끌리다시피 하여 얼떨결에 교회 생활을 시작하신 본가의 부모님도 그럴 것이었지만, 더욱이 처가의 부모님은 아직 교회도 나가지 않는 상태였기 때문이었다. 우리들의 그 같은 결정을 양가에서 절대 받아들이지 않으리라는 걱정이 앞섰다. 아마도 이 고비를 넘기기 위해서는 설득과 투쟁을 동반한 장기전이 필요할지도 모른다는 상상을 하고 있었다. 그러나 단단히 마음의 무장을 하고 찾아간 1994년 설날에 양가의 부모님은 너무나 뜻밖에도 단번에 우리의 중국행을 허락하셨다. 하나님이 함께하신 일임을 느끼면서도 차를 몰고 포항으로 돌아오는 길에서 우리 부부는 오히려 어리둥절한 기분을 떨칠 수가 없었다.

*

중국행을 결정하고 난 후 비로소 사역지의 상황이 귀에 들어오기 시작한 것도 우리의 연약한 믿음을 고려하신 하나님의 세심하신 배려였다. 한국의 1960년대에 해당한다는 말을 듣고 최소한 공해 없고 물 맑은 시골이 아니겠는가 막연히 추측하던 중 현지에서 잠시 귀국한 분의 보고를 들을 기회가 생겼다. 그랬더니 웬걸, 여름철에는 수시로 수돗물이 끊겨 고생하고, 그나마 나오는 물은 벌건 흙탕물이라는 이야기와 더불어 겨울철에는 섭씨 영하 25도의 맹추위에, 온 도시를 자욱하게 덮는 석탄 매연이 시야를 가린다는 것이 아닌가? 그 순간 그곳에서 고생할 아내와 아이의 가련한 모습이 떠올라 가슴을 솜뭉치로 틀어막는 듯한 답답함을 느꼈다. 함께 떠나기로 결단한 아내야 어차피 자신의 믿음으로 극복해 나간다 치더라도 아무것도 모르고 따라나서는 아이에게는 어떻게 설명한단 말인가? 학교에 갓 입학하여 아름답게 단장된 아파트 단지를 누비며 생활하고 있는 철모르는 일곱 살짜리 아이가 과연 부모의 이 같은 결정을 받아들일 수 있을까?

나는 그 후로 아이에게 가능한 한 중국에 대해 좋은 인상을 심어 주기 위해 만리장성이 그려진 그림 화보를 보여 주기도 하고, 중국이라는 큰 나라에 대하여 동경심을 가질 수 있도록 아이에게 최대한의 과장된(?) 설명을 하곤 하였다. 그러나 이상한 일은, 평소에 쾌활하고 말이 많던 아이가 중국에 대한 이야기만 나오면 좀체 입을 열지 않는 것이었다. 아이에게 충격을 주기 싫어 중국행에 관한 일은 일절 비밀로 붙여 왔음에도 불구하고, 우리 부부 사이의 대화들을 조금씩 엿들어 분위기를 짐작하고 있었던 모양이다. 미루어 짐작컨대, 그 무렵 부모의 심상치 않은 분위기에 어느 정도 눈치를 채고 있던 아이가 혼자만의 두려움과 고민에 싸여 힘든 나날을 보내고 있었던 것 같다.

어느 주일 예배가 끝난 후, 교회의 담당 장로님이 다가오며 우리 가족의 중국행을 둘러싼 이야기를 꺼냈다. 바로 옆에서 듣고 있던 아이가 갑자기 "아빠, 정말 우리 중국으로 가는 거야? 난 안 갈래" 하며 얼굴이 하얗게 되었다. 아이는 울음 섞인 목소리로 뒷걸음질을 치더니 돌아서서 찻길을 향해 막무가내로 도망가기 시작했다. 순간 나는 너무나 당황하여 아이를 붙잡으려고 내처 달려가 손목을 낚아챘다. 울먹이는 아이를 겨우 끌고 와서 차에 밀어 넣고는 무작정 집을 향해 달리기 시작했다. 내가 살아오는 동안 그때처럼 당황한 적이 없었다고 회고할 만큼, 그 순간 나는 어찌할 바를 몰라 아이 앞에서 무너져 내리고 있었다. 아이가 아빠인 내게 평소에 절대적인 신뢰감을 보여 왔으며, 한 번도 그 아이가 내게서 도망치는 것을 상상해 본 일이 없었기 때문이기도 했다. 운전을 하는 내내 입술이 바싹 말라 오고 온몸에 식은땀이 흐르는 것을 느꼈다. 뒤를 힐끗 돌아보니 아이는 물기 있는 눈을 껌벅이며 달리는 차창 밖의 거리를 처량하게 내다보고 있었다.

아이를 데리고 집으로 들어가 침대 머리에 앉혀 놓았다. 어떻게든 잘 설득해야겠다는 생각에 조심스럽게 말을 걸었다. 그러나 훌쩍이는 아이는 완강히 고개를 내저으며 좀체 마음을 열려고 하지 않았다. 나는 눈앞이 캄캄해짐을 느꼈다. 무작정 아이의 손을 붙들고 큰 소리로 외치며 기도를 시작했다. 내가 무엇이라 기도했는지 잘 떠오르지도 않지만 그저 성령께서 아이의 마음을 위로해 주시기만을 눈물로써 매달려 간구했던 것 같다. 아멘, 하고 기도를 마치자 아이가 따라서 작은 목소리로 아멘을 하였다. 한참 만에 눈을 떠 보니 아이의 얼굴이 아까보다 훨씬 평안한 모습을 띠고 있었다. 기도하는 아빠의 얼굴을 바라보며 아이는 줄곧 무슨 생각을 하고 있었을까? 침묵이 잠시 흐른 후에 아이가 말했다. "아빠, 그럼 우리 꼭 다시 돌아올 거지?" 나는 아이를 품속에 깊이 껴안았다. 그 순간 위로의 성령께서 우리 두 사람을 어디론가 사정없이 휘몰아 가는 것을 느꼈다.

  하나님이 우리에게 자식을 허락하신 이유를 다시 한 번 생각해 본다. 타락한 아담과 하와에게 여자의 후손을 통해 구원이 임하리라는 하나님의 말씀이 그들에게 희망의 불씨로서 자식을 고대하게 한 이후, 자식은 모든 이에게 구원을 향한 통로가 되어 왔다. 자식을 통하여 하나님의 구원 계획에 참여할 뿐 아니라 자식이 받는 고통을 바라보는 아픔을 통해서 비로소 우리는 그분의 마음을 이해한다. 이 고통은 우리의 구원을 위해 그분이 치밀하게 계획하신 것이며 갈보리 십자가상에서 절정을 이루었다. 지금도 우리는, 우리 가족의 구원을 위하여 우리를 중국으로 보내실 때 겪게 하신 이 모든 일들조차도 처음부터 하나님이 친히 계획하신 일이었다고 알고 있다. 바로 이 체험과 믿음이 우리를 중국 생활의 어려운 고비 고비에서 지켜 주었다. 직장 선후배들의 반대와 교회 어른들의 반대들(대부분 우리 가족을 사랑하는 마음에서 우러나온 것들이었지만), 더러는 믿는 분들 가운데도 "아니 당신 나이가 몇인데 지금 직장을 그만둔단 말이야? 노후 대책을 생각해야지?" 하며 극구 말리던 분들의 얼굴이 생각난다. 생각하면 할수록 우리 힘으로는 불가능했던 일들을 하나님께서 하게 하셨고, 마침내 홍해를 건너게 하셨다. 비록 우리는 연약했지만 우리 가족의 걸음걸음에 동행하신 하나님과 그분이 준비해 주신 아바의 지팡이가 있었던 것이다.

4. 중국행 타임머신

1994년 8월 4일 오후 5시, 우리 가족은 마침내 중국 길림성 연변 조선족 자치주의 수도인 연길시 공항에 역사적인 첫 발걸음을 내디뎠다. 황혼이 깔리기 시작한 활주로의 눈부심 속에서 트렁크를 잔뜩 실은 시퍼런 트럭이 좁다란 공항 출구를 빠져 나와 시골 역사를 방불케 하는 공항 청사 앞에 꾸물거리며 멈추어 섰다. 저마다 짐표를 흔들어 대며 짐을 찾으려는 사람들로 아우성치는 진풍경이 연출되었고, 나는 그 모습을 꿈꾸듯 아연하게 바라보고 있었다. 공항에서 숙소로 향하는 버스에서 바라다본 시가지 풍경은 석양에 젖어 초콜릿 색깔로 빛나고 있었다. 옛 기억을 더듬어 희미하게 되살아나는 1960-70년대 한국 거리의 모습이 눈앞에 펼쳐졌다. 누추하고 생경한 붉은 간판들로 뒤덮인 거리, 먼지와 쓰레기더미 사이를 오가는 새까만 얼굴의 찌든 모습들이 가슴을 파고들며 잔잔한 설렘으로 젖어 왔다. 잔뜩 긴장하여 겁먹은 표정으로 낯선 거리를 내려다보는 아내와, 볼에 홍조를 띤 여덟 살짜리 아들의 옆모습을 틈틈이 훔쳐보았다. 약해지려는 마음을 다시 추스르며 생각했다. 그래, 이미 주사위는 던져졌다. 홍해 바다를 건너게 하신, 이 모든 역사를 일으키신 그분만을 의뢰하리라. 강한 기도가 저절로 입 속을 맴돌았다.

버스에 몸을 싣고 시가지를 벗어나 길 양편에 오물 쓰레기가 잔뜩 버려져 있는 언덕바지로 한참 올라가다 보니, 세로로 길게 붙은 '연변 과학기술대학'이라는 흰색 나무 팻말이 나타났다. 곧이어 교문 사이로 푸른 하늘과 맞닿아 우뚝 세워진 연둣빛 건물이 와락 눈앞에 다가왔다. 건물 앞으로 연길 시가지가 한눈에 내려다보이는 지평선에는 황홀하게 타오르는 눈부신 저녁노을이 붉게 펼쳐져 있었다. 버스를 내려서 건물 뒤편의 확 트인 벌판을 한번 둘러보던 나는, 지금 내가 내딛고 있는 이곳이 우리 선조들이 역사의 모진 풍상을 뚫고 건너와 살던 만주 벌판의 바로 그 중국 땅이라는 사실이 채 실감나지 않아 어리둥절한 느낌에 싸인 채 멍하니 한참을 서 있었다.

학생 기숙사에 임시로 짐을 풀고 중국에서의 첫 밤을 맞이한 우리 부부는 감개와 두려움과 설렘에 젖어 엎드려 감사기도를 드렸다. 한여름인데도 오싹하는 한기가 창문을 통해 스며들어 왔다. 이국에서의 첫 날밤을 잠 못 이루고 뒤척이고 있을 때, 기숙사 어디선가 은은한 하모니카의 선율을 타고 찬송가가 고즈넉이 들려왔고, 우리는 비로소 깊은 한숨을 내쉬며 꿈결로 빠져들었다.

숙사(宿舍)에서의 첫 2주일은 마치 우리 가족이 꿈속에서 별안간 어느 이상한 나라로 날아온 듯한 기분으로 보내야 했다. 수업 준비를 하는 것 이외에는 특별히 할 일도 없어서 여러 가지 여름 행사로 분주한 학교 안팎을 이리저리 돌아다니다가 다시 기숙사 안으로 들어오면, 웅크리고 앉아 있던 아내와 아이가 나를 반갑게 맞이했다. 기숙사 식당의 정해진 식사시간을 기다리며 세 식구가 서로 얼굴만 물끄러미 바라보고 있노라면, 어느새 나는 아내와 아이의 감추어진 표정 속에서 행여 어떤 절망이라도 나타날까 봐 노심초사하고 있는 자신의 모습을 발견하곤 했다.

비가 내리는 날이면 학교 안은 온통 진흙창이 되어서 꼼짝달싹 할 수도 없는 형편이 되고 말았다. 으슬으슬한 기운이 감도는 숙사에서 창밖을 달리는 빗줄기를 헤아리며 축축이 젖은 무료한 시간을 보내고 있는데, 갑자기 해가 났다. 맥이 없어 나가기 싫다고 하는 아내를 두고서 아들 다니엘의 손을 잡고 산보라도 할 심산으로 기숙사 현관 앞에 나가 보았다. 한 발자국 내딛기도 어렵게 질퍽거리는 진흙땅을 어이없이 내려다보고 있는데, 아이가 갑자기 "아빠, 저것 좀 봐. 참 아름답다, 그지?" 하며 나를 쳐다보는 것이었다. 아이가 가리키는 곳에는 얼기설기 보기 싫게 헝클어진 전깃줄이 전봇대를 가로질러 달려가고 있었다. 그러나 가만히 바라보니 여러 가지 색깔의 전깃줄 사이에 맺힌 이슬이 환한 햇살을 받아 영롱한 무지갯빛을 비추며 떨리고 있었다. 아이의 손을 만지작거리던 그 순간 내 마음속에서 한 줄기 부끄러운 생각이 샘처럼 솟아나와 아이를 향해 흘러갔다. "그렇다, 아들아! 아름다운 것을 찾아내어 볼 수 있는 눈을 가진 자는 참 복되단다."

한국에서 부친 컨테이너가 도착하자 우리는 학생 숙사에서 나와 학교 밖 동네에 셋집을 얻었다. 아내의 기도 덕분에, 우리의 그 많은 이삿짐이 하나도 빠짐없이 전부 제자리를 찾아 들어가는 안성맞춤의 층집(아파트)을 얻게 되었다. 아내(이곳서는 애인동무로 불린다)는 도시 전체를 맴돌고 있는 먼지와 악취를 가장 힘들어했지만, 그동안 우리가 무심코 살아왔던 깨끗하고 안락한 환경에 대해 얼마나 감사치 못한 삶을 살았는지에 대해 함께 회개하며 조금씩 적응해 갔다. 주님께서 우리에게 오셔서 적응하셨던 것처럼 우리도 그 비밀스런 방법들을 배워 나가기 시작한 것이다.

맑은 날, 5층 내 사무실에서 내려다보이는 야산의 전원 풍경은 너무나 아름다웠다. 끝없이 펼쳐진 구릉과 지평선 너머 마음껏 상상의 나래를 펼 수 있는 그 벌판 가운데 홀로 서 있는 기분은, 복잡한 한국에서는 결코 맛볼 수 없는 묘한 느낌을 자아내곤 하였다. 그러나 학교에서 내려선 거리에는 텅 빈 심령들의 찌든 모습과 쓰레기 먼지 냄새가 가득했다. 한국의 1950년대에서 80년대까지를 뒤섞어 놓은 듯한 모습이어서 소가 끄는 달구지와 인력거, 자전거의 홍수, 매연을 뿜어대는 구 소련제 라다 택시뿐 아니라 더러는 값비싼 그랜저나 벤츠까지도 눈에 띄었다.

하루는 학교에 있는데 밤톨만한 우박을 동반한 폭우가 내려 삽시간에 온 도시를 물바다로 만들었다. 걱정이 되어 집에 전화를 하니, 발코니를 넘어 폭포처럼 쏟아져 들어오는 물줄기를 물동이에 담아 밖으로 퍼내느라 필사적으로 싸우고 있던 아내가 울음을 터뜨리고 말았다. 돌아오는 길에는, 새까만 구정물로 잠긴 도시에 긴 장화를 신고 더러는 치마를 허리까지 걷어쥐고 물살을 헤치며 걸어가는 아낙들의 모습에서 내가 마치 타임머신을 타고 30년 전으로 되돌아간 것 같은 착각에 빠졌다. 순간, 내 나이 서른 살 되었을 때, 미국에서 예수를 다시 만나고 난 어느 새벽에 드렸던 기도가 생각났다. "하나님! 헛되이 보낸 지난 세월들이 억울합니다. 과거로 되돌아가서 살고 싶습니다." 신실하신 하나님께서는 나의 어린아이 같았던 그 기도를 들어주셨다. 1990년 코스타에 참가한 이후, 중국에 대한 부르심을 받고 간절히 매달려 기도한 지 4년 만의 일이었다.

타임머신은 마침내 작동하고 말았다.

5. 선구자의 땅

　연변과학기술대학은 연길시 가장 북쪽의 북산가 언덕 위에 우뚝 서 있다. 앞에는 시가지가 한눈에 나지막이 내려다보이고 뒤에는 시원한 들판이 지평선 너머까지 펼쳐져 있어서 가슴이 탁 트이는 느낌을 받는다. 처음 학교 부지를 선정하는 과정에서 연길시에서는 시내 중심의 좋은 땅을 주려고 하였으나 김진경 총장이 당시 공동묘지였던 이 언덕바지 땅을 극구 고집했다고 한다. 사람들이 모두 피하는 묘지 터를 요구하는 김 총장의 생각을 모두 이해하지 못하여 고개를 내저었지만, 이제 학교가 완성되고 나서 이 학교를 방문하는 사람들은 한결같이 과연 이곳이 명당(?) 중의 명당이라며 김 총장의 앞을 내다보는 식견에 감탄을 하곤 한다. 더구나 오목한 분지를 형성하고 있는 연길시는 여름에는 먼지와 바람이 거리를 휩쓸고 겨울에는 굴뚝에서 내뿜는 매캐한 석탄 연기 때문에 온 도시가 안개 속에 잠겨 버리기 때문에 학교에 올라와야만 비로소 숨통이 열리는 듯한 기분을 맛보게 되는 것이다.

　학교를 단장하는 분들이 학교 안팎에 온통 꽃길을 만들어 놓아서 계절마다 화사한 새 옷을 갈아입고 나온다. 뿐만 아니라 조선의 정서를 한껏 느낄 수 있는 소나무로 일체 조경을 이루어 학교를 처음 찾는 분들도 교문을 들어서는 순간, 한눈에 이곳은 중국 속의 섬처럼 다른 세계라는 느낌을 받게 된다. 교정 바로 앞에는 푸른 잔디로 카펫을 깔아 놓았고 그 위에 멀리 두만강에서 옮겨다 놓은 큰 바위가 카메라를 의식하며 점잖게 놓여 있다. 연길시 어디에서도 아직은 쉽게 찾아보기 힘든 아름다운 녹색 공간이기에 휴일에는 산책을 위해 학교를 일부러 찾는 사람들도 자주 눈에 띈다.

이 학교를 이렇듯 모든 사람들이 한눈에 바라볼 수 있는 언덕에 자리 잡게 한 의미를 생각해 본다. 10여 년 전만 해도 입국조차 상상할 수 없었던 사회주의 나라 중국에 기적과 같이 세워진 학교, 중국의 개혁 개방 정책의 물결을 타고 최초의 중외 합작 대학으로서 외국인들이 들어와서 세운 이 학교가 과연 어떤 모습으로 발전할는지, 이곳을 통해 배출된 인재들이 앞으로 중국 사회에서 어떤 역할을 해낼는지 중국 사람들은 예의 주시하고 있다. 뿐만 아니라 이 학교에 봉사하러 온 외국인들이 크리스천이라는 사실 때문에 한편으로는 경계를 하고 있지만 그들의 삶의 모습을 보며 나름대로의 판단들을 하고 있음이 분명하다.

그러하기에 우리는 이 학교를 중국 사람들이 인정할 수밖에 없는 학교로 키워 나가야만 한다. 이곳에서 진정한 의미의 진리, 평화, 사랑의 교육이 실천되고 그 교육을 받은 학생들이 중국 다른 어떤 대학의 졸업생들과는 다르다는 좋은 평가를 받는 길만이 이 학교가 세워진 참목적을 달성하는 길이 될 것이다.

만주 벌판의 강추위를 피하기 위하여 학교 내의 모든 건물을 연결통로로 길게 이어 놓았다. 이름하여 연변과기대의 만리장성이다. 그 복도마다 온통 조선의 정취를 느끼게 하는 골동품과 장식들이 진열되어 있다. 장소도 절약할 겸 방문자 누구나 감상할 수 있도록 배려한 열린 박물관인 셈이다. 미술을 전공하신 총장 사모님의 정성이 담긴 작품들이다. 그러나 이분의 본업은 식당 앞 슈퍼마켓 점원 아줌마이다. 총장 사모가 슈퍼에서 일하는 것을 미처 몰랐던 방문자들이 종종 실수를 범하기도 한다. 일손이 부족한 대학의 구석구석마다 자원봉사자로 돕는 사모님들의 손길들이 이 대학을 만지고 있다.

아직은 도서관다운 시설도 제대로 갖추지 못한 상태여서 임시 도서관의 열람실이 턱없이 부족하기 때문에 주로 밤에는 식당을 자습 공간으로 활용하고 있다. 저녁 식사만 끝나면 학생들이 식당의 빈 테이블을 가득 메우고 밤 12시까지 조용히 공부하는 모습은 정말 대견스럽기만 하다. 중국의 사회주의 교육 체제 내에서는 일단 대학에 합격하기만 하면 졸업 후에 국가에서 책임지고 학생에게 직장을 분배시키는 것이 지금까지의 정책이었기 때문에 밤늦게까지 머리를 싸매고 공부하는 모습은 중국 대학에서는 여간해서 찾아보기 힘든 진풍경이 아닐 수 없다. 북산가 언덕에 높다랗게 세워진 학교, 깜깜한 밤중에 환하게 불을 밝힌 도서관. 갑자기 말씀 한 구절이 생각난다.

"너희는 세상의 빛이라. 산 위에 있는 동네가 숨기우지 못할 것이요."

*

언젠가 활빈교회의 김진홍 목사님이 조선족 사기사건의 대책 마련을 위하여 우리 학교를 방문하신 차에 교직원들과 자리를 함께한 일이 있었다. 당신이 찾아오신 곳이 바로 선구자의 땅임을 의식한 그분이 자기가 바로 선구자라고 하시며, 선구자의 뜻은 "선천성 구제불능성

자아도취증" 환자를 뜻한다고 하여 한바탕 폭소를 자아낸 적이 있었다. 그런데 이 학교에 와 보니 김진경 총장님을 비롯하여 모두 자기보다 중증(重症)인 선구자들만 모여 있는 것 같다고 하여 다시 한 번 웃음바다를 만들었다.

연변과학기술대학을 방문하는 사람이면 누구나 북산가 언덕의 광활한 벌판을 바라보며 바로 이곳이 과거 우리 민족의 한과 쓰라림의 역사를 담고 있는 만주 벌판임을 실감하곤 한다. 과거 나라를 빼앗겼던 근대사의 뼈를 에는 아픔들이 스며 있는 땅이 바로 이곳이다. 그 시절 일본의 학정을 피해 괴나리봇짐을 지고 압록강 두만강을 넘었던 우리의 선조들이 피와 땀을 흘려 가며 개간했던 땅들이 지금의 곡창을 이루고 있다. 일본에 항거하여 잃어버린 나라의 주권을 되찾고자 고향산천의 부모 형제를 내버려둔 채 일신의 고초를 무릅쓰고 찾아 나선 독립투사들은 또 어떠하였던가?

그 시절을 향한 역사적 향수감에 젖어 한번씩 시간을 내어 찾게 되는 곳이 또한 인접해 있는 용정시(龍井市)이다. 연길에서 시골길을 30분 남짓 차를 타고 가다 보면 거대한 사과·배 농장을 지나게 되고 올망졸망한 용정시 한복판에 옛 대성중학(지금은 용정중학으로 이름이 바뀌었다)의 터를 찾을 수 있다. 윤동주 시인의 서시가 아로새겨진 시비 앞에서 "하늘을 우러러 한 점 부끄럼 없는 삶"에 대한 의미를 한참 묵상하다가 발길을 돌려 오르는 곳이 일송정(一松亭)이다. 우리 민족의 정기를 뽑아 버리기 위해 누군가의 손에 의해 이미 제거되고 말았다는 역사 속의 소나무는 사라진 지 오래지만 산꼭대기에 솟아 있는 초라한 정자 옆에는 어느덧 새로 심은 작은 소나무가 한 그루 미래의 소망을 키워 가며 자라나고 있음을 보게 된다. 일송정에서 사방으로 광활하게 내려다보이는 만주평야와 그 속을 가로질러 흐르는 해란강을 굽어보고 있노라면, 조선인의 피를 물려받은 사람이라면 누구나 심장을 요동쳐 흐르는 한줄기 감개를 억제치 못하여 '선구자'라는 노래, "일송정 푸른 솔은"을 한바탕 외쳐 불러야 속이 후련해짐을 느끼게 되는 것이다.

그러나 중국 정부는 그와 같은 조선의 역사적 배경을 잘 알고 있기에 한국 사람들이 찾아와 만주 벌판에 대한 옛 향수를 자꾸 느끼는 것을 결코 달가워하지 않는다. 정작 중국인들은 만주(滿洲)라는 말 자체를 과거 자신들이 일본에 의해 겪었던 치욕의 역사를 돌이키는 말로서 생각하여 듣기 싫어하며 쓰지 않는다. 더욱이 일부 상식 없는 한국인들이 고구려와 발해 역사를 들추어내며 백두산에서 태극기를 흔들거나 "만주도 우리 땅"이라는 등의 눈치 없는 말과 행동을 하는 경우가 있다. 비록 그것을 반 농담 삼아 하는 말일지라도 중국인들은 아주 민감하게 반응하며 노골적인 반감을 나타내는 것을 볼 수 있다. 55개의 소수민족을 포함하고 있는 다민족 국가로서 소수 민족의 분리 독립이 국가의 존립에 큰 영향을 미친다는 것을 잘 알고 있기 때문이다. 신강 위구르족과 티베트족을 위시한 정치적 독립을 꾀하는 소수민족과 더불어, 역사적 배경에 향수를 느끼는 한국인들에 의해 조선족들이 영향을 받지나 않을까 하는 우려를 갖는 것이다. 비록 소수 민족의 인구 비율은 한족에 비해 10퍼센트 미만이지만 그들이 차지하고 있는 영토는 전체의 3분의 2를 차지하고 있기 때문에 소수민족의 동향에 민감하지 않을 수 없는 것이 중국 정부의 입장이다.

그와 같은 사실을 잘 알고 있는 우리 학교로서는 민족이라는 개념을 조선족 학생들 앞에서 일절 내세우지 않는 것을 원칙으로 하고 있다. 우리가 학교를 세운 목적 자체가 민족운동을 하여 잃어버린 옛 땅을 되찾자는 것은 결코 아니기 때문이다. 요셉이나 다니엘과 같은 작은 나라 이스라엘의 청년들이 큰 나라 애굽과 바벨론의 총리가 되어 크게 쓰임 받았듯이, 오히려 중국 사회를 부흥 발전시킬 각계각층의 지도자들을 양성하는 것을 목표로 두고 있다. 과거 선조들의 숨결을 느낄 수밖에 없는 이곳에서 역사적 의미는 오히려 신앙의 눈으로 승화시켜 해석하게 된다.

중국 지도를 보면 마치 닭이 알을 품고 있는 모양이다. 언젠가 우리 졸업생 중 하나가 중국과 한반도 지도를 보여 주며 닭이 젖병을 물고 있는 형상이라고 설명하는 것을 들은 일이 있다. 다시 말해 한반도는 중국이라는 닭에게 생명의 젖을 먹이기 위해 하나님이 물려주신 젖병이라는 것이었다. 때때로 닭 주둥이에 매달린 먹이처럼 느껴지는 한반도가 조금은 처량하게 보이던 나는 의외의 설명에 귀가 번쩍 뜨이며 가슴이 뜨거워짐을 느꼈다. 그 젖병을 물고 있는 닭의 주둥이에 우리 연변과기대가 자리잡고 있다. 입에서 식도를 타고 중국 연안지방으로 내려가며 큰 도시들을 만나고, 거기서 다시 내지의 깊은 곳까지 스며들어가는 곳곳마다 벌써 우리의 졸업생들이 흩어져 일하고 있음을 생각할 때 감격하지 않을 수 없다.

실로 이곳은 선구자와 독립투사의 땅이다. 어찌하여 지난날 강가에서 말달리던 사람들만이 선구자이겠는가? 역사의 물줄기를 바로 보고 중국이라는 거대한 땅, 미래의 대륙에 먼저 들어와 새시대의 일꾼들을 양성하고 있는 이 학교의 교직원들이야말로 선구자가 아니고 무엇이겠는가? 어찌하여 지난날 일제 치하에서 잃어버린 나라의 주권을 되찾기 위해 투쟁하던 사람들만이 독립투사이겠는가? 보이지 않는 하나님의 나라를 위해, 상실해 버린 하나님의 형상을 회복시키기 위하여 일신의 안일함을 버리고 고향과 부모 형제를 떠나 묵묵히 일하고 있는 우리 교직원들이 바로 영적인 독립투사가 아니겠는가?
그러나 예수를 위시한 지난날의 선구자와 독립투사가 모두 그리하였던 것처럼 이들의 가슴속에도 고향 땅을 떠나올 때 주변 사람들로부터 받아야 했던 손가락질과 조롱의 남모르는 아픔들이 아로새겨져 있다. 독립투사들의 희생과 땀과 피에 의해 나라가 회복되었듯이 그리고 그 후에야 그들을 회고하는 시비가 세워진 것처럼, 하나님의 나라가 회복되는 그날 천국에서 이들을 위한 기념비가 찬란하게 세워질 것을 믿는다.

6. 늘 푸른 나무, 비탈에 서다

용혜원 시인이 학교를 방문하여 '시와 음악이 흐르는 밤'이라는 문화행사를 치르게 되었다. 그 행사 준비를 하느라 아내와 더불어 내가 지도하는 '늘 푸른 나무' 서클 아이들이 분주하게 움직이고 있었다. 시 낭송을 처음 해 보는 아이들인지라 아름다운 선율에 감정을 넣어 서정적인 시를 읊조리는 모습이 어설펐다. 그러나 그 서투름 속에 우리 YUST(연변과학기술대학) 학생들의 소박한 심성이 묻어 있었다.

그들의 모습을 바라보며 몇 년 전 기억을 떠올린다.

*

"선생님, 큰일 났어요."

내가 지도하는 서클의 남녀 학생 둘이 얼굴이 사색이 되어 사무실로 들이닥쳤다. 도대체 무슨 일이냐고 다그쳐 물어도 그저 낙심한 표정으로 고개만 푹 숙이고 있다. 그들 중 얼굴이 하얀 한 여학생이 한숨을

154 예수는 평신도였다

푹 내쉬더니 힘없이 내뱉는다.

"이제, 우리 서클은 끝장임다."

평소에 서클 활동에 적극적이고 특별한 애착을 갖고 있던 그 여학생은 아예 눈물을 글썽이기까지 했다.

글줄이나 좀 쓴다는 아이들을 모아서 문학 서클을 만들었다. 생각이 깊다고 자부하며 자존심과 개성들이 강한 아이들이었다. 그만큼 다듬어지지 않은 거친 면들도 지니고 있었다. 그러나 뜨겁게 타오르는 열정의 순수함이 그 모든 것들을 감싸는 아이들이었다. 그 아이들을 모아서 내면의 웅어리진 것들을 글로 표현시키며 다듬어 가려고 했다. 걸음마를 시작한 대학 문화를 정신적으로 이끌어 가겠다는 포부들도 있었다.

학교에 심어 놓은 어린 소나무들을 바라보며 '늘 푸른 나무'라고 이름을 짓고 문집을 내기 시작했다. 푸르름을 잃지 않는 모임이 되기 바라는 마음에서였다. 처음에는 아주 소박하게 시작했다. 자신들이 틈틈이 모아 놓은 소품들을 한 학기에 한 번씩 겨우 겨우 발표하는 형편이었다. 첫 문집을 냈을 때에는 모두들 좋아했다. 두 번째에는 외부에서 작품 공모를 받아서 좀더 세련되게 다듬었다. 편집하는 기술도 늘었고, 약간의 자신감도 얻게 되었다. 학교 내 다른 동아리들에 비해 유달리 단결도 잘 되는 것 같았다. 아이들의 동아리에 대한 사랑이 날이 갈수록 불붙는 것을 느꼈다.

대학 문화의 활성화를 위해 '문학의 밤'을 개최했다. 도무지 문학의 밤이라는 말조차 들어 보지 못한 아이들에게 취지와 형식을 대충 설명해 주고 맡겨 두었더니 아이들끼리 여기저기 돌아다니며 자문도 구하고 밤을 새워 끙끙거리며 작품을 만들어냈다. 뚜껑을 열어 보니 대성공이었다. 국제 대학의 면모를 살려서 한국 시, 중국 시, 영시, 불란서

시들을 섞어 가며 낭송하고, 계절의 감각을 드러내는 수필을 빔 프로 젝터를 동원하여 대형 스크린에 영상을 비추며 함께 낭독하기도 했다. 한국 대학생들도 미처 생각지 못한 장르들도 등장했다. 문학 작품 중 한 토막에서 발췌한 레마르크의 《개선문》을 멋진 해설과 함께 극화로 만들어 올리기도 하였다. 자신들의 캠퍼스 라이프를 코믹하게 엮어서 스크린 상에서 영상 드라마로 연출하기도 했다. 열렬한 박수갈채를 받 으며 문학의 밤이 막을 내렸다.

그런데 그 후에 문제가 생기기 시작했다. '늘 푸른 나무' 서클을 주 도하던 두 학생이 있었는데, 둘 다 문재(文才)가 있고 개성이 강한 아이 들이었다. 그 중 U라는 학생은 사색적이면서도 언변이 뛰어나고, 정 치적 야심이 있는 아이였다. M이란 학생은 이미 연변일보의 신춘문예 에도 당선될 정도로 시적 감수성이 탁월했고, 미술에도 조예가 깊은 예술적 끼를 지닌 아이였다. 미남형의 U에 비해 M은 체격도 왜소하며 말주변도 없었다. 반면에, 학업성적이 뛰어난 M에 비해 성적이 밑바 닥을 돌고 있던 U는 평소에 자신감을 갖지 못하였다. 그러다가 문학 의 밤을 통하여 언변이 뛰어난 U가 사회를 맡아 대중 앞에서 멋진 연 기를 보이며 마침내 전교적인 히어로로 등장하였다. 어쩌면 뒤에서 실 질적인 총연출을 하며 더 많은 수고를 한 것은 M이었는지도 모른다. 갑자기 인기가 오른 U가 자신감을 얻어 총학생회장 선거에 출마했다. 평소에 U를 얕보던 M은 크게 반발하며 반대편 후보의 참모로 뛰어들 었다. M의 주장인즉, U는 결코 학생회를 이끌 만한 지도력을 갖춘 인 물이 되지 못한다는 것이었다. 서클 내부도 곧 두 패로 나뉘었다. 그렇 게 친하던 아이들이 서로에게 상처를 안겨 주기 시작했다. 선거전을 치르면서 양 진영의 마음은 갈가리 찢어졌다. 상대방에 대한 심한 인 신공격이 오가는 속에서 자신들도 미처 깨닫지 못했던 내면의 치부들이 드러나기 시작했다.

선거는 결국 U의 승리로 끝났다. 그러나 누구도 진정한 승자는 없었다. 그들에게는 씻을 수 없는 오욕과 수치의 상처들이 깊이 남았다. 두 학생 모두 비로소 자신들의 추한 내면을 들여다보고 아연할 만큼 충격들을 받았던 것이다.

그러나 문제는 거기서 끝나지 않았다. 며칠 후 학교 기숙사에서 살인이 날 뻔한 큰 소동이 벌어진 것이었다. 선거전에서 분노를 품은 한 학생이 다른 학생의 머리를 칼로 찌른 엄청난 사건이었다. 선거를 치르면서, 선거전을 민주주의의 훈련 과정이라고 생각하고 아직 미성숙한 학생들에게 완전히 맡겨 두었던 것이 화근이었다. 자유 경선에 의한 직접투표를 진행하는 동안에 상대와 공대의 대표로 나온 두 후보자를 서로 지지하던 측근에서 심한 경쟁을 벌이게 되었고, 투표일을 앞두고 선거전이 더욱 혼미해지기 시작하자 양 진영에서 심한 감정적인 대립까지 이루게 되었다. 그러다가 근소한 차이로 한쪽이 패하게 되자 한 학생이 분을 이기지 못하고 상대방 진영의 한 학생에게 테러를 가한 것이었다. 다행히 칼날이 빗겨 나가는 바람에 목숨에는 지장이 없었지만, '사랑의 집'이라 일컫는 기숙사에서 생긴 이 사건을 앞에 두고 우리 교직원들은 모두 경악을 금치 못하였다.

연변에서는 혹독한 문화혁명의 회오리바람을 통과한 탓인지 한번 싸움이 일어나면 연쇄 복수극이 벌어지는 경향이 종종 있다. 그래서 길에서도 칼을 휘두르는 장면을 더러 보기도 한다. 그러나 연변과학기술대학만은 그동안 한 번도 그와 같은 일이 발생한 예가 없었기 때문에 연길시 공안국에서조차 신기하게 생각하며 감사를 표시할 정도로 특별 구역이었다. 진리, 평화, 사랑의 교훈 아래 선생과 제자 사이가 다정한 부모 자식과도 같고, 학우들 사이에 사랑과 우정이 깊기로 자부하던 우리 학교에서 발생한 강력 사건이었기에 더욱 그 충격이 컸다. 우리 교직원들은 이 사건을 돌이켜 보면서 그동안 우리 나름대로 학생들에 대하여 사랑을 베풀기 위해 열심히 노력해 왔지만 더러 우리가 알지 못하는 가운데 소외된 학생들이 있었음을 깨닫게 되었다. 비록 고의는 아니었다 할지라도 그들에게 편애로 인한 아픔과 상처를 안겨 준 셈이 되고 말았던 것이다.

범죄를 저지른 학생을 처리하는 과정에서도 많은 논란이 있었다. 마땅히 형사처벌을 받아야 한다는 주장과, 비록 그 행위는 용서할 수 없지만 한번 우리 학교에서 받은 학생은 우리의 자식이니 끝까지 우리가 책임지겠다는 각오로 그에게 기회를 주자는 의견이 대립되었다. 결국은 일단 학교에서는 제적시키되 계속 돌보아서 그가 참으로 회개하고 새사람이 될 수 있도록 돕자는 것으로 일단락이 되었다. (물론 그 학생은 그 후 상처를 입은 학생과 화해하였고 완전히 새사람이 되어 학교에 돌아왔다.)

고난 주간에 일어났던 사건이었기에 우리 교직원들은 십자가 앞에 모두 모여 참회의 기도를 드렸다.

*

그 사건에 깊이 관여했던 '늘 푸른 나무' 서클의 후유증은 심각했다. 그들을 바라보는 우리들도 선거라는 일종의 정치바람이 얼마나 무서운 것인지 다시 한 번 실감했다. 정치권에 몸담은 경력이 있으신 어떤 교수님은 정치 마당에서 편이 한번 갈라지면 다시는 합치기 힘든 우리 민족의 근성을 그대로 반영한 것이라고 평하면서, 그들 사이의 우정은 이제 끝났다고 단언하기도 했다. 어쩌면 그것은 '늘 푸른 나무'의 종말을 뜻하는 것이기도 했다. 어떻게 할까? 이들을 그냥 해체시켜야 하나? 심히 고민이 되었다.

마침 그날은 성금요일이었다. 그날 저녁, 아이들을 불러 모았다. 서로가 서로의 얼굴조차 바라보기 힘들 만큼 어려운 자리였다. 한참 만에 말문이 열리면서 다시금 분노들이 쏟아져 나왔다. 여학생 몇몇은 과거에 멋모르고 상대방을 잘못 판단하여 좋아했던 자신의 어리석음에 대해 치를 떨며 분개하기도 했다. 도저히 용서할 수 없다고 고개들을 내저었다. 좀처럼 해결의 실마리가 보이지 않았다. 마치 차가운 무덤 속에 함께 모여 있는 것만 같은 그런 분위기였다.

이들 마음에 가득한 분노의 마음을 어떻게 바꿀 수 있을까? 아무리 타일러도 소용이 없었다. 결국 이렇게 상처 속에서 이들을 돌려보내야 하나? 심히 고민이 되었다. 마음속으로 기도하다가 용기를 얻어 "오늘이 무슨 날인지 아느냐?"고 말문을 열었다. 예수 십자가에 대하여 설명을 해 주었다. 그 이전에는 의식적으로 서클 아이들을 앞에서 한 번도 기독교에 대해 설명한 일이 없었다. 서클의 순수성을 지켜 나가기 위함이기도 했지만, 공개적으로 종교에 관한 이야기를 학생들에게 할 수 없도록 되어 있는 중국 법을 지키기 위함이기도 했다. 그러나 그날은 어쩔 수가 없었다. 그들의 가로막힌 담장을 허물 다른 어떤 방도가 생각나지 않았다. 그들에게 십자가의 화해와 용서의 의미를 이야기했다. 간음한 여인을 돌로 치려던 사람들과 '너희 중에 죄 없는 자가 먼저 돌로 치라' 는 한마디로 화난 군중을 물리치고 그 여인을 용서한 예수의 이야기도 해 주었다. 그 가운데에는 기독교에 대하여 심히 반발하는 학생들도 섞여 있었다. 조용한 침묵이 그들 사이를 휘젓고 지나갔다. 그 시간 얼음장 아래 한 줄기 따뜻한 시냇물이 흐르는 것을 느꼈다. 모두들 숙연히 듣고 있었다. 여학생들의 눈에서 눈물이 흐르면서 훌쩍거리기 시작했다. 도저히 용서할 수 없는 상대방을 용서해야만 하는 그 아픔에서 오는 설움의 눈물이었다. 한참 후에 아이들의 얼굴에서 평온함이 깃들기 시작했다. 이미 밤이 깊어 있었다. 자신들끼리 그 다음날 다시 만나기로 약속하고 그날은 헤어졌다.

　그 다음날 늘 푸른 나무의 어린 가지들이 다시 만나서 자신의 잘못들을 인정하고 서로를 용서하는 아픈 절차들을 밟았다. U와 M이 다시 악수를 하였다. 그리고 부활의 주일 아침, '늘 푸른 나무'가 밝은 햇살 속에서 다시 살아났다.

7. 옛 술과 새 술

　중외 합작 대학으로서 중국 측 조선족 교직원과 함께 생활을 해야 하는 우리 학교의 형편상 대내외적인 행사 때마다 만찬 석상에서 그들과 함께 식사를 하는 경우가 종종 있다. 그러나 그때마다 거의 예외 없이 술잔을 가지고 승강이를 벌이게 된다. 외국에서 건너온 우리 학교의 외방 측 교직원들은 한결같이 지독한 예수쟁이들이니 술을 입에 댈 리 없고, 추운 지방에서 독한 술을 입에 달고 생활하던 조선족 분들은 으레 끼니마다 반주를 곁들이는 것을 풍습으로 지키고 있으니, 양 진영의 문화적 이질감이 심각하게 드러날 수밖에 없었다. 더구나 이곳 조선족들의 술 습관은 가히 상상을 초월할 정도여서 예전에 술꾼으로 행세한 경험이 있는 나조차도 이해하기 어려운 모습들이 가끔씩 연출되곤 한다. 보통 조선족 사회에서는 대략 점심시간에 식사하러 나가서 얼근히 취한 후에는 집에서 한두 시간 휴식을 취하고 들어오거나, 내키지 않으면 아예 샤발(중국말로 퇴근이라는 뜻)을 해 버린다. 그러니, 우리 학교에 들어온 이후 한국식으로 점심시간을 정확히 지켜 가며 일을 하는 풍토 자체도 그들에게는 쉽게 받아들이기 힘들었을 것이다. 초창기에는 자기들끼리 식사하러 나갔다가 얼굴이 벌겋게 되어 들어오던 사람들도 없지 않아 있었다. 일과시간에 술 취한 모습을 보이는 것이 결코 옳은 것이 아니라는 것을 그들 또한 느끼기에 그 버릇들은 시간이 감에 따라 차차 고쳐지게 되었다.

그러나 모처럼 만에 함께 하는 저녁식사 모임이 있을 때에는, 그동안 억눌렸던 술에 대한 화풀이라도 하듯 외국인 교직원들에게 술잔을 마구 권해 오는 것이었다. 더구나 남녀평등의 사회주의 체제 속에서 익숙해진 그들은 남녀를 불문하고 술잔을 돌려 가며 차례로 한마디씩 인사말을 하는 것을 술자리의 예절로 생각하기 때문에, 그들의 호의에 한사코 거절만 하는 우리들의 모습이 얄밉고 도무지 되어먹지 못한 족속들로 비쳤으리라는 것도 짐작할 만한 일이다. 그러나 그들로부터 일단 한잔을 받기 시작하면 옳다구나 덤벼드는 그 술 세례를 도저히 감당할 수 없다는 것을 잘 알고 있는 외방 측 교직원들은 일체 술을 입에 대지 않으려고 모질게 거절하기 일쑤였다. 그러니 개교 초창기에는 술로 말미암아 서로 얼굴 붉히고 좌석이 서먹서먹해지는 경우가 종종 있었다.

특별히 중국 측 부총장이나 당 서기와 같은 나이 많은 영도급(중국에서는 간부를 영도라고 한다) 인사들이 건네는 술잔은 거절하기도 민망하여 속으로는 미안한 감정이 여간 쌓여 가는 것이 아니었다. 그런 감정들을 해소라도 할 요량으로 가끔 집에 초대라도 할라치면 또 걸리는 것이 그놈의 술이었다. 이곳의 풍습을 따르자면 손님을 초대해 놓고 술을 내놓지 않는 것과 주인이 술잔을 비워 대접하지 않는 것은 전혀 예의에 어긋난 것이라 하니 그야말로 진퇴양난이 아닐 수 없다. 실제로 중국 측 부총장과 더불어 타지에서 온 조선족 교수들을 몇 분 집으로 초대하였다가 낭패를 겪은 일도 있었다. 밥상을 앞에 두고 술 내놓으라고 몇 번 고집을 피우더니만 기분이 상하였던지 식사가 끝나자마자 휑하니 가 버린 것이었다. 그러나 그와 같은 우여곡절 가운데 몇 년을 지내다 보니 미운 정 고운 정들이 들어 가며 결국은 우리의 술 안 하는 습관을 그들도 받아들이게 되었다. (요즘은 억지로 권하는 일도, 기를 쓰고 거절하는 일도 별로 없는 걸 보면 쌍방이 술 문제에는 어느 정도 자유로워진 셈이다.)

그러나 문득문득, 나에게 이렇듯 술을 마시기 싫어할 뿐 아니라 거절할 수 있는 힘이 생겨난 것이 놀랍고 감사하게 느껴질 때가 있다. 지독히도 술을 좋아했던 과거를 가진 나로서는 가끔은 분위기를 맞춰 주기 위하여 중방 측 영도들이 강권하는 술잔을 받아 마시고 싶은 충동이 일어날 때도 있는 것이 사실이다. 그러나 결코 그것이 그들을 위하는 길이 아니라는 것을 잘 알고 있기에 더욱 정중하고 예의바르게 그들을 대하며 그들 역시 속히 술을 끊을 수 있는 힘을 얻기를 마음속으로 기도할 뿐이다.

몇 년 전 결국 고혈압으로 쓰러져 돌아가신 중방 측 부총장 강의석 선생이 생각난다. 고령에다 혈압으로 고생을 하면서도 지나치게 술을 좋아하던 그분을 대할 때면 안쓰러운 감정이 몰려오곤 하였는데, 언젠가 그분과 함께 상해로 출장을 간 일이 있었다. 늦은 밤 단둘이 남게 된 후, 틈을 타서 내가 어떻게 술을 끊을 수 있었는가를 이야기하다가 자연스럽게 신앙 간증을 하고 말았다. 그러나 참 놀라운 것은, 술잔을 기울이며 묵묵히 내 이야기를 듣고 있던 그 양반이 그 일이 있은 이후로 술자리에서 내게 대한 태도 변화를 가져오게 되었던 것이다. 외부 인사와 더불어 식사를 하게 될 경우, 내가 또 술 때문에 곤욕을 치르게 될 것을 미리 알고서는 아예 예비지식이 없는 제삼자들을 향해 웃으며 "저 친구는 우리가 몇 년 동안이나 먹이려고 해도 눈 하나 깜짝하지 않는 독종이야, 독종. 그냥 우리끼리 하세" 하며 다른 이들이 나에게 술을 권하지 않도록 방패막이의 역할을 해 주는 따뜻함을 보였던 것이다. 상해에서 그에게 전한 복음이 과연 그의 영혼에 어떻게 비추었는지는 하나님만 아실 일이다.

*

지금 생각해 보면 참 아깝고 어리석기 짝이 없는 세월들이었지만, 나의 학창 시절을 회상해 보면, 텅 빈 강의실의 창가에 서서 데모대의 외침과 최루탄 연기에 휩싸인 교정을 물끄러미 바라다보다가 어둠이 깔리면 학교 근처의 싸구려 주점에 삼삼오오 몰려 앉아 시끄럽게 떠들어대는 무리들 가운데서 묵묵히 술잔을 기울이던 어두운 모습만이 떠오른다. 캠퍼스 내에서는 내 삶을 전부 바쳐 외쳐댈 만한 어떤 사상도 이데올로기도 발견할 수 없었기 때문에 나는 짙은 안개 속에서 휘날리는 연 꼬리를 바라보듯 진리와 사랑의 끝자락을 찾아 허공을 헤매는 생활을 하며 술잔만 축내고 있었던 것이다. 물론 10·26에서 5·18로 이어지는 어수선한 시국에 대학 생활을 해야 했던 사람으로서 술꾼들이 항상 토로하는 술 권하는 사회에 대한 시대적 변명거리가 전혀 없었던 것은 아니지만, 그 당시 나의 음주 행각은 그 이상의 도를 넘어서고 있었던 것 같다. 선천적으로 아무리 마셔도 좀처럼 취하지 않는 체질이라 끝까지 남아서 마지막 술잔까지 다 비우고야 일어나는 습성이 붙다 보니 결국 온몸이 알코올에 깊이 찌들어 가는 것도 알지 못했다. 더구나 술이 어느 이상 들어가고 나서야 비로소 가슴속 깊숙이 감추어 놓았던 날카로운 비수들이 내 입술을 통해 쏟아져 나오곤 했기 때문에 나에게는 그것을 즐기며 찾아오는 술친구들이 끊이지 않았다. 그러다 보니 적어도 술좌석에서는 항상 인기가 있었고, 그것이 내가 술을 탐하게 되는 또 다른 이유가 되기도 하였다. (그 당시 나의 술 행각을 가늠해 보기 위해서는 아래 글을 참조하는 것이 좋을 것 같다.)

그가 '선험적 술꾼'이라는 사실을 깨닫게 되는 데는 그리 오랜 시간을 요하지는 않았다. 그는 자신이 아무리 마셔도 알코올에는 무감각한 이상 체질의 소유자라는 것을 발견하게 되었다. 사실 그에게는 자신의 주량을 제대로 측정해 볼 기회가 주어지지도 않았다. 그가 술기운이 가져다주는 일시적 흥분을 미처 맛보기도 전에 그의 앞에는 팔방으로 기울이고 엎드린 채 무절제한 쾌락 이후에 들어가야만 하는 침묵과 고통의 세계로 침잠해 버린 시체들이 즐비하게 놓여 있게 마련이었다. 그리하면 그는 술자리에서 방금 전까지 침 튀기며 오가던 온갖 종류의 사회정의와 철학사상과 민중해방의 부서진 말 부스러기들을 어지러운 탁자에서 쓸어 모아 쓰레기통 속으로 처넣으며 전우의 시체들을 유가족에게 운구하는 힘겨운 작업을 시작하는 것이었다. 축 늘어진 시체를 어깨에 메고 호송차량으로 운반하면서 그는 생각했다. 그리고 언젠가 보름달이 휘영청 드리우고 있던 자정 녘의 대문 앞에서 탈춤을 추는 기묘한 자세로 엎드려 취면(醉眠)에 빠진 아버지를 어머니와 함께 간신히 집안으로 끌어들인 후, 어머니로부터 어렴풋하게 들었던 한탄 섞인 이야기의 내용을 기억해 내었다.

그의 가계(家系)는 술로 시작해서 술로 끝이 나는 그런 족보를 지닌 가계였다. 그의 고조할아버지—그 이전은 그냥 미루어 짐작토록 하라—는 온 동네가 알아주는 모주꾼으로서 한평생 풍류를 즐기며 취해서 다니다가 말년에 술기운에 실족하여 동네 다리에서 떨어진 후에 병을 얻어 돌아가셨다고 하였다. 그를 이어 그의 증조할아버지는 조선말 국운이 기우는 것을 한탄하며 망국 이후에는 일체 문

밖출입을 안 하고 술만 퍼 드시다가 마침내 술독에 빠져 돌아가셨다고 들었다고 들었다고 들었다. 그는 그 대목을 특히 좋아했는데 술독에 빠졌다는 표현이 정말 얼마 남지 않은 술을 퍼내기 위해 큰 항아리 속을 거꾸로 더듬다가 처박히는 바람에 뇌진탕으로 돌아가셨다는 것인지 아니면 단순한 비유적 표현인지는 알 수 없었으나, 그 표현이 지니는 이중적 묘미를 상실할까 봐 더 이상 캐묻지는 않았다. 그런데 그 이후에 일종의 돌연변이가 발생했는데, 그의 할아버지 대에 이르러 나타난 두 분의 형제가 일절 술을 입에 대지 않는 분이셨다는 것이다. 그러나 그 내용을 살펴본즉, 그 형제는 어린 시절 당신들의 어머니―그러니 그에게는 증조할머니가 되는 셈이다―가 지아비의 술 행각 때문에 너무나 고생하는 것을 뒤에서 눈물겹게 바라보다가, 우리 형제는 평생 입에 술을 대지 말자는 비장한, 일종의 도원결의(桃園結義) 같은 것을 했다는 것이고, 그 결과 그 두 분은 술 대신 공부를 열심히 하여 국내외 학계에서도 유명한 학자들이 되셨다는 것이었다. 특히, 이 대목에서 그의 어머니는, 그러니 너도 술만 마시지 않는다면 앞으로 얼마든지 뛰어난 학자가 될 수 있다고 힘주어 강조를 하였던 것이다.

그러나 그의 가계를 통해 흐르는 술의 계보는 여기서 끝나지 않았고, 그의 아버지 대에 이르러서는 윗대에서 한 박자 쉬었던 여세를 몰아가며 4형제가 사회 각층에서 알아주는 거포로서 맹활약을 벌이게 된다. 물론 그의 아버지 역시 당신의 젊은 시절을 회고하면서 당신이 학자의 길을 포기하면서까지 술꾼으로 전락할 수밖에 없었던 뼈아픈 시대 상황, 즉 6·25 전쟁과 4·19와 5·16으로 이어지는 술 권하는 사회에 대한 변명을 술기운이 오름에 따라 벌겋게 늘어놓곤 하였다.(자전소설 중 발췌)

그 당시에 나는 일주일에 닷새 가량 술을 마셨던 것으로 기억되니, 거의 체력이 닿는 데까지 마셨던 것 같다. 그나마 며칠씩 건너뛰는 날은 평소에 폭음을 하던 연고로 술병이 나서 쉬었을 따름이다. 그런 동안에도 나는 끊임없는 술의 애찬가였을 뿐 아니라 하루라도 술을 마시지 않고는 온몸이 근질거릴 정도로 술 마시는 것 자체를 좋아하였다. 그러나 이제 돌이켜 보면 그 시절 내가 그토록 술을 퍼부어 대었던 것은 내 마음 가운데 커다랗게 뚫려 있는 공허감을 채우기 위한 몸부림이 아니었나 생각된다. 한때 교회 생활을 통해 천국의 안식을 맛보았던 나에게는 아버지 집을 떠난 탕자의 마음처럼 세상의 어떤 것으로도 채울 수 없는 가슴속의 텅 빈 공간이 있었던 것이다.

대학원에 들어가서 정신을 차리고 공부에 전념하기 시작한 무렵에도 이미 나는 알코올 중독의 초기적 증상에서 헤어 나오지 못하고 매일 저녁 술을 마셔야만 정신적인 안정감을 찾을 수 있었다. 오히려 온몸 구석구석에 퍼져 있던 알코올 기운이 빠져나가면 갑자기 찾아오는 무력감과 초조감에 손이 떨려서 커피 잔을 제대로 들지 못할 정도였다. 나중에는 체력의 소진으로 인한 불면증에까지 시달리게 되었다. 어쩌면 그와 같은 고통이 교만할 때로 교만해져 있던 나를 절망이라는 벼랑 아래로 내몰아치기 시작하였고, 망각 속에 까마득하게 밀려나 있었던 하나님의 이름을 어슴푸레 다시 떠올리는 역할을 하지 않았는가도 생각된다. 어찌되었건 예수 믿는 아내를 만나 내 생활이 비교적 안정적으로 회복되어 가던 무렵, 나는 지독하게 술 권하는 한국 사회를 떠날 수 있는 행운을 잡게 되었고, 그것을 아쉬워하는 술꾼들의 마지막 고별주 세례를 온몸에 뒤집어쓰고 미국행 비행기를 탔다.

그러던 내가 미국 생활 3년 만에 완전히 예수쟁이로 돌변하여 돌아오니, 과거의 추억을 싸 짊어지고 내가 돌아오기만 학수고대하던 술친구들의 실망은 이만저만이 아니었고, 때로는 실망을 넘어 조롱과 분노로 표출되기도 하였다. 그러면서도 내 이름을 떠올리면 곧바로 술을 연상하던 그 친구들이 한결같이 의아해했던 것은, 어떻게 그토록 좋아하던 술을 안 마실 뿐 아니라 아예 마시고 싶은 생각조차 사라질 수 있는가 하는 점이었다. 더구나 내가 단순히 술을 마시기가 싫어진 것이 아니라 어쩌다가 강권함에 못 이겨 조금이라도 마시게 되면 내 몸이 전혀 그것을 받아내지 못하는 것을 발견하게 되었다. 따라서 그와 같은 질문을 받을 때마다 나 역시 변해 버린 나 자신의 모습이 그저 놀랍고 신기하여 곰곰이 그 이유를 생각해 보게 되었다. 내가 술을 안마시게 된 것이 내가 믿게 된 종교의 계율을 지키기 위하여 마시고 싶은 것을 참아 가며 금욕적인 생활을 한 결과가 아니라는 것은 나 자신이 가장 잘 알고 있었기 때문에, 참 나로서도 이해하기 힘든 사실이었던 것이다.

그러던 어느 날 사도행전을 읽던 중에, 마가의 다락방에서 성령 세례를 받고 거리로 몰려나온 성도들의 갑작스런 변화를 보고 사람들이 새 술(new wine)에 취하였다고 조롱하는 장면을 접하고 문득 깨달은 바가 있었다. 결국 내가 술을 못 마시는 체질로 바뀌어 버린 것은 내가 전혀 다른 종류의 새 술에 취해 있기 때문이라는 사실을 알게 된 것이다. 내가 예수 안에서 성령 세례로 완전히 취한 상태로 있기 때문에 나에게는 과거에 그토록 목말라하던 옛 술이 필요치 않을 뿐 아니라 더 이상 효력을 발생할 수도 없게 된 것이 아니겠는가? 더구나 이제 내가 마신 새 술은 취기가 없어질 때마다 자꾸 마셔야만 하는 옛 술과는 달리 내 뱃속 깊은 곳에서 샘물처럼 솟아나고 있기 때문에 항상 취해 있을 수 있었던 것이다.

생각이 거기까지 미치고 보니 문득 다시 한 번 깨닫게 된 사실이 있다. 예수 믿기 이전에는 나는 오직 술 취한 상태에서만 온몸에 열이 나고 술이 깨면 온몸에 식은땀을 흘리며 마치 냉혈동물처럼 손발이 얼음

장처럼 차가워지는 사람이었다. 그러던 것이 내가 예수를 믿고 난 이후 온몸의 체온까지도 따뜻하게 바뀌어 버린 것을 늘 신기하게 여기고 있었는데, 비로소 그 이유를 알게 된 것이다. 그것은, 이제 내 안에 오셔서 항상 함께 계신 성령께서 새 술의 기운으로 더운 열기를 늘 발하고 계신다는 물리적인 증거를 보여 주시는 것이 아니고 무엇이겠는가?

"술 취하지 말라. 이는 방탕한 것이니 오직 성령의 충만함을 받으라"(엡 5:18)는 말씀처럼 세상의 좋다 하는 어떤 술도 채울 수 없었던 내 영혼의 갈증을 예수라 하는 새 술이 완전히 채워 주었으며, 내 몸속에 쌓여 있던 옛 술의 온갖 노폐물들을 다 몰아내고 진정 새로운 사람으로 거듭날 수 있도록 치유해 주셨던 것이다. 성령 세례를 받은 사도들을 보고 새 술에 취하였다고 조롱하였던 이방인들의 말은 어떤 의미에서 옳았던 것이다.

"다 놀라며 의혹하여 서로 말하되 이 어찐 일이냐 하며 또 어떤 이들은 조롱하여 가로되 저희가 새 술이 취하였다 하더라"(행 2:12-13).

8. 두 친구

퇴근 버스를 놓친 후 시원한 저녁 바람을 가슴에 안고 한가로이 내리막길을 걸어 내려가노라면, 학교 뒤로 펼쳐진 광활한 초원지대에서 하루 종일 풀을 뜯고 돌아가는 한 무리의 검은 양 떼를 만나곤 한다. 처음 그들을 보았을 때, 양이라면 그저 희고 순결한 모습만을 상상해 왔던 내게, 그들의 더럽고 어두운 행진은 너무나 뜻밖의 장면이었다. 누더기를 걸친 채 퀭한 두 눈을 번득이며 막대를 휘두르는 깡마른 중국 노인의 고함 소리에 이리저리 피해 가며 몰려다니는 양 떼들, 오물과 진흙이 더덕더덕 붙어서 멀리서 보면 양인지 흑염소인지조차 구별되지 않는 그들의 모습이 내 가슴속에 형용키 어려운 강한 충격과 비애감으로 부딪혀 왔던 것이다. 그 장면은 두고두고 내 가슴을 찌르는 한 가닥 주님의 메시지처럼 남게 되었다. 저들도 깨끗이 씻겨 놓으면 틀림없이 희고 아름다운 양 떼가 될 터인데.

우리가 중국에 들어간 지 1년 후, 연길시에서 고등학교 동창과 극적인 만남을 가졌다. 서울 치대를 나온 부부 의사가 서울 강남의 치과병원을 모두 정리하고 이곳에 정착한 것이었다. 이대경이라는 치과의사 부부가 온다는 소식을 듣고, 처음에는 그저 동명이인(同名異人)인 줄로만 알았는데 출신 고등학교까지 일치함을 알고서 내 친구라는 확신을 가지게 되었다. 고등학교 시절 둘 다 예수를 모르던 사람들이었고 같은 대학에 들어가서도 술자리에서만 더러 만났다. 그러던 어느 날 느닷없이 동창 모임에서 일어나 찬송가를 부르던 그 친구의 변한 모습을 보고 놀랐던 기억이 지금도 있다. 헤어진 지 십년 만에 중국 땅에서 이렇듯 기막힌 해후를 할 줄이야 누가 알았겠는가? 다른 분 댁에서 부푼 마음으로 기다리다가 그의 얼굴을 보았을 때 우리는 그저 흐르는 눈물을 감추려고 한참을 포옹하였고, 이 놀라운 만남을 허락하신 하나님께 감사의 기도를 드릴 수밖에 없었다.

얼마 후, 두 부부가 함께 만난 자리에서 우리들은 지난 십년간 각자에게 임하셨던 하나님의 놀라운 역사를 서로 나누며 시간 가는 줄 모르는 귀한 교제를 가졌다. 주께 쓰임 받기 위하여 믿음으로 공부를 하게 하셨고, 치과병원을 허락하셨다가 때가 차매 그 모든 것을 정리하고 떠나게 하신 하나님의 섭리하심이 그 가정에 속속들이 숨어 있음을 보았다. 그들 부부는 결혼 후에도 한참 동안 자식이 없다가 중국으로 헌신하고서 비로소 약속의 자손을 얻었다고 기쁨으로 간증을 하였다.

어느 날 저녁 무렵, 로마서 말씀을 보는 중에 아브라함이 믿은바 하나님에 대하여 '죽은 자를 살리시며 없는 것을 있는 것 같이 부르시는 하나님' (롬 4:17)이라고 칭한 대목이 특별히 가슴에 와 닿았다. 있지도 않은 후사를 통하여 복을 주시고, 사랑하는 독자를 번제로 바치라 하시는 그 하나님을 온전히 따르는 길은 아브라함이 지녔던 부활신앙과 소명의식이 없이는 불가능하다는 것을 새삼 깨달았다.

또 다른 만남

내 나이 서른 살에 미국에서 인생의 참 목적을 발견한 후 가장 가슴이 아팠던 것은, 귀중한 대학 시절 그 아름다운 청춘의 때를 헛되이 보냈다는 사실이었다. 그 아픔이 너무 커서 그것을 조금이나마 만회해 보기 위하여 다시 찾아온 캠퍼스가 바로 연변과학기술대학이었다. 비록 내가 못다 한 대학 시절이지만, 후학들을 통해 청춘의 아름다움을 꽃피울 수만 있다면, 그것이 내게 주어진 새로운 청춘의 희망이요 시작이었다.

나는 믿음을 갖고 나서 비로소 인생의 소중함을 알게 되었고, 내게 주어진 인생의 사명에 대해 생각하기 시작했다. 그리고 기도 가운데 서서히 나타난 것이 복음, 통일, 중국이라는 세 가지 화두(話頭)였다. 우리 민족이 살 길은 복음 안에서 통일되어 앞으로 21세기를 주도할 중국을 향해 뻗어 나가야만 한다는 이 시대적 사명을 깨닫게 된 것이다. 지금 생각해 보면 그 기도와 묵상을 통해 하나님께서 나의 발걸음을 이곳 연변 땅으로 인도하신 것이라 생각한다. 이곳 연변 땅만큼이나 역사적으로 그리고 미래적으로 이 세 가지 명제와 깊이 연관되어 중요성을 품고 있는 곳은 없었기 때문이다.

처음 우리가 중국으로 떠날 때는, 걱정하는 부모 형제들이나 교회 분들에게 3년만 봉사하고 돌아올 것을 약속했었다. 그러했기에 나는 주어진 시간들을 아껴 가며 강의실에서 최선을 다해 그들을 가르쳤다. 그 첫 3년은 나의 지나간 30년의 세월을 만회하고도 남는 값진 시간이었다. 그러나 약속한 3년은 쏜살같이 흘러가고 말았다. 한국의 부모님들은 우리가 돌아올 날을 계수하며 계속 압력을 가해 오고 있었고, 우리를 걱정하는 교회나 친지들도 마찬가지로 돌아올 것을 요청하고 있었다. 장남 장녀로서 부모들을 부양해야 할 의무까지 있는 우리 부부로서는 보통 심각한 문제가 아닐 수 없었다. 특별히 우리 부부가 돌아오기를 기다리던 교회에서는 포항에 새로 세워진 한동대학교로 내가 부임할 수 있도록 모든 준비와 배려까지 이미 끝내 놓은 상태였다. 더욱이 당시 믿음이 전혀 없었던 처가의 장인은 우리가 언제 돌아올 것이냐고 계속 독촉을 하고 계셔서 나는 바늘방석에 앉은 심정이었고, 우리가 만일 약속을 어기고 돌아가지 않을 경우에는 예수 믿는 사위에 대해 영영 마음을 닫아 버릴 가능성마저 있었다.

그러나 막상 정든 학생들을 두고 떠난다고 생각하니 학생들을 가르치면서도 가슴이 아리고 답답하여 강의하기가 힘들었다. 처음 만났을 때 돌멩이처럼 딱딱하게 굳어 있던 저들의 마음을 사랑으로 녹여서 이제 겨우 웃음을 나누며 친해졌는데, 우리가 갑자기 떠나고 나면 저들의 마음에 더 큰 상처만 남기게 될 것 같았다. 첫 졸업식을 앞둔 학생들의 변화된 모습 속에서 자신의 인생을 바꾸어 준 교수들에게 감사하는 마음과 우리를 신뢰하고 있는 저들의 순수한 마음들을 읽을 수 있었기에 그 갈등은 더욱 심했다. 더욱이 그 당시 내가 맡고 있던 재료기계공학과는 교수가 단지 세 명밖에 없는 가장 왜소한 학과였고, 더 이상 교수 요원의 자원자가 없을 시에는 학과의 폐쇄마저 고려하던 상황이었기에 내가 떠난다면 그것은 곧 학과의 마지막을 의미하였다.

나는 어쩔 수 없이 하나님 뜻을 구하며 매달리는 기도를 시작하였다. 그러던 가운데 어느 날 새벽 기도 중에 갑자기 떠오른 친구가 있었다. 대학 시절, 절친하게 어울려 다니며 항상 함께 술을 마시던 김동구라는 친구였다. 한국과학기술원(KAIST)에서 박사학위를 받은 후, 전자통신연구원(ETRI)에서 반도체화합물 연구실장까지 역임한 친구였다. 우리 가족이 보스턴에 있을 때 마침 뉴욕의 IBM 왓슨 연구소에서 박사 후 과정을 하던 그 친구가 우리 집을 방문한 적이 있었다. 그런데 오랜만에 친구를 만나 회포를 풀려고 찾아온 그에게 왕년의 술꾼 친구가 술을 내놓는 대신 다짜고짜 교회로 끌고 가는 바람에 그 친구를 놀라게 했던 것이다. 그 이후 그 가정도 교회를 다닌다는 소식을 듣게 되었고, 중국으로 떠나기 전에 대덕 단지를 찾아가 한번 만난 적도 있었다. 그때까지만 해도 그 친구는 내가 중국으로 가는 것을 이해하지 못해 반대했었다. 얼마 후, 그 가정이 갑자기 미국으로 이민을 떠났다는 소식을 듣게 되었고, 1996년 코스타에 참석차 미국을 방문하던 중 그 친구 가정에 들렀었다. 열심히 신앙생활을 하던 그 부부의 모습이 인상적이어서 가슴에 새기고 돌아왔는데, 바로 그 친구의 얼굴이 기도 중 불현듯 나타난 것이었다.

나는 그것이 하나님의 신호임을 깨닫고, 무작정 그 친구를 우리 대학으로 보내 달라고 기도를 시작했다. 나 자신이 생각해도 황당해 보이는 기도였지만, 그 길만이 유일한 문제의 해결책이라 여겼기에 마치 하나님께 떼를 쓰듯이 기도를 시작했다. 그렇게 기도하기를 한 달이나 했을까? 기도가 쌓이자 어느 정도 자신감이 생긴 나는 어느 날 전자 메일을 통해 그 친구에게 편지를 보냈다. 내가 처한 어려운 형편을 먼저 알리고, 우리 가족이 한동대에 1년간 안식년을 다녀올 동안만이라도 와서 내 자리를 대신 지켜 달라는 내용이었다.

그러고 나서 초조하게 기다리고 있는데, 사흘 만에 답장이 왔다. 대답은 여러 가지 이유를 들어 절대로 못 간다는 것이었다. 자신은 한 번도 중국에 대해 생각해 본 일이 없을 뿐더러, 현재 MBA 과정을 공부하고 있는데 그것이 끝나기 전에는 아무 데도 갈 형편이 못 된다는 것이었다. 답장을 받고 보니, 하기는 내 제의가 너무 심한 내용이라는 생각도 들었다. 미국서 잘 살고 있는 가정을 느닷없이 중국으로 오라고 했으니, 아무리 친구가 좋다지만 도무지 들어줄 부탁이 아니었던 것이다. 한편으로는 무척 실망이 되었지만, 그 이튿날도 이상하게 여전히 똑같은 기도를 하게 되었다. 이전에 아내의 마음을 바꾸어 달라고 매달리던 것처럼 그 친구의 마음을 바꾸게 해 달라고 매달리기 시작한 것이었다.

그러기를 또 한 달쯤 지났을까? 어느 날 갑자기 그 친구로부터 다시 이메일이 날아왔다. 내용은 간단했다. 모든 것을 정리하고 중국으로 들어가기로 했으니 어떻게 수속을 밟으면 되는지 알려 달라는 것이었다. 나는 그 순간 직감적으로 하나님께서 마침내 그 가정에게 직접 손을 들어 간섭하셨다는 것을 알아차렸다. 그러나 자세한 내용을 메일로 묻기도 어려워 절차만 알려 주다가, 1997년 코스타에 참석차 가는 길에 또다시 그 친구 가정을 방문했다. 그날 그 부부를 대할 때 받은 느낌은 마치 천사의 얼굴들을 보는 것만 같았다. 은혜 받은 사람들의 얼굴에서 빛이 난다는 것을 나는 처음으로 분명히 깨닫게 되었다. 그리고 그날 밤늦게까지 우리는 정말 감격스런 영적 재회와 천국의 교제를 나누었다.

그 친구가 그날 밤 간증한 내용은 직접 들으면서도 잘 믿어지지 않을 정도의 신기한 이야기였다. 나에게 못 간다는 거절의 편지를 보내고 난 이후, 새벽기도를 다니던 그 친구의 기도가 갑자기 막히기 시작했고, 얼마 후 출근길에 연이어 대형 교통사고를 당하게 되었다. 차는 크게 부서지면서도 사람은 멀쩡한 기이한 사고를 계속 당하면서 마치 하나님께서 그 친구에게 "네 목숨이 누구의 것이냐?"는 질문을 던지는 것처럼 느꼈다고 했다. 그리고 얼마 후 MBA 과정의 다음 학기 등록이 1주일간 있었는데, 등록하러 나가려던 아침에 이유도 없이 쓰러져 40도에 가까운 고열에 시달리며 앓다가 결국 등록을 못 하게 되었고, 등록기간이 끝나자 열병은 흔적도 없이 나아 버렸다는 것이다. 두 부부가 차례로 수련회에 들어가 은혜를 받으며 구하지도 않은 방언이 터지기 시작했고, 심지어는 꿈속에서도 성경말씀을 주셔서 자다가 일어나 찾아보면 모두 떠나라는 말씀이었다고 했다. 그 한 달을 하루도 사인이 없는 날이 없을 정도로 하나님께서 그 가정을 지속적으로 붙들고 계셨다. 그 친구 가정이 세 들어 살고 있던 집주인이 부도가 나서 집을 차압당하여 그 집에서 나가라는 통지까지 받고 보니, 더 이상 버틸 수가 없어서 두 손을 들고 말았노라고 말하는 그 친구는 결국 간증을 하다가 눈물을 흘리고 말았다. 예수를 믿노라 하면서도 고집과 이기심에 빠져 살아가던 강퍅한 자신을 하나님이 철저히 깨뜨리시기 위해 그 같은 특별한 방법들을 동원하실 수밖에 없었노라며 자신에게 임한 하나님의 은혜를 나누는 것이었다.

나는 그 간증을 들으며 함께 감격도 하였지만, 사실 두려운 생각도 들었다. "정말 기도를 잘 해야겠구나. 기도도 함부로 하면 안 되겠다" 하는 것이 첫 번째 생각이었다면, "하나님이 왜 그러셨을까? 무엇이 그토록 급하셔서 내 기도를 들어주셔야만 했을까?" 하는 생각도 들었다. 김동구 박사 가정을 통해 앞으로 일하실 하나님이 기대가 되면서, 한편으로는 연변과기대의 중요성과 그곳에 있는 우리 학생들이 더 귀중하게 생각되었다.

결국 그 가정은 어린 두 자녀를 데리고 그해 여름 연변 땅을 밟게 되었다. 덕분에 나는 한동대와 포항공대에서 강의와 연구를 하며 1년간 안식년을 보내게 되었고, 아내는 때를 맞추어 주신 약속의 자녀, 둘째 아이를 출산하고 다시 연길로 돌아오게 되었다. 나는 3년 후에 돌아오겠다는 당초의 약속을 모든 사람에게 지킴으로써 하나님의 신실하심을 교회의 성도들에게뿐 아니라 우리 가정을 지켜보고 있던 여러 믿지 않는 사람들에게까지 증거하게 되었다. 그 일로 말미암아 결국 장인어른뿐 아니라 믿지 않던 주변의 많은 가정이 예수께로 인도되는 역사들도 일어났다. 하나님의 계획하심에는 한 치의 오차가 없었다. 1-2년만 있을 것으로 예상하고 중국 땅을 밟았던 김동구 박사 가정 또한 지속되는 하나님의 부르심의 음성을 따라 그 후 장기로 남아 사역하게 되었고, 두 부부는 학교의 기숙사에서 생활관장과 사감으로 학생들을 섬기며 자신이 받았던 하나님의 큰 사랑을 몸으로 전하는 열매 맺는 가정이 되었다.

대학원 시절, 나보다 술이 조금 약했던 김동구 박사가 술에 취해 정신을 잃으면, 업다시피 부축하여 과학원 기숙사에 데려다 주던 생각이 난다. 그러나 이제, 세상 속의 술친구가 먼 이국땅에서 예수의 제자로서 동역자로 다시 만나게 된 것이다. 하나님만이 연출하실 수 있는 한 편의 드라마였다.

9. 첼로 선생의 옛 동무

　북한에 있는 동포들이 극심한 기근에 휘말리고 있다는 소식을 접할
때마다 바로 강 하나를 사이에 두고 살고 있으면서도 돕지 못하는 안
타까움이 늘 있었다. 우리에게 맡겨진 본분이 학교에서 이곳 중국의
학생들을 잘 가르치는 일이기 때문에, 북한 돕기를 도맡아하시는 김진
경 총장께 그 일은 일임하고 우리들을 대표해서 어련히 잘 하시겠지
하며 그럭저럭 마음을 위안하고 있었던 것이다. 그러나 1996년 겨울에
는 북한이 큰 흉년을 맞이하면서 그들이 겪고 있는 굶주림의 정도가
너무나 깊어지다 보니 더 이상 물러앉아 있을 수 없는 상황으로 몰리
기 시작했다. 교직원들은 자체적으로 헌옷 모으기 운동을 벌여 인근
북한의 도시로 들어가는 조선족들 편에 건네주기도 하고, 헌금으로 모
은 돈에서 식량을 구입하여 보내기도 하는 등 도와야겠다는 의식들이
높아지게 되었다. 뿐만 아니라 개인적으로 사귀고 있던 조선족들을 통
해서도 길만 열리면 도우려는 생각들을 갖게 되었다.
　우리 가족 역시 몇몇 조선족 분들로부터 그곳의 극심한 피해 상황의

목격담과 경험담을 듣게 되었다. 더구나 그동안 탈북자들을 통제하며 가능한 한 폐쇄정책을 써 오던 북한도 더 이상 기아를 방치할 수 없는 상황에서 중국으로의 친척 방문을 대폭 허용하기 시작했다. 연길 시내에서도 북에서 건너온 사람들과 쉽게 접할 수 있게 되자 그동안 소문으로 들려오던 끔찍한 말들이 대부분 사실로 드러나기 시작했다.

옆구리에 시꺼먼 보퉁이를 하나씩 끼고 변경을 막 건너온 그들의 몰골은 한마디로 뼈와 가죽만 남은 완전 거지행색이었다. 나이보다 평균 열 살에서 스무 살은 더 먹어 보이는 새까만 얼굴은 입을 열어 말을 할 때면 관자놀이가 움직이는 것이 다 들여다보였다. 어떤 이들은 오랜 굶주림에서 온 공포가 얼굴과 눈빛에 나타나서 사람들과 말을 할 때면 눈에 초점을 잃고 연신 주위를 두리번거리며 살피는 경우도 있었다. 마주하고 있는 북한의 도시 남양에서 두만강 다리를 건너 중국의 도문시로 건너온 그들은 부유하고 풍요로운 신세계로 들어온 충격에 한동안 어리둥절한 모습을 보였다. 양쪽을 다녀온 사람들의 표현에 의하면, 한국 사람이 중국에 와서 느끼는 문화적 충격보다도 중국에서 북한으로 건너갔다 올 때 더 큰 충격을 받는다고 하니 그들의 현재 상황이 얼마나 극심한지 가히 짐작할 만했다.

연변예술대학에서 성악을 가르치다가 은퇴하신 J선생이라는 여성이 있다. 같은 음악인으로서 자주 접촉하다 보니 아내와 자연 가깝게 지내게 되었다. 그분의 남편 역시 같은 대학에서 첼로를 전공하신 분이라 이런 저런 연고로 우리 아이 다니엘에게 첼로를 가르쳐 주게 되었다. 여느 조선족들에 비해 곱게 늙으시고 학교에서만 평생을 지낸 분들이라 지식인의 티가 배어 있었다. 우리 아이가 다녔던 북산소학교 바로 인접한 곳에 그분들의 집이 있어서 방과 후에 아이를 데리고 첼로 학습을 받으러 가면, 노부부가 아이를 반겨 먹을 것을 챙겨 주며 다니엘을 마치 손자처럼 귀여워하곤 했다.

그분들을 통하여 북한의 여러 가지 형편들을 자주 듣게 되었는데, 들을 때마다 기가 막힌 일들뿐이었다. 하루는 북한의 최고급 예술단에서 은퇴한 부부가 자신들을 방문한 이야기를 들려주었다. 그들은 1960년대에 연변에서 J선생 부부와 더불어 연변 가무단에서 함께 일했었다. 성악으로 뛰어난 실력을 갖춘 지식분자들로서 연변에서도 한참 날리던 사람들이었는데, 연길이 살기가 어려워 북한으로 건너갔다. 그 시절만 해도 중국이 문화혁명을 겪으면서 식량사정이 북한보다 훨씬 나쁜 상태였는지라 좀더 살기 좋은 조국을 찾아 두만강을 건넌 것이었다. 공산주의 사회가 대부분 그렇듯이 예술인들을 비교적 우대하기 때문에 그들도 한동안은 괜찮았으며, 부인은 그 유명한 북한식 오페라 '피바다'에서 여주인공 역할까지 맡아했다.

그들이 30년이 지난 이제, 먹을 것을 찾아서 다시 생명의 강 두만강을 건너 옛 동료의 집을 방문한 것이다. 그들의 모습은 한마디로 거지였다. 한솥밥을 먹던 동료가 어떻게 이렇게 비참한 모습으로 변할 수 있을까 싶을 정도로 백발의 꼬부장한 노파가 되어 나타난 그들을 보며 J선생 부부는 아연실색하였다. 자신들에 비해 스무 살은 더 먹어 보이는 그들에게는 과거의 당당하고 화려했던 자취는 눈을 씻어도 찾아볼 길 없었다. 시꺼먼 보자기를 가슴에 안고 맨발에 뒤축이 전혀 없는 얇은 운동화를 신고 벌벌 떨며 그곳까지 찾아온 것이다. 가까스로 방문 허가증을 받은 후, 국외 여행자에게만 특별히 배급해 주는 운동화(대부분 신고 갈 신발이 없기 때문이다)는 남아 있는 자식들에게 식량으로 바꿔먹도록 남겨 놓고 평양에서 기차를 탔다고 했다. 지붕도 얼기설기, 유리창도 다 깨져 나간 기차. 섣달의 매서운 바람과 차가운 눈발을 그대로 맞으며 국경까지 오는 데 무려 엿새가 걸렸다. 땔감이 떨어지면 눈 속에서 하염없이 서 있는 기차. 평양에서 출발할 때 간신히 마련한 주먹밥 몇 개를 조금씩 뜯어먹으며 그렇게 엿새를 버텼다.

북에서 막 건너온 사람들에게 하얀 쌀밥을 상에 얹어 주면 울음을 삼키느라 한참동안 먹지 못한다. 뻘겋게 충혈된 눈에서는 하염없이 눈물이 쏟아지고, 옛 동료 앞에서 체면은 세우고 싶은데 숟가락을 쥔 손은 부들부들 떨리기만 한다. 밥을 먹은 후, 맨발로 웅크리고 있는 그들의 모습이 딱하여 신던 헌 양말이라도 신으라고 건네주면 황송해하며 잠시 신었다가 눈을 돌리면 어느새 다시 벗어서 잘 개켜 둔다. 신지 않고 가지고 가서 양식으로 바꿔먹으려는 것이다.

그 이야기를 듣고 가슴이 아파서 며칠 후 J선생 집에 다시 들렀다. 그분들께 전해 달라고 집에 있는 옷가지들을 모아서 한 보따리 가지고 갔다. 보따리를 내려놓고 나오다 보니 또 마음이 걸렸다. 지갑을 꺼내 들여다보니 비상금으로 가지고 다니는 100불이 들어 있었다. 저만치 들어가는 J선생을 급히 불러 세워서 그분들께 식량할 돈으로 드리라고 전해 주고 돌아왔다. 나중에 들어 보니 100불이면 북한에서는 너무나 큰 돈이라서, 자식들 가정까지 포함한 그들 식구가 몇 달은 먹고 살 수 있는 돈이라고 했다.

정직한 J선생은 그들에게 돈을 전해 주며 이름을 밝히지 않은 예수 믿는 어떤 분들이 전해 준 것이라고 말했다고 했다. 그들은 너무나 고마워서 고맙다는 말을 꼭 전해 달라고 수없이 당부를 하고 떠났다고 했다. 두만강을 건너 북한으로 넘어가기 직전 다시 전화를 걸어 마지막으로 한마디를 더 남기고 갔다.

"이름도 얼굴도 모르는 그분들에게 꼭 전해 주시오. 우리가 가장 어려울 때 우리를 도와주신 그분들을 우리는 영원히, 영원히 잊지 않을 것이라고."

*

해마다 겨울이면 우리 대학을 찾아오는 탈북자들이 끊이지 않는다. 정문에서 수위가 지키고 있지만 울타리가 없는 학교이다 보니 어디로든 뚫고 들어오는 것이다. 단속이 심해지면 뜸하다가도 감시가 느슨해지면 숙소와 사무실로 들이닥친다. 그러나 탈북자를 돕는 문제는 매우 미묘한 정치적 견제가 있을 뿐 아니라 교직원들의 동태를 살피고자 정탐꾼으로 오는 가짜 탈북자들도 심심찮게 발견되는지라, 대학 내에 탈북자를 전담하는 분들이 따로 있을 정도였다. 학교로 탈북자가 찾아오면 일단 중방 측의 담당자에게 연결하여 처리하도록 공식화 되어 있다. 학교 정문을 지키고 있는 수위들도 그들을 못 들어가게 하기 때문에 학교 주위를 맴돌던 탈북자들은 교문 밖에서 서성이며 사람이 나오기를 기다리기도 한다.

하루는 학교 아래 교직원 자녀들을 가르치기 위해 세운 한국중학교에서 강의가 있었다. 자녀 학교에 선생님이 부족하여 학부모들이 주로 교사로 뛰고 있는데, 나 역시 일주일에 한번씩 작문을 가르치고 있었다. 수업시간에 쫓기어 급히 내려가고 있는데, 오십대 중반쯤 보이는 남루한 행색의 남자가 운동화 차림으로 쫓아왔다. 다짜고짜 자신을 평북 모 도시의 연구기관에서 근무하는 아무개 박사라고 소개하며, 심양영사관으로 자기를 보내 달라고 하였다. 한국으로 보내 달라는 그의 간청이 나의 능력 밖의 일이기도 했지만, 우리 학교의 정책상 직접 나설 수도 없는 일이었다. 계속 말을 붙이며 곁에 따라붙는지라 함께 걸어 내려가면서 이것저것 물어 보게 되었다. 그에 말에 따르면, 그는 화학공학을 전공한 상당한 경륜의 학자로서 연구소 소장까지 지낸 고급 지식분자였다. 그러나 수업을 해야 할 시간이었기에 마음이 바빠서 수업 핑계를 대고 들어가려 하니 나올 때까지 밖에서 기다리겠다고 했다.

정신없이 수업을 마친 후 교과과정 회의가 있어서 무려 두 시간 만에 나와 보니, 그가 여전히 교문 밖에서 웅크리고 있었다. 그날따라 만주 바람이 얼마나 매섭게 부는지, 얇은 작업복 하나를 걸치고 두 시간을 밖에서 꼬박 서 있는 그의 모습을 보는 순간 말할 수 없는 연민의 감정이 솟아올랐다. 눈시울이 뜨거워지면서 잠시 동안 그에 대한 생각을 잊어버리고 있었던 나 자신이 부끄럽고 미안했다. 추위에 얼어붙은 손을 바지춤에 꾹 찔러 넣고 자라목을 하고 서성대는 그 모습에 누가 공학박사라고 상상인들 하겠는가! 같은 말, 같은 피를 나눈 내 민족인데, 단지 북에서 태어났다는 이유 하나로 저토록 비참한 신세가 되었다는 것이 가슴 아팠다. 빈손으로 돌려보내자니 양심이 허락하지 않았다. 잠시만 더 기다리도록 부탁하고 급히 사무실로 뛰어 올라왔다. 무엇이든 줄 게 없을까 둘러보다가 책꽂이에 있던 성경책을 꺼내들었다. 앞장에다 "K선생님, 이 책 속에 생명의 길이 있습니다. 하나님께서 선생의 갈 길을 인도하실 것입니다"라고 쓰고 요한복음 14장 6절을 연이어 적은 후 봉투에 넣었다. 그리고 지갑에 있는 돈을 다 털어서 여비를 만든 후 봉투에 함께 넣었다. 그것이 그날 내가 그에게 줄 수 있는 전부였다.

그날따라 내가 계속 들락거리는 것을 이상하게 쳐다보는 교문 수위의 눈을 피해 멀찌감치 나무 뒤에 숨어 있는 그에게 다가가 봉투를 전해 주며 하나님의 축복을 빌었다. 그저 고맙다는 인사를 연거푸 하며 사라져 가는 그의 뒷모습을 한참 동안 바라보고 있었다. 언제 저들과 함께 어우러져 함께 울고 함께 웃으며 한 테이블에서 담소하고 먹고 마시며 학문을 논하며 그렇게 살아갈 날이 올는지……

10. 공산주의가 완성된 사회

중국에서 학생들을 가르치다 보면 때때로 공산당에 가입한 학생들과 친해지는 일이 종종 있다. 나 역시 자라면서 공산주의자라면 무조건 나쁜 사람이라고 의식 교육을 받은 반공 세대인지라, 처음에는 마음 한구석에 그들을 향한 왠지 모를 거부감과 배척 심리가 없었던 것은 아니다. 그러나 시간이 지날수록, 더러 교수에게 잘 보이려고 교회 언저리를 배회하는 얄팍한 학생들보다는 오히려 신실하게 공산당에 충성하는 학생들 가운데 정직하며 믿음성이 가는 재목이 있을 수 있다는 사실을 알게 되었다. 공산당에 평생을 바쳐 온 나이든 중방 영도 중에는 도무지 예수 믿는 우리가 따라가기 힘든 인격과 합리성을 지닌 존경스런 분도 있었다.

자신을 희생하여 남을 위해 봉사하며 정직하고 충성스럽게 살아가기를 가르치는 공산주의의 가르침이 기독교의 윤리적 가르침과 결코 동떨어진 것은 아니다. 공산주의 이론을 세운 마르크스 자신이 기독교 신학을 전공한 사람이었으니 그 뿌리가 맞닿아 있는 것은 당연한 일일

는지도 모른다. 중국에서 가장 모범적인 공산당원으로는, 소학교에서
부터 가르치며 숭상하는 뢰봉(雷鋒), 열악한 산간지역에서 티베트인들
을 위해 헌신하다가 숨진 공번삼(孔繁森)과 같은 사람들이 있다. 그들
은 자기희생의 삶을 실천하며 살았던 이상적인 공산주의자의 교과서
적 인물로서 지금까지 회자되고 있다. 그러하기에 공산주의 국가에서
는 적어도 이론적으로는 사람이 어떻게 살아야 하는지에 대한 기본적
인 틀이 세워져 있는 셈이다. 따라서 그 기준을 능가하도록 삶으로 부
딪혀 그들을 감동시키는 것은 결코 쉽지 않다. 그러나 만일 그들 앞에
서 그런 모습으로 살 수만 있다면 그들은 공산주의에 대한 향수를 느
끼며 마음 문을 열 준비가 된 사람들이기도 하다.

*

언젠가 학교 일로 길림성의 수도인 장춘(長春)시에 출장을 갔다가 K
대학에 있는 조선족 교수 S씨를 방문한 일이 있는데, 그는 일전에 여
름방학 기간을 이용하여 우리 학교에서 계절학기 과목을 한 과목 맡아
강의한 적이 있다. 마침 내가 방문한 그 시각에 S교수는 자신이 속해
있는 기계공학과의 교직원들을 상대로 매주일 있는 공산당 정치 학습
을 가르치고 있었다. 고등학교 교무실과 같이 여러 교수들이 함께 쓰
는 사무실에서 따끈한 중국 차를 마시며 한참을 기다리니 S교수가 들
어왔다. 그는 깜짝 놀라며 마치 오랜 친구가 찾아온 것처럼 나를 반갑
게 맞아 주었다. 출장에 관련된 도움을 잠시 받은 후, 우리는 곧바로
저녁 식사를 위해 함께 시내로 나왔다. 연길로 돌아오는 기차 시간을
기다리며 식당에서 푸짐한 진짜(!) 중국 요리를 시켜 놓고 식사를 하며
환담을 나누었다.
대부분의 조선족 학자들이 그러하지만 그들에게는 험난한 민족의

역사를 지켜온 선조의 후예라는 강한 자존심이 있다. 그러나 한편 그들도 약한 인간인지라 한국에서 찾아온 우리들에게는 선진국에 대한 동경심과 더불어 경제적 열등의식을 함께 품고 있기 때문에 여간 해서는 진심을 털어놓는 대화를 나누기가 쉽지 않다. 그러나 S교수는 성품이 소박하고 일단 우리 학교에서 한 달 이상을 한솥밥을 먹었던 과거가 있는지라 비교적 격의 없이 대할 수가 있었다. 더구나 술이 한두 잔들어가자 그는 요즈음 자신이 가정에서 처한 가장으로서의 딱한 처지를 털어놓기 시작했다.

S교수는 중국이 개방되기 이전에는 교수로 평생을 공산주의에 헌신하며, 남편으로서 아버지로서의 권위를 세우며 비교적 단란한 가정을 꾸려 오던 사람이었다. 그러나 개방 이후에 아내가 밖에 나가 장사를 하더니 대학교수인 자기보다 돈을 더 잘 벌기 시작했고, 점차 자신의 위치가 돈밖에 모르는 자식들 앞에서 손가락질 받는 못난 가장으로 전락하고 말았다는 신세 한탄이었다. 그러한 괴로움 때문에 요즈음 심한 상실감에 시달리고 있었는데, 며칠 전 자기와 가까운 친구가 느닷없이 성경책을 한 권 가져다주며 읽어 보라고 했다. 처음에는 깜짝 놀라 그 책을 만지는 것도 겁이 났는데, 차츰 궁금한 생각이 들면서 과기대에서 만났던 교수들의 얼굴이 생각났다. 그들이 다니던 교회에서 도무지 무슨 이야기들을 하는지 궁금했었는데, 내친김에 자기도 교회를 한번 나가 볼까 고민을 하고 있던 중 때마침 내가 찾아오자 너무 놀라고 반가워서 먼저 말을 건 것이다.

나는 직감적으로 하나님이 오늘 이 사람을 나에게 붙여 주셨음을 깨닫고 그의 이야기를 열심히 들어 주었다. 그런데, 술기운이 조금 더 오르더니 그는 우리 학교를 방문하던 시기에 자신이 받았던 충격에 대하여 이야기를 꺼내기 시작했다. 그는 우리 학교에서 한 달간 가르치는 동안에 중국에 그런 대학이 있을 수 있다는 것이 믿기지 않을 만큼 마음의 감동을 받았다고 했다. 복도를 스쳐 지나가는 학생들의 표정과 웃음이 자신이 가르치고 있는 중국 아이들과는 전혀 딴판이었다. 얼굴도 잘 모르는 자신에게 깍듯이 인사하며 지나다니는 학생들이나 외국에서 온 교직원들이 나이를 불문하고, 심지어는 자신보다 한참 연배가 위인 노교수들조차도 자기를 보면 먼저 고개를 숙여 인사하고 지나가는 모습이 도무지 중국의 다른 대학에서는 찾아보기 힘든 풍경이었다. 더구나 처음 며칠간 S교수는 피우던 담배꽁초를 습관처럼 아무렇지도 않게 복도에 버리고 다녔는데, 가만 살펴보니 복도가 휴지 하나 없이 깨끗했다. 뿐만 아니라 지나가던 다른 교수가 허리를 굽혀 담배꽁초를 주워 휴지통에 버리는 모습을 뒤에서 보고 난 이후, 이분은 마침내 심각한 고민에 빠지게 되었다.

본질상 사회주의 국가에서는, 현실적으로 나타나는 사회의 여러 모순들을 공산주의가 아직 완성되지 않았기 때문에 나타나는 과도현상이라고 해석한다. 따라서 종교 역시 인간의 발전 과정 속에서 필연적으로 나타날 수밖에 없는 일종의 결핍현상이며, 공산주의 세계가 도래하면 자연히 도태되어 사라질 것이라고 가르치고 있다. S교수는 자신이 젊은 시절부터 그토록 열렬히 신봉하고 배웠으며 지금까지 가르쳐오고 있는 공산주의 이념이 바로 이 학교에서 실천되고 있다는 사실에 깜짝 놀랐다. 또한 이 학교를 움직이고 있는 외국 교직원들이 모두 자원봉사자로서 중국을 돕기 위해 자신의 모든 영화를 버리고 온 기독교 신자라는 사실을 알고 나서 그 놀라움은 가중되었다. 자신이 우습게 여기고 비판해 왔던 기독교를 새로운 시각으로 바라보게 되었다는 것이다. 그리고 나서 우리 교직원들의 살아가는 모습을 유심히 살펴본 결과, 항상 기쁨과 웃음에 찬 생활들을 하며 서로 돕고 아끼며 살아가는 모습이 바로 자신이 지난날 그렇게 꿈꾸었던 공산주의 사회 바로 그 모습이라는 것을 알아차렸다. 최근 들어 빛바랜 공산당의 모습에 염증과 회의를 느껴 오던 그가, 자신의 청춘을 바쳐 신봉했던 공산주의 이론이 실천되고 있는 현장에서 충격을 받은 것은 어쩌면 당연했다. S교수는 집으로 돌아온 후, 과연 자신들이 결코 이룰 수 없었던 것을 실천하고 있는 이들의 신념과 공산주의 이론이 무엇이 다른지 곰곰이 생각하게 되었다. 그 가운데 그가 도달한 한 가지 결론이 있었다. 취중에 그가 고백한 내용은 이러했다.

"기독교에는 하나님이 있고, 공산주의에는 하나님이 없다. 그것밖에는 차이점을 발견할 수 없었다."

그날 우리는 늦게까지 속 깊은 이야기를 나누다가 기차 시간이 되어 아쉬운 작별을 하였다.

*

연변과학기술대학에서 북한을 돕기 위해 진행하고 있는 여러 가지 프로젝트에 관련되어 북한 과학자들이 대여섯 명씩 방문하여 기숙사에서 한동안 머물다 가는 일이 더러 있다. 북한이 바로 인접한 곳에 위치하고 있으면서도 비극적 분단 역사의 족쇄를 찬 채 건너가지 못하는 안타까움을 가슴에 안고 지내던 우리 교직원들은, 북한 당국의 공식적인 허가를 받고 스스로 찾아온 그들을 향해 말할 수 없는 사랑과 연민으로 대하게 된다. 그러나 정치 체제가 다르고 사상이 다른 세계에서 온 그들에게 함부로 말을 할 수도 없다. 잘못하면 그것이 모처럼 바깥 세상으로 나들이한 그들을 어렵게 만들 수도 있기 때문이다. 그들과 편하게 대화할 방법을 찾아 전전긍긍하다가 김진경 총장의 제의로 시작한 것이 '밥 먹기 릴레이 작전'이었다. 더러는 보름씩 또는 한 달씩 머물다 가는 그들에게 교직원 가정에서 돌아가며 하루도 빠짐없이 저녁식사에 초대하여 풍성한 음식으로 융단폭격(?)을 가하자는 것이었다.

그 처음은 우리 집에서 시작되었다. 즉흥적으로 일을 잘 벌이는 김 총장이 북한 손님들에게 남조선 동무 집에서 같이 저녁식사를 하자고 제의하고서는 돌연 우리 집으로 쳐들어온 것이다. 토요일 오후 2시경 전화벨이 울렸다. 내가 받으니 "당신 말고 애인동무 바꿔" 하는 김 총장 특유의 카리스마가 튀어나왔다. 그는, 귀한 손님들을 모시고 갈 터이니 저녁상을 잘 차려놓으라는 일방적인 통보를 하고 전화를 끊어 버렸다. 아내가 시장을 이리저리 총총걸음으로 오가며 황망히 움직여 겨우 저녁상을 마련하자 곧이어 김 총장 내외와 함께 빼빼 마른 북한 사람 다섯이 들이닥쳤다. 학자들 사이에는 항상 지도원동무가 한 사람 끼어 있게 마련이었다. 눈치를 살피며 약간은 겁먹은 표정으로 우리 집에 들어오던 그들의 모습이 잊혀지지 않는다.

"남조선 괴뢰 집에 오니 기분이 어때요? 하하하" 하며 긴장된 분위기를 일부러 흩뜨리는 김 총장의 유머에도 불구하고 여전히 조심스레 숟가락을 움직이며 말이 없던 그 얼굴들. 그들의 마음을 풀어 주기 위해 식사 후에 아내가 오르간으로 '고향의 봄'을 연주하기 시작했다. 오르간의 페달을 신기한 듯 웃으며 구경하던 그들이 귀에 익은 가락이 흘러나오자 곧 얼굴이 풀어져서 함께 따라 부르기 시작했다. 결국 그날 우리는 함께 손을 잡고 '우리의 소원은 통일'까지 부르는 감격을 맛보았다. 김진경 총장은 북조선 동무들이 아무 격의 없이 우리 남한 형제의 가정을 방문하여 이렇듯 화기애애하게 함께 식사를 나누며 즐긴 것은 분단 이후 처음 있는 일일 것이라며 감개무량해 하였다.

손님이 떠나고 난 후 뒷정리를 하던 우리 부부는 집 안에 걸어 놓았던 십자가가 사라진 것을 알고 순간 깜짝 놀라 긴장하였다. 알고 보니 북한 손님이 온다니까 소학교 2학년짜리 아들 다니엘이 겁을 먹고 이리저리 뛰어다니며 벽에 걸린 십자가를 떼어내어 자기 침대 이불 속에 감추는, 시키지도 않은 일을 했던 것이다. 처음에는 그랬다. 그러나 분단의 오랜 장벽도 같은 민족의 언어를 타고 흐르는 촉촉한 정을 감출 수는 없었다. 대화가 오가는 동안 바늘구멍 같은 틈새를 타고 얼어붙은 감정의 실낱같은 물줄기가 녹아 흐르기 시작하더니, 결국에는 서로 간에 막혔던 담이 허물어지고 말았다.

제3국에서 남한 사람과 접촉만 하여도 큰일 나는 줄로만 알던 그들이 우리의 가정들을 속속들이 방문하여 함께 웃으며 음식을 나누었다는 사실만으로도 우리는 통일을 향한 한 걸음을 내딛게 한 민간 외교의 쾌거였다고 자부하고 싶다. 특별히 오간 이야기도 없다. 그냥 우리의 전통적인 예절로서 손님을 극진히 대접하였고 우리가 사는 모습을 있는 그대로 보여 주었을 뿐이다. 아마 사모님들은 쌀을 씻으면서도 기도를 했을 것이다. 말은 없었지만 그들은 그리스도인 가정의 사는 모습을 통하여 많은 것을 느꼈을 것이다. 끼니마다 기도하며 식사하는 우리들을 통해 어쩌면 식탁 가운데 함께하신 예수를 그들이 보았을는지도 모른다.

학교 기숙사에 머무는 동안 그들이 본 것은 무엇일까? 새벽이면 교수와 학생들이 어울려 운동장을 뛰는 모습들, 활짝 핀 얼굴로 웃으며 지나가는 복도의 학생들, 매일같이 뷔페식으로 누구나 마음껏 음식을 먹을 수 있는 식당, 그곳에서 교수와 학생이 항상 함께 줄을 서서 밥을 타고 웃고 이야기하며 식사하는 식탁의 풍경들. 그 모든 것들이 그들에게는 부러움과 충격의 장면들이었을 것이다.

마침내 정해진 한 달이 지나고, 돌아가야만 하는 아쉬운 이별의 시간이 다가왔을 때, 사랑의 집이라 일컫는 기숙사 식당에서는 그들을 위한 마지막 환송 만찬이 베풀어졌다. 사모님들이 정성껏 마련한 선물들을 한 아름씩 받고 눈시울이 벌겋게 달아오른 그들은 인사말조차 제대로 잇지 못하였다. 그러나 그들이 돌아간 후, 뜻밖에도 그들 중 한 사람의 입을 통해 전해진 고백은 이러했다.

　"우리는 그곳에서 공산주의가 완성된 사회를 보았습니다."

11. 일터의 현장 - 2001년 파리 코스타 간증문

최 문 선(연변과학기술대학 교양학부 교수)

안녕하세요?

저 같은 사람이 코스타 강사로 서게 되리라는 것은 생각도 해 본 일이 없었기 때문에 두려워서 안 오겠다고 계속 버티다가, 항상 그랬듯이 결국 하나님과 제 남편의 계획 앞에 힘없이 져서 또 순종하는 마음으로 이끌려 왔습니다. 예술 하는 분들이 많이 모인다는 파리 코스타에 제가 오히려 적합한 사람이라는 말에 혹시 하는 마음으로 이 자리에 섰습니다. 저의 지난날 모습 속에서 여러분이 비슷한 모습들을 발견케 되고 그로 인해 도움이 될 수 있는 부분이 조금이나마 있기를 바랍니다.

저는 믿지 않는 부모 밑에서 태어나 자랐는데, 이상하게도 어려서부터 하나님께서 저를 교회로 인도하셔서 다섯 살 무렵부터 동네 언니의 손에 이끌려 교회를 다니게 되었습니다. 어려서부터 피아노를 배우면서 교회의 반주를 하게 되었고, 대학에 진학할 때에는 피아노와 오르간 중에서 망설이다가 오르간을 선택하게 된 것이, 제가 연세대에서 교회음악을 전공하게 되고 반주자로서 더욱 열심히 교회에 봉사하는 계기가 되었습니다. 그러나 저는 여전히 믿음의 본질을 깨닫지 못하고 그저 다른 사람들의 주목과 칭찬을 받는 직업적인 반주자로서 교회를 습관적으로 다니는 '처치 걸'(church girl)에 지나지 않았습니다.

저의 대학 생활은 한마디로 바흐와 쇼팽 사이에서 갈등하며 방황하는 시간들이었습니다. 오르간에 심취하면서 가장 좋아하게 된 바흐를 따라 표면적으로는 신앙적으로 질서 있고 정숙한 여학생이었지만, 제 마음속에는 뭐라 할까요, 예술 하는 사람들이 공통적으로 가지고 있는 '끼'가 항상 부글부글 끓어오르고 있었기 때문에 쇼팽의 자유롭고 조금은 부도덕해 보이는 열정이 항상 저를 괴롭게 하였습니다. 그러다 보니 연애에 쉽게 빠지기도 하였고, 인생의 목적을 깨닫지 못한 가운데 자신의 채우지 못한 열정 때문에 시달리는 힘든 대학 시절을 보내었습니다. 졸업 후에도 그 문제로 고민하면서 유학 준비를 하다가 마침내 저 자신을 정리하고자 하는 결심을 내리고 무작정 고속버스를 타고 부산으로 내려가 해운대 바닷가를 고독하게 거닐던 때가 생각납니다. 지금 생각하면 우습지만, 짧은 미니스커트를 입고 바닷가를 홀로 거니는 서울서 온 가시내가 아마도 부산 사람들의 눈에는 "뭐 저런 게 다 있노?" 하며 눈살을 찌푸리게 하는 가관이었을 것입니다.

그러나 그 같은 고민 끝에 서울로 돌아온 나는, 어느 날 저녁 홀로 방 안에서 나 자신의 내면에 감추어진 죄성을 발견하고 처음으로 울면서 기도하는 가운데 예수님을 인격적으로 영접하게 되었습니다. 1주일 이상을 계속 눈물을 흘리며 기도할 때, 죄로 가득 차 항상 빗나갈 준비가 되어 있었던 나를 그동안 하나님께서 반주자라는 특별한 위치로 불러 주셔서 그나마 교회 생활을 지속하게 하셨고, 어긋난 길로 나가지 않도록 지켜 주셨다는 것을 깨닫게 되었습니다. 그 체험 이후, 평소에 착실한 반주자로 교회에서 봉사하는 저를 예뻐하시던 어느 권사님께서 한 남자를 소개해 주셨는데 그 사람이 지금의 제 남편입니다. 그로 말미암아 저의 유학 계획은 무산되고 말았지만, 지금 생각하면 미국이나 독일로 홀로 유학을 떠났을 때 제가 과연 어떤 길을 걷게 되었을까를 생각해 보면 소스라치며 그 역시 저를 보호하시기 위한 하나님의 계획이었다고 생각합니다. 제 안에는 끊임없이 감성의 속삭임에 이끌리는 타락한 열정이 숨어 있다는 것을 저 자신이 가장 잘 알고 있기 때문입니다.

아무튼 더부룩한 장발과 청바지 차림에 검정색 양복 구두를 신고 나온, 도무지 제 취향에는 맞지 않는 그 남자를 어떻게 좋아하게 되어, 만난 지 백 일 만에 결혼까지 하게 되었는지 지금도 이상할 때가 있습니다. 더욱이 믿지 않는 사람에다가 술 담배까지 하는 사람을 단지 어려서 세례 받은 일이 있다는 말만 믿고 결혼을 한 것을 보면 그 당시의 제 신앙도 알 만하죠? 남편은 만날 때마다 술을 마시고 별말도 없는 사람이었는데, 열 번쯤 만난 어느 날 너희 집에 한번 가야겠다고 나를 앞세우고 우리 집으로 들어가더니 우리 아빠 앞에서 느닷없이 결혼 승낙을 받는 것이 아니겠습니까? 믿지 않는 분으로 역시 술 마시기 좋아하는 우리 아빠도 S대를 졸업한 키 크고 건장한 그 청년이 사윗감으로 마음에 들었는지 그 자리에서 승낙을 하셨습니다. 정식으로 프러포즈 한번 못 받아 보고 갑작스레 당한 그 일로 말미암아, 그 후로 결혼하는 것이 당연하게 되어 버렸던 것입니다. 지금도 가끔씩 남편이 미워지면 그때 일이 생각나 화가 날 때도 있지만, 그만큼 하나님께서 그 사람을 짝으로 맺어 주시기 위해 잠시 제 눈을 멀게 하셨던 것이 아닌가 생각합니다. 결혼 후에 첫 아이를 낳고 저는 여전히 교회 반주자로 충성을 다하고 있었지만, 남편은 바쁜 박사 과정 중에서도 술 담배에 탐닉하고 있었고 주일마다 교회 나가기를 거절하며 무질서한 생활을 하였습니다.

마침내 남편이 박사학위를 받고 보스턴의 MIT 대학의 박사 후 과정(Post-Doc.)으로 떠나게 되자 나도 미루었던 유학의 꿈을 다시 이루게 되어 보스턴 대학에서 오르간 석사 과정을 공부하게 되었습니다. 그런데 우리는 보스턴 로건 공항에 첫 발을 내딛는 순간부터 하나님의 손길에 목덜미가 붙들린 신세가 되고 말았습니다. 저희 가족이 온다는 것을 알고 기다리던 믿는 후배 가정의 안내를 받으며 생각지도 않게 교회부터 나가게 된 것입니다. 남편은 처음에는 조금은 불쾌하고 거북한 심정으로 그러나 친절한 그들의 호의를 거절하지 못하여 끌려 다니다가 MIT와 보스턴 대학의 유학생 가정들로 이루어진 게이트 바이블 스터디(Gate Bible Study)의 초청을 받아 성경공부까지 시작하게 되었습니다. 그 바이블 스터디 그룹이 모체가 되어 홍정길 목사님을 모시고 의논하던 중 코스타와 같은 유학생 수련회를 계획하게 되었다고 후에 들었습니다. 결국 미국 코스타의 전신 격이 되었던 의미 있는 모임에 저희가 초청이 되었던 것이 결국 이 자리까지 오게 된 첫 걸음이 된 셈입니다. 그러나 제 남편은 처음에는 도망치다시피 하면서 그 모임을 피해 다녔는데, 어느 날 바비큐 파티가 있다는 말에 속아서(?) 첫 모임에 참석하였고 그 이후로 창세기 말씀에 진지하게 토론하며 참여하게 되었습니다.

1년가량의 시간이 흐른 후 남편은 로마서 공부를 하던 중 예수님을 영접하게 되었고, 급작스런 변화를 가져오면서 성경을 붙들고 살다시피 하며 말씀에 깊이 빠져 들어가게 되었습니다. 마침내 나중에는 성경공부 모임의 리더가 되어, 새로 유학 오는 후배들을 거두어 섬기는 일에 열심을 다하게 되었습니다. 그야말로 나중 된 자가 먼저 된다는 말이 실감이 날 정도로 제가 도무지 따라가기가 힘들어서 괴로울 정도로 앞서가는 사람이 되고 말았습니다. 그러던 중 워싱턴에서 열린 1990년 코스타에 처음으로 참석하여 은혜를 받던 중 남편은 그때 강사로 참석한 김진경 총장님의 간증을 들으며 중국 만주 땅에 세워진다는 대학에 대해 관심을 갖게 되었습니다. 아마도 그 순간 중국으로의 부르심(calling)을 받았던 모양입니다. 그런 줄도 모르고 돌아온 저는 학위를 마무리 짓고 한국으로 돌아갈 꿈에 부풀어 온갖 살림살이 장만하는 데 열중해 있었습니다. 아시죠, 여러분들도? 대부분의 유학생 부인들이 그러하듯이 이케아(IKEA) 쇼핑 잡지를 뒤적이며 필요한 것들을 장만하고 한국에 돌아가 어떻게 내 집을 우아하게 꾸밀까 하는 데 온 관심을 쏟는 그런 사람이었습니다. 남편이 포항에 직업을 얻는 바람에 저는 내가 늘 그리던 서울의 큰 교회 오르간 연주자의 꿈은 포기해야 했습니다. 그러나 포항에 도착하자마자 곧바로 포항에서 제일 크다고 하는 교회들이 다투어 저를 오르간 연주자로 데려가려고 서로 경쟁하는 가운데 내심 우쭐한 마음도 들었고, 대구와 부산의 대학에 출강을 하면서 열심히 나 자신의 전공을 살리는 일에 열중하게 되었습니다. 나에게는 오르간이 생활의 전부인 것처럼 느껴질 정도로 중요했으며, 어쩌면 그래서 그것이 점차 우상이 되어 가고 있었는지도 모릅니다. 나는 그 무렵 그 같은 나의 생활을 만끽하면서 교회에서 칭찬 받으며 나름대로는 최선으로 하나님을 섬기며 살아간다고 생각하고 있었던 것입니다.

1993년 겨울, 세종문화회관에서 오르간 독주회를 마치고 선생님들과 선후배들의 찬사를 받으며 포항으로 돌아온 후 약간의 허탈감에 빠져 있을 때, 제 남편이 처음으로 진지하게 중국으로 떠나자는 말을 했습니다. 나는 그의 말이 더 이상 농담이 아니라 심각한 말인 것을 깨달고는 정신이 아뜩할 정도로 놀라기도 했지만, 절대로 나는 그럴 수 없다고 딱 잘라서 말을 했죠. 남편은 나의 그런 태도에 질리기라도 했는지 그 이후로는 더 이상 말을 꺼내지 않고 물러가 버리는 것이었습니다. 그러나 전쟁은 그때부터 시작이 되었습니다. 그 후로 1년간 나와 남편 사이의 보이지 않는 영적 갈등이 시작되면서, 새벽마다 부르짖어 기도하는 남편의 기도 소리에 내심 불안하여 어떡하나 하고 걱정하며 잠을 설치고 괴로워하는 나날들을 보내게 되었습니다. 중국이라뇨? 나 같은 사람이 중국에 가다니요? 하나님, 세상에 이런 법이 다 있습니까? 우리보다 훨씬 더 믿음 좋은 사람들이 얼마나 많은데 왜 우리가 가야 합니까? 더구나 저는 이곳에서 할 일이 있는데. 교회에서 반주 잘 하고 열심히 봉사하고 있는 제가 왜 그곳에 가야 합니까? 그러나 싸움을 하려 해도 정면으로 부딪히지 않고 일방적으로 기도만 하고 있는 남편, 그가 출근을 하고 나면 나는 어쩔 수 없이 끌리듯이 그의 기도 처소에 들어가 남겨진 기도의 흔적들을 살피게 되는 것이었습니다. 그의 큐티 노트를 넘겨 보면 온통 눈물 자국이 가득하고 오직 하나님께서 사랑하는 아내의 마음을 위로하시며 바꾸어 주기만을 바라며 기도하는 남편의 기도 소리가 온 방 안에 가득히 남아 있는 것처럼 느껴질 때 내 마음도 흔들리며 조금은 감동이 되지 않을 수 없었습니다. 그 상황이 너무나 힘이 들었지만 어쩔 수 없이 나도 믿는 사람인지라 그때 생각하게 된 것이 "그래 나도 기도해 보자" 하는 심정으로 성경을 펴 들고 읽기 시작했습니다.

그러나 어쩌면 기도를 시작한 것이 잘못이었는지 모릅니다. 신앙생활 후 처음으로 진지하게 창세기에서부터 말씀을 읽어 가는 도중에 신명기 8장 15절에 이르렀을 때, 어느 날 아침 나는 마치 망치로 얻어맞는 것과 같은 큰 충격을 받으며 하나님이 내 마음을 때리는 것을 경험하게 되었습니다. 장차 내가 만주 땅에서 걸어가야 할 길을 미리 보여 주시는 것과 같은 그 말씀 속에서 "너를 인도하여 그 광대하고 위험한 광야 곧 불뱀과 전갈이 있고 물이 없는 건조한 땅을 지나게 하셨으며 또 너를 위하여 물을 굳은 반석에서 내셨으며 네 열조도 알지 못하던 만나를 광야에서 네게 먹이셨나니 이는 다 너를 낮추시며 너를 시험하사 마침내 네게 복을 주려 하심이었느니라"는 구절을 읽고 있는데, 갑자기 "너를 낮추시며" 하는 대목이 나의 가슴을 치고 들어왔던 것입니다. 그리고 내가 그동안 하나님을 섬긴다고 하면서도 얼마나 높아진 생활을 하고 있었던가 하는 것을 한꺼번에 깨달아 알게 되었습니다. 교회에서도 강대상 다음으로 물리적으로 높은 자리에 오르간 연주자로 항상 꼿꼿이 앉아 사람들의 시선과 눈을 의식하며 수천 명의 회중 앞에서 자신의 음악을 과시하던 모습이 떠올랐습니다. 미국에서 공부하고 온 오르간 연주자인 나를 특별대우 해 주시던 당시 담임목사님을 통하여 높아질 대로 높아진 나 자신의 모습이 하나님 앞에서 얼마나 잘못된 것인지를 알게 되었고, 이제 하나님께서 내게 복을 주시기 위해 나를 낮추려 하신다는 것을 느끼게 된 것입니다.

이어서 신명기 10장 12절에서 "이스라엘아 네 하나님 여호와께서 네게 요구하는 것이 무엇이냐" 하는 말씀에 이르자 그것이 마치 "최문선아!" 하고 나를 부르시는 음성처럼 들렸습니다. "곧 네 하나님 여호와를 경외하여 그 모든 도를 행하고 그를 사랑하며 마음을 다하고 성품을 다하여 네 하나님 여호와를 섬기라"는 말씀이 새롭게 들어오기 시작했습니다. "예수 사랑해요, 하나님 사랑해요"라는 고백과 찬송을 매번 부르면서도 항상 감정적으로만 느끼고 지나갔던 것 같은데, 비로소 하나님을 사랑한다는 것의 참 의미가 무엇인지 처음으로 깨달아지기 시작했습니다. 결국 한번 허물어지기 시작한 내 마음을 향해 하나님께서는 그 이후로 끊임없이 말씀으로 도전하기 시작하셨고, 마침내 어느날 아침 마태복음 6장 33절의 "너희는 먼저 그의 나라와 그의 의를 구하라"는 말씀을 읽는 순간 제 마음속에서 도무지 불가능해 보였던 중국행에 대하여 "그래, 가자. 어떻게 되든지 한번 가 보자. 죽은 사람 소원도 들어준다는데 저토록 애태우며 부르짖는 내 남편 소원 하나 못 들어주랴" 하는 마음이 들었던 것입니다. 그날 저녁 퇴근하고 돌아온 남편에게 연변으로 가겠다고 말을 하고 말았습니다. 감정이 풍부한 제 성격으로 말미암아 결정적인 순간에 큰일을 저지르고 만 것이죠.

그러나 그 후에도 저는 부족한 믿음 때문에 괴로워하며 하나님께 확실한 징표를 보여 달라고 요구하기 시작했습니다. 그때 생각한 것 중에 몇 가지가, 만일 우리가 중국에 가는 것이 정말 하나님 뜻이라면 믿지 않는 양가 부모님들의 허락이 반드시 있어야만 한다는 것―사실은 현실적으로는 거의 불가능해 보이는 일이었습니다―과 때마침 남편이 저녁마다 쓰고 있는 소설이 있었는데, 그 소설이 내가 원하는 대로 홍성사의 '믿음의 글들' 로 출판된다면 그것을 하나님이 주신 징표로 삼겠다는 것이었습니다. 남편은 공대생이었지만 문학적인 소양을 가지고 있어서 늘 글쓰기를 즐겨했었는데, 남편의 말로는 그 무렵 하나님께서 그를 중국에 보내시기 위하여 강권적으로 그에게 소설을 쓰게 하셨다는 것입니다. 그런데 신기하게 우리가 연변행을 결정하고 몇 달 후 찾아간 양가 부모님들이 모두 그 자리에서 승낙을 해 주시는 것이 아니겠습니까? 저는 큰 소동이 일어날 줄로 겁을 먹고 있다가 한편으로는 안도가 되면서도 내심 믿었던 보루가 힘없이 무너지는 것과 같은 야릇한 감정을 느끼게 되었습니다. 그러나 그 후에 동생들로부터 들어서 알게 된 사실은 양가 부모님 모두가 남편이 미국에서 돌아와 교회 일에 지나치게 빠져드는 것을 걱정하던 중 중대한 의논을 하겠다고 찾아오자 분명히 이제 자신의 전공을 다 포기하고 신학을 다시 하여 목사가 되겠다는 말을 할 것이라고 짐작들을 하고 계셨다는 겁니다. 그러다가, 그게 아니라 무슨무슨 중국 대학에 교수로 가겠다고 하니, 순간 안심이 되는 바람에 잠시 착각을 하셨다는 것이었습니다. 더구나 얼마 후 남편이 보내었던 소설 《아바》의 원고가 정말 홍성사에서 '믿음의 글들'로 출판하기로 했다는 통지가 오면서 혹시나 했던 나의 모든 기대(?)는 허물어지고 우리가 연변으로 가는 것을 확실한 하나님의 뜻으로 받아들이지 않을 수 없게 되었습니다. 그 후로 내 마음은 하루하루가 천국과 지옥을 오가는 것과 같은 나날을 보냈습니다. 아침에 말씀으로 용기를 얻으면 모든 것이 가능할 것 같다가도 저녁만 되면 다시 벼랑 아래로 굴러 떨어지는 것만 같은 생활을 하였습니다.

마침내 이삿짐이 중국으로 떠나고, 텅 빈 아파트에 우리 식구 셋과 가방 세 개만 남아서 하룻밤을 보내던 것이 지금도 생각납니다. 만감이 교차되고 마침내 우리가 일을 저지르고 말았구나 하는 후회도 일어나고, 이웃집에서 송별 파티 저녁을 얻어먹고 돌아왔는데 잠도 안 오고, 아침에 일어나니 초등학교 1학년짜리 아들 녀석이 칭얼거리며 배고프다고 울음을 터뜨리는데 아무것도 줄 것이 없어 당황해하던 일, 정말 죽고 싶은 심정이었습니다. 포항을 떠나기 전날, 마지막 수업을 하던 아이를 수업 도중 교실에서 인사를 시키고 데리고 나오면서 햇살이 따갑게 비추이는 교정을 둘러보는데 눈물이 마구 쏟아졌습니다. 포항공대 교수 아파트 단지 안에서 그토록 좋은 시설의 학교와 놀이터를 누비면서 자전거로 씽씽 달리며 구김살 없이 자라던 그 아이를 이제 강제로 생면부지의 타국으로 데리고 간다고 생각하니 너무 마음이 아프고 상하여 견딜 수가 없었습니다.

빈집에 돌아와 맥없이 앉아 있는데, 마음은 괴로워 죽겠는데 이상하게 입 속에서 저절로 찬송이 흘러나오기 시작하는 것이었습니다. "목마른 사슴 시냇물을 찾아 헤매듯이" 하는 노래 가사가 자꾸 자기도 모르게 불러지는 것이었습니다. 이상하다 싶어 그 가사가 성경 어디에 있었지? 하는 마음으로 힘없이 성경을 펼쳐 보았는데, 놀랍게도 단숨에 목마른 사슴 구절이 담긴 시편 42편이 펼쳐지면서 5절의 말씀이 눈에 들어왔습니다. "내 영혼아 네가 어찌하여 낙망하며 어찌하여 내 속에서 불안하여 하는고 너는 하나님을 바라라 그 얼굴의 도우심을 인하여 내가 오히려 찬송하리로다." 이 말씀을 읽는 동안 내 마음속에 형언키 힘든 평화가 갑자기 몰려오기 시작했습니다. 너무나 기이한 경험이었기에 나는 직장에서의 마지막 정리를 하기 위해 가 있는 남편에게 전화를 걸어서 그 사실을 알려 주었습니다. 그러나 솔직히 그 당시 내 마음속에서는 마지막 구절, "내가 오히려 찬송하리로다" 하는 말씀만은 믿기지가 않았습니다. 도대체 앞으로 내가 중국에 가서 어떻게 다시 찬송을 할 수 있겠느냐 하는 의심이 있었던 것이죠.

1994년 8월 초, 우리 가족은 마침내 중국 땅을 밟게 되었습니다. 상상 속에서 두려워하던 일들이 마침내 현실로 나타나 연길 생활의 문화 충격이 시작되었습니다. 거리의 악취와 쓰레기, 먼지 바람, 비만 오면 한 발자국도 내딛기 힘든 진흙바닥, 무거운 장바구니를 들고 힘들어하며 시장을 보는 일, 찬물로 샤워하기 등, 깨끗한 환경만 고집하며 살아온 내게는 정말 감당키 힘든 일들이었습니다.

음악이 없이는 못 살 것만 같았던 나는 이삿짐이 도착한 직후 어수선한 짐 보따리 가운데에서 오디오와 그동안 내가 모아 두었던 CD 박스를 먼저 챙겼고, 남편은 내 오르간부터 세팅을 시작했습니다. 내가 이곳에서 유일하게 칠 수 있는 오르간이 과연 한국과 다른 중국의 전기 조건 속에서 작동할 것인가가 몹시 걱정되는 일이었기 때문입니다. 마침내 오르간이 조립되고 나는 의자에 미끄러지듯이 들어앉아 두려운 마음으로 건반을 살짝 눌러 보았습니다. 삐 하는 전자음과 함께 무사히 소리가 나는 것을 확인한 나는 자기도 모르게 찬송가를 몇 곡 쳐 보다가 곧바로 바흐로 넘어갔습니다. 그곳이 중국인 것도 잊은 채 한참을 신들린 듯이 연주를 했던 것입니다. 연주가 끝나자 나는 허탈한 심정으로 멍하니 앉아 있었습니다. 잠시 침묵이 흐른 후, 그때까지 뒤에서 어깨너머로 바라보고 있던 남편이 내게 중얼거리듯이 "여보, 지금 당신이 중국에서 첫 바흐를 연주했어" 하고 말하는 것이 아닙니까? 그 소리를 듣는 순간, 나는 그동안 참아오던 모든 설움과 아픔이 한꺼번에 몰려 쏟아지는 것처럼 남편을 향해 왜 나를 이곳까지 데려왔느냐고 큰 소리로 엉엉 울음을 터뜨리고 말았습니다.

첫 수업에 들어가 무표정한 얼굴들의 학생들을 바라보니 갑자기 영적으로 꽉 막힌 것 같은 답답함이 몰려왔습니다. 음악을 좋아하느냐고 물어 보아도 묵묵부답, 음표는 한 번도 본 일이 없고, 소학교 때 도레미파솔 대신 1, 2, 3, 4, 5 숫자로 표기된 노래를 배운 기억밖에는 없다는 아이들. 웃겨 보려고 노력해도 아무 반응이 없는 이 아이들을 향해 내가 무슨 음악을 들려 줄 수 있을까 심히 고민이 되었습니다. 공산주의 국가에서 찬송가는 물론 금물이지만, 이들 앞에서 클래식이니 더욱이 바흐를 이야기할 형편은 전혀 되지 않았습니다. 한 번도 쳐 본 일이 없었지만 생각나는 대로 '찔레꽃', '소양강 처녀' 같은 흘러간 유행가를 피아노로 치기 시작했습니다. 그러자 아이들의 얼굴에서 조금 반응이 나타났습니다. 그러다가 생각한 노래가 해바라기라는 가수가 불렀던 '사랑으로' 라는 노래였습니다. 그 노래의 가사가 마치 연변으로 찾아간 우리들의 상황을 그대로 담고 있는 것 같았습니다. 그 노래를 무슨 복음성가나 되는 것 같은 심정으로 아이들에게 가르치기 시작했습니다. 그런데 정말 이상한 일이죠? 내가 그 노래에 감정을 실어서 피아노로 치기 시작하자 닫혀 있던 내 마음이 먼저 열리면서 내가 스스로 감동을 받기 시작했습니다. 아시죠? 그 가사, "내가 살아가는 동안에 할 일이 또 하나 있지. 바람 부는 벌판에 서 있어도 나는 외롭지 않아. 그러나 솔잎 하나 떨어지면 눈물 따라 흐르고……." 이 가사를 부르며 학생들에게 노래를 가르칠 때 내 마음 깊은 곳에서 북받치는 감동이 일어나며 내가 먼저 눈물을 흘리고 말았습니다. 그 후로 이 노래는 연변과기대의 모든 학생과 교직원들에게 제2의 교가처럼 불리는 노래가 되고 말았습니다.

그러나 여전히 오르간에 대한 나의 절대적 신앙은 우상처럼 남아 있었기에 나는 무인도에 남겨진 사람이 과거의 추억을 망각하지 않으려고 안간힘을 쓰듯이 골방에서 홀로 바흐를 연주하며 아무도 들어 주는 회중이 없는 가운데 오직 하나님과 독대하며 씨름하기 시작했습니다. 그러다가, 더러는 내 신세가 한심해서 화가 나면 남편에게 왜 나를 이곳까지 끌고 와서 이 모습으로 만들었느냐 하며 퍼부어대다가, 어떤 때는 하나님을 향해 나를 이런 무인도에 데려올 작정이셨다면 왜 나에게 지금까지 오르간을 배우고 전공하게 하셔서 이런 아픔을 주시는 겁니까, 하고 설움의 눈물을 터뜨리기도 했습니다. 하나님, 내가 한국에 있을 때도 분명 하나님께서 내게 주신 달란트로 아름다운 오르간 음악으로 당신께 영광 돌리는 그런 생활을 했었는데, 어째서 나를 이곳으로 데려오셔야만 했습니까?

그러던 어느 날, 내가 바흐에 깊이 몰두해서 오르간을 치고 있는데 하나님께서 말할 수 없는 감동으로 나를 찾아오셨습니다. 그리고 나에게 질문을 던지시는 것 같았습니다. "너 문선아, 네가 지금까지 많은 회중들 앞에서 나에게 영광 돌린다고 쳤던 그 음악들 기억나니?" "예, 하나님. 당신이 더 잘 아시잖아요. 제가 얼마나 열심히 봉사했는지요." 나는 갑자기 다시 설움이 북받쳐서 하나님 앞에 투정하듯이 매달렸습니다. 그런데, 그 순간 자애로운 그의 음성이 내 안에서 이렇게 말하는 것이었습니다. "그런데 나는 너의 그 음악들을 도무지 인정할 수 없다. 나는 하나도 그것을 카운트하지 않았어." 나는 그 말을 듣는 순간 갑자기 두려움에 휩싸였습니다. 아니 그럼 그동안, 내가 지난 20년간 교회에서 반주했던 그 모든 것들은 어떻게 된 거죠? 그것을 당신이 듣지 않으셨다니요? 나는 이제 어떻게 해야 하는 겁니까?

"다시 시작해라. 처음부터."

그 순간 내 눈앞에서 무엇인가 와르르 무너지는 듯한 느낌을 받았고, 갑자기 내가 초라한 모습으로 다시 반주를 하는 모습이 보이는 듯했습니다. 그런데, 그것은 크고 웅장한 파이프 오르간이 아니라 아주 조그마한 키보드였습니다. 그것이 나에게 이제 현실로 다가올 것만 같은 예감이 불안하게 스쳐 지나갔습니다. 그 예감은 얼마 후 결국 곧바로 실제 상황으로 나타나고 말았습니다. 연길에 교회음악을 전공한 반주자가 왔다는 소문이 조금씩 퍼져 가면서 여기저기서 저를 부르는 곳들이 생기기 시작했습니다. 나는 두려움에 싸인 채 차가운 시외버스에 몸을 싣고 눈 덮인 시골길들을 오가며 반주자들을 가르치기 시작했습니다. 하나님으로부터 받은 그 질책이 있었기 때문에 그 부탁들을 거절할 용기조차 없었던 것입니다.

돌이켜보면 중국에서 지낸 세월 동안 받은 축복이 너무나 많습니다. 중국 오기 전, 기도 가운데 약속해 주셨던 두 가지 기도 제목, 양가 부모님들의 구원과 약속의 자녀 둘째 아이를 주신 일 이외에도 헤아릴 수 없는 기도 응답을 받았습니다. 그러나 지금까지도 여전히 나에게는 처음 중국 땅을 밟던 그때와 동일한 갈등이 있습니다. 어쩌면 주님 앞에 나아갈 그 순간까지 내가 지고 가야 할 십자가인지도 모르겠습니다. 이곳 학생들도 이제 조금은 익숙해지고 더러는 대견해 보일 때도 있지만, 아직도 그들을 대하는 내 모습에는 사랑이 절대적으로 부족함을 느낍니다. 남편은 나에게 끊임없이 더 많은 것들을 요구하며 그들을 먹이라고 하는데, 나에게는 먹일 것도 먹일 힘도 없습니다.

1995년 중국에서 맞이한 나의 첫 생일에, 평소에 나에게 미안한 마음을 담고 사는 남편이 생일 선물을 사들고 들어온 일이 있었습니다. 아마도 하루 종일 연길 백화점을 헤매며 다녔던 모양입니다. 그 당시만 해도 연길에 너무나 물건이 귀했던 때라, 나는 놀라고 조금은 감격도 했었지요. 그러나 기대감으로 포장지를 풀었던 나는 너무나 어이가 없고 화가 나서 말이 나오질 않았습니다. 그가 내게 선물한 것은 다름 아닌 커다란 직사각형의 중국식 주방용 식칼이 아닙니까? 중국은 고기를 덩어리째로 사와서 썰어야 하기에, 남편은 학생들을 먹이기 위해 항상 고기를 써느라고 고생하는 나를 위해 그 칼을 선물한 것이었죠. 칭찬 받을 줄 알고 사온 선물에 내가 토라지고 말자 어리둥절해하는 그의 모습, 그것이 우리 부부의 지나온 중국 생활이었습니다. 그러나 나는 지금까지도 그 칼을 잘 쓰고 있습니다. 아마 그 칼이 없었다면 내 어깨가 견뎌내기 힘들었을 것입니다. 피아노와 오르간을 치던 그 손으로 학생들을 먹이기 위해 일주일이 멀다하고 손님을 치르며 고기를 썰어야 하는 내 신세를 생각하면 아직도 화가 날 때가 있습니다. 처음에는 시간제 급수, 그나마 흙탕물, 겨울에는 온통 거리를 뒤덮는 매연. 이런 환경들이 나를 힘들게 했습니다. 그러나 마지막까지 나를 가장 괴롭히는 것은 나의 감수성을 해소할 길 없는 열악한 문화적 환경입니다. 이제는 좀 누그러지고 변화될 때도 된 것 같은데, 아직도 쇼팽의 소나타를 들으면 감정이 복받쳐서 눈물이 터져 나옵니다. 낮아진 삶, 이 같은 생활이 "내 양을 먹이라" 하신 그분의 명령에 순종하는 삶이요 가장 기뻐하시는 삶이라는 것을 알면서도 마음먹은 대로 잘 안 되는 것이 또 나의 초라한 모습입니다.

그러나 한 가지, 그런 나의 모습을 바라보시며 하나님께서 언젠가 이렇게 말씀하시기를 조금 기대해 봅니다.

"문선아, 너의 수고와 눈물을 내가 안다. 내 딸아. 너는 내 기뻐하는 딸이란다."

음악 동우회와 밴드부를 만들어 씨앗을 뿌리기 시작한 지 어언 10년이 다가옵니다. "우리는 골(머리) 속에 음악 세포가 없어서 안 돼요"라며 고개를 흔들던 그들을 붙들고 도레미를 가르치기 시작한 이래 얼마나 많은 좌절을 겪어야 했는지. 각종 음악행사를 통해 마음이 닫힌 아이들의 얼굴에 웃음이 피어나는 것과, 공산당 여학생이 색소폰으로 '어메이징 그레이스'(Amazing Grace)를 연주하는 모습을 볼 때 새 소망을 느낍니다. 끝으로 학생들에게 가르쳐 한동안 유행했던 '보리라' 라는 노래의 가사를 떠올려 보며 마치도록 하겠습니다.

우리 오늘 눈물로 한 알의 씨앗을 심는다
꿈꿀 수 없어 무너진 가슴에
저들의 푸른 꿈 다시 돋아나도록
우리 함께 땀 흘려 소망의 길을 만든다
내일로 가는 길을 찾지 못했던
저들 노래하며 달려갈 그 길

그날에 우리 보리라 새벽이슬 같은 저들 일어나
뜨거운 가슴 사랑의 손으로 이 땅 치유하며 행진할 때
오래 황폐하였던 이 땅 어디서나 순결한 꽃들 피어나고
푸른 의의 나무가 가득한 세상 우리 함께 보리라

12. 큰아들 다니엘의 성장 일기

　얼마 전, 중학교 3학년이 된 큰아들 다니엘을 안아 주려다 오히려 녀석 품에 안기고 말았다. 여덟 살짜리 코흘리개를 데리고 중국 땅을 밟은 때가 엊그제 같은데 어느새 키가 180센티미터가 넘는 청년으로 변해 버린 것이다. 유별난 부모 때문에 이곳저곳 끌려 다니며 원치 않은 이별 연습을 톡톡히 해야 했던 다니엘. 철없던 신혼 시절, 막 첫돌이 지난 어린 녀석을 어머니에게 맡기고, 함께 공부한답시고 아내와 함께 훌쩍 미국으로 떠났었다. 갑자기 사라진 부모의 얼굴을 떠올리면서 아이가 날마다 사진첩을 뒤적거리며 우두커니 하늘을 쳐다보고 있다는 전화 통화에 가슴 아리던 시절. 보스턴 공항에서의 눈물겨운 재회 후, 미국 킨더가튼(유치원)에서 영어를 배우며 한창 재미를 붙이던 아이를 이끌고 다시 포항으로 거처를 옮겼다. 그리고 또 3년 후, 포항에서 아파트 단지를 쌩쌩 누비며 또래 친구들과 자전거를 타고 다니던 활발한 녀석에게 어느 날, "우리는 중국으로 간다"고 폭탄선언을 했던 것이다. 다시 한 번 녀석의 의사는 완전히 무시한 채 말이다.

*

중국에 온 이후, 다니엘의 교육 문제는 우리 부부의 끝없는 기도 제목이었다. 처음 오자마자 말도 글도 모르는 아이를 무작정 중국 한족(漢族) 소학교에 집어넣었다. 학교에서 바보라고 놀림 당하여 울상이 되어 돌아오는 녀석이 안쓰러웠지만, 아이가 약해질까 봐 내색할 수도 없었다. 뜻도 모르는 중국 공산주의 노래를 배워 와서 흥얼거리는 모습에 가슴이 쓰라렸던 일도 있었다. 한글을 잊지 않게 하려고 꼭 일기를 쓰게 했다. 노트 한 귀퉁이에 한국에 돌아갈 날을 계수하며 일기를 쓰는 모습이 한편 측은하면서도 기특한 생각이 들곤 했다.

1995년 8월 27일

난 중국이 싫다. 특히 나는 학교가 많이 싫다. 화장실도 더럽고 애들도 더럽다. 지금 엄마는 방학 때 독주회 때문에 한국에 잠깐 나가셔서 온 지 이틀밖에 안 되셨다. 그래서 엄마는 여기 오시자마자 먼지도 많고 너무 공기가 안 좋다고 하셨다. 나는 여기서 많이 살아서 공기도 나쁘고 그런 느낌이 별로 안 난다. 오늘 나는 엄마랑 같이 시장을 갔다. 그런데, 길을 건널 때 엄마가 우셨다. 그래서 난 말했다. "엄마 왜 우세요?" 그래도 엄마는 여전히 말없이 울고 계셨다. 어느 날 나도 학교 때문에 울어 버린 적이 있다. 그래도 나는 이제부터는 중국을 사랑하겠다.

1995년 9월 2일

난 자전거를 탔다.
바람이 뒤에서 나를 밀어 준다.
저 산을 넘어 달을 넘어

이 세상 우주까지 다 넘어서 다시 온다.

바람이 안내원 같다.

바람이 뒤에서 밀어 주다가 넘어졌다.

살갗도 까졌다.

재수 없는 날이다.

1995년 10월 25일

요즈음 다니엘이 중국 아이들의 유행을 따라 병뚜껑으로 만든 딱지 놀이에 정신이 팔려 길가에 떨어진 병뚜껑을 줍고 다닌다. 흙이 묻은 알루미늄 병뚜껑을 돌로 꽝꽝 내리쳐서 납작한 딱지를 만드는 것을 보며 아내는 그것이 싫어서 눈살을 찌푸리곤 하다가 결국 체념을 하고 만다. 더러는 약한 부모의 심정으로 가슴이 답답해지다가도 밝고 건강하게 자라는 그 아이의 모습 속에서 큰 위안을 받는다. 하나님께서 과연 다니엘을 장차 어떤 모습으로 키우실지 기대가 크다. 이미 그분께 드려진 아이라는 생각을 한다.

1996년 3월 15일

대학 강사로서 교회 오르간 반주자로서 개인 레슨으로 숨쉴 틈 없이 바쁜 생활을 보내던 아내가 중국에 와서 처음 맞닥뜨려야 했던 어려움 중의 하나는 생활에서의 무력감을 달래는 일이었다. 남편과 아이를 뒷바라지하는 가정주부로서의 삶이 가장 중요한 직업이라는 것을 인정하면서도 갑자기 커리어 우먼에서 하류 주부로 뒤처져 버린 듯한 느낌으로 고민하던 그녀는, 어느 날 기도 가운데, 사역에 지친 동료들을 집에 초청하여 열심히 섬기는 것도 중요한 사역이라는 마음을 갖게 되었다. 그 이후로 아내는 교직원들을 저녁식사에 초대하여 생일 파티를 열어 주며 정성으로 섬겼다. 아내의 깔끔하고 섬세한 성격과 음식 솜씨, 우리가 한국에서 이끌고 온 비교적 풍부한 살림살이가 중국에서는 보기 드문 아늑한 분위기를 이끌어내었기 때문에 동역자들은 모두 초대받는 것을 기다리며 기뻐하였고, 우리 집은 그들에게 저녁 한 때의 여유로운 음식과 휴식을 제공하는 '사역지에서의 미션홈'(mission home)의 역할을 하게 되었다.

그와 같은 섬김에 대한 보상이었을까? 지난 서른네 번째 맞이하였던 아내의 생일은 그녀에게는 잊지 못할 추억을 남긴 날이었다. 주변에서 아내를 사랑하는 동료들, 특별히 그동안 대접을 받았던 싱글들이 단합하여 아내 몰래 이웃 동역자 집에 생일 파티를 마련해 놓고 깜짝 파티를 벌였던 것이다. 정작 자신의 생일에는 미역국도 끓여먹지 못하고 남편과 아이와 함께 이국 땅에서 쓸쓸한 저녁을 맞이하려던 그녀에게 그동안의 수고와 외로움을 다 씻어 내릴 만큼 아름답고 정겨운 밤이 되었다. 물론 감성이 풍부한 아내는 눈물을 글썽이며 울음을 터뜨릴 만큼 감격하였고, 싱글들이 마련한 꽃다발과 선물 꾸러미 그리고 노래 및 악기 연주까지 곁들이는 풍성한 잔치의 주인공이 되었다.

그러나 그 북적대는 어른들 잔치 뒷전에서 아이가 남모르는 상처를 받고 가슴을 조이고 있었던 것을 아무도 몰랐다. 아이에게는 차라리 세 식구가 호젓이 식사를 하는 것이 더욱 좋았을는지 모른다. 갑작스레 기습을 받아 엄마를 빼앗긴 기분으로 떠들썩한 어른들 틈바구니에서 끼어 있다가 엄마에게 쏟아지는 선물들을 보니까 왠지 심술이 나기 시작했다. 한편 마음 한구석에서는 자기도 남들처럼 엄마에게 선물을 주지 못하는 것에 대하여 공연히 미안하기도 하였다. 자신도 엄마처럼 사람들의 주목을 받고 싶어서 옆으로 파고 들어가 선물을 만져 보려 하니까 어른들이 엄마 선물을 왜 네가 먼저 풀어 보려 하느냐고 꾸지람을 주었다. 다시 뒷전으로 밀려나 앉아 있다가 그래도 선물의 내용이 궁금하여 모기 소리만하게 엄마를 불렀다. 아무 반응이 없자 조금씩 큰 소리로 몇 번이고 다시 불러 보았다. 엄마는 사람들과 선물에 싸인 채 흥분하여 아이의 소리를 전혀 듣지 못하였다. 아이는 갑작스럽게 그 상황이 너무나 화가 나고 싫었기 때문에 큰 소리를 질러 버렸다. 어른들이 놀란 눈으로 그제야 아이를 쳐다보며 한마디씩 말을 던졌다. "아니, 다 큰 애가 왜 그럴까?"

파티가 끝나고 난 후 집에 돌아와서 다시 세 식구만 남았을 때, 우리 부부는 아까의 상황을 기억하였다. 우리가 외아들이라 두둔하여 아이를 혹시 잘못 키운 것이 아닌가 걱정하며 나무라는 투로 아이에게 말을 꺼냈다. 엄마 생일을 기억하는 것을 교육적으로 가르칠 필요도 있을 것 같았다.

"애야, 너는 엄마 생일에 다른 사람들처럼 생일 선물을 준비하지도 못 하구선, 사람들 앞에서 그렇게 심술만 부리면 어쩌니?"

그때, 마침내 참았던 아이의 눈물이 터져 나왔다.

"여기가 한국이야? 내가 어떻게 엄마 선물을 살 수 있겠어, 엉엉. 학교밖에는 나 혼자 나갈 데도 없는데, 어디서 선물을 살 수 있단 말이야? 아무 데도 못 나가게 하면서. 나는 중국이 싫어. 마음대로 돌아다니고 선물도 마음대로 살 수 있는 한국으로 가잔 말이야!"

가슴이 메여 왔다. 그리고 미안한 마음으로 다가가 아이를 안아 주는 것밖엔 해 줄 게 없었다.

*

그렇게 눈물로 시작했던 중국 생활이 이제 10년이 다 되었다. 떠나올 때, 왜 죄 없는 어린것을 데리고 가서 고생시키려 하느냐며 말리던 주위 사람들의 걱정들이 무색하리만큼 다니엘은 잘 자라 주었다. 이제는 중국말도 비교적 거침없이 하고 이곳에서 사귄 친구들과 더불어 연길 시내를 자유로이 활보하고 다닌다. 지난 겨울방학에는 친구 세 명과 더불어 자기들끼리 중국 여행 계획을 짜고 북경, 상해, 항주를 탐방하고 돌아왔다. 그 소식은 최근 한창 일고 있는 중국 붐을 타고, 한국의 친구들에게 오히려 부러움마저 사게 되었다. 자기 키의 반 토막밖에 안 되는 열 살 터울의 동생 데이빗(문영)을 데리고 다니는 모습이 우습기도, 대견하기도 하다. 데이빗은 우리 세 식구가 중국 생활을 통해 얻은 선물인지라 세 사람의 이름에서 한 자씩 따서 이름을 지어 주었다. 다니엘은 앞으로 영화인이 되어 21세기 문화사역에 뛰어들겠다는 결심을 굳히며 벌써부터 친구들과 함께 영화 소품을 만들고 있다.

자식을 통해 인생을 배운다. 시간이 지날수록 깨닫게 되는 것은 자식은 내가 키우는 것이 아니라는 점이다. 우리의 염려는 자식의 키를 한 자도 더 자라게 할 수 없다. 사자와 독수리가 자식을 강하게 하기 위하여 벼랑에서 공중에서 새끼를 떨어뜨리는 것처럼, 어쩌면 우리가 할 수 있는 일은 자식이 떨어질 때의 두려움과 아픔을 이기는 용기를 갖는 일일지도 모르겠다. 포로로 잡혀간 어려움 속에서도 큰 나라 바벨론의 총리가 되었던 성경 속의 다니엘을 생각하며, 우리 다니엘이 앞으로 더 큰 기쁨으로 나타나는 그날을 기다린다.

13. 시온의 대로(Pilgrimage)

얼마 전 우리는 학교 내에 새로 지어진 교직원 숙사로 이사를 했다. 중국에서 벌써 세 번째 집을 옮긴 셈이다. 아직 건물 주변이 정리가 되지 않아 흙길이고 어수선한 가운데 있지만 집 안만은 아내의 억척스런 손 맵시로 단장되어 깔끔하고 아담하게 꾸며졌다. 우리 학교 건축과 교수님들의 설계와 시공으로 직접 지어진 아파트이기에 연길시에서는 보기 드문 세련된 구조가 마음에 든다. 큰 아이 다니엘은 이사 온 날 자기 방을 둘러보며, "아빠, 이 집은 한국 아파트랑 비슷하다. 그지?" 하며 좋아했다. 중국에서 아주 눌러앉게 될까 봐 그것이 두려워 이사 가는 것을 반대했던 아내도 막상 이사를 하고 보니 새집이 무척 좋은가 보다. 프로판 가스로 온수기를 연결하여 부엌에서 따뜻한 물이 나오게 하였더니, 설거지하는 것이 마냥 신나고 즐거워 보인다. 그동안 한기가 뼛속으로 스며드는 찬물에 손을 담그게 하여 거칠어진 손등을 때때로 펴 보이며 "오르간만 치던 손을 당신이 이렇게 만들었어" 하며 눈을 흘기던 것이 생각난다. 새로 마련한 소파가 너무나 좋은지 하루에도 몇 번씩 일부러 앉아 보며, "야, 참 좋다. 여보, 나 소파 잘 바꾸었지?" 하며 눈치로 내 동의를 구한다.

출장을 다녀오던 날, 연길 공항에 마중 나온 아내가 집으로 가는 택시 안에서, 자기가 무슨 큰 잘못이라도 저지른 듯이 전전긍긍하더니, 내게 상의도 없이 소파를 바꾸었다고 마침내 실토를 하는 것이었다. 포항에서 가지고 온 세간을 근 10년간 그대로 지니고 살다 보니, 여기저기 낡고 고장 난 것들이 나타나기 시작했었다. 냉장고는 시끄러운 소리를 내고 TV 화면도 찌그러지기 시작하고, 소파는 여기저기 다 떨어져서 보기 싫은 속살을 드러내었던 것이다. 소파를 바꾸자고 그녀가 몇 번 운을 띄웠지만, 아직 앉는 데 지장 없는 걸 왜 바꾸느냐고 일축했었다. 깔끔하기로 유명했던 아내의 눈에 그 소파가 얼마나 보기 힘이 들었을까? 그동안 참아 준 것만 해도 고마운 일이었다. 집 정리가 끝난 후, 아내가 아끼는 오디오 세트와 CD들을 마저 정리하고 새로 단장된 거실에서 헨델의 오라토리오를 스테레오로 듣고 있으니 정말 여기가 천국이구나 싶었다. 그러다가 문득 10년 전 생각이 떠올랐다.

중국으로 떠나기로 결정한 후, 나는 힘들어하는 아내를 데리고 서둘러 여기저기 중국에 관련된 단기 훈련을 받으러 다녔다. 그런데 가는 곳마다 강사로 등장한 중국 사역 전문가라는 사람들이 한결같이 하는 말이, 중국은 언제 추방당할지 모르는 나라이니 짐을 많이 가지고 갈 생각을 말고 양손에 가방 두 개만 들고 가면 된다는 것이었다. 아내는 그 소리를 들을 때마다 자기가 아끼던 살림들을 모두 버리고 가야 한다는 생각에 억장이 무너지는 듯 한숨만 쉬었다. 자기의 손때 묻은 가구며 주방기구, 오디오 세트, 피아노, 오르간을 모두 두고 가야 한다니, 그녀로서는 도무지 상상도 할 수 없는 일이었던 것이다. 그 시절,

저녁때만 되면 그녀는 가장 센티멘털한 음악을 골라 틀어 놓고 앞으로
는 더 이상 이런 생활과 음악들을 즐길 수 없을 것이라는 생각에 잠기
다가 마침내 엉엉 울음을 터뜨리곤 했다.

그러던 어느 날, 중국에서 사역을 한다는 어떤 분이 우리가 중국으
로 간다는 것을 소문으로 듣고 우리 집을 갑자기 찾아왔다. 아내의 고
민을 듣더니, 무슨 말이냐? 가방 두 개만 가지고 가는 사람들은 언제
든지 도망갈 준비가 된 사람들이니 중국을 사랑할 수 없다. 중국을 모
르고 그저 허튼 소리를 하는 사람들이니 신경 쓰지 말고 이 집에 있는
물건은 모두 싸들고 가라. 쓰레기통 하나도 중국에서는 다 쓸모가 있
으니 버리지 말고 전부 가져가라는 것이었다. 그날 이후로 아내는 힘
을 얻어 열심히 이삿짐을 싸게 되었는데, 나중에 중국에 도착해 보니
바쁘게 짐을 싸다가 정말 쓰레기통 안의 쓰레기까지 몽땅 가져오고 말
았다. 지금 생각하면 아내의 약한 믿음을 보신 하나님께서 그녀를 위
로하시려고 친히 보내신 사람이었다고 생각된다. 오랜만에 그 시절을
회상해 본다.

1994년 7월 11일, 이삿짐 컨테이너가 중국을 향해 떠나갔다. 그 안
에는 지난 10년간 아끼며 가꾸고 쌓아 왔던 우리 가족의 애틋한 살림
살이들이 전부 실려 있었다. 밤 10시나 되어서 작업을 마친 차가 막 떠
나려고 할 때, 빈집을 한바퀴 둘러보던 우리는 발코니 한구석에 큰 더
미로 쌓여진 빈 상자들을 발견하였다. 그것은 미국에서 가져온 것들
로, 언젠가 이사 갈 때 쓰려고 보관하여 오던 온갖 가전제품들의 오리
지널 박스들이었다. 시간에 쫓긴 일꾼들이 미처 그것들을 발견하지 못
하고 모든 이삿짐을 새로 포장하여 실어 버린 것이었다. 그러나 그 상
자들을 보는 순간 아내는 갑자기 그것들을 모두 싣고 가야 한다고 고
집을 피우기 시작했다. 나중에 중국에서 돌아오려면 필요하다는 것이

었다. 이미 이삿짐을 가득 실은 차에는 더 이상 짐을 실을 공간도 남아 있지 않았다. 그러나 아내는 곧 울음이 터질 듯한 표정으로 필사적으로 매달리는 것이었다. 나는 순간 직감했다. 이 빈 상자들이 그녀에게 주는 의미가 무엇인가를. 떠나려던 차의 문을 도로 열고 나는 이미 실린 물건들 중 몇 박스를 끄집어 내리고 빈 상자들을 싣게 하였다. 일꾼들은 어처구니없다는 듯이 그것을 바라보고 있었지만, 그들은 빈 상자 안에 담긴 아내의 울음 섞인 소망을 알 수도 느낄 수도 없었다.

다음날 아침, 눈부신 아침 햇살 속에서 우리는 깨어났다. 넓고 환한 사각의 빈 공간 안에 갑자기 남겨진 우리 세 식구는 망연히 벽에 기대어 앉아 있었다. 다니엘이 배가 고프다고 칭얼대더니 갑자기 서럽게 울음을 터뜨렸다. 나는 그것이 배고픔의 울음이 아니라 아이에게 밀어닥친 어떤 불안감의 표출이라는 것을 느꼈다. 아이를 달랜 후, 주스 한 잔을 먹여 학교에 보냈다. 사방을 둘러보던 아내가 중얼거리듯 말했다.

"우린 이제 몸뚱이 셋과 가방 세 개만 남았군요."

그날은 다니엘의 마지막 등교일이라 우리는 과자와 아이스크림을 사서 들고 아이의 학교로 향했다. 포항제철 서초등학교의 교정은 한여름의 무더위 속에서 꾸벅꾸벅 졸며 평화로운 자태로 우리들을 맞이했다. 아름다운 교정과 깨끗한 편의시설들이 시야로 파고들며 내 가슴을 사정없이 찔러 왔다. 천진무구한 어린이들이 법석대는 책상 사이를 누비며 과자를 나누어 준 후 작별인사를 하고 아이를 데리고 교정을 나섰다. 따라나온 담임선생이 귀띔하길 다니엘이 줄곧 선생님과 친구들에게 자기가 4학년이 되면, 서초등학교로 다시 전학 올 것이라고 힘주어 말하고 다녔다는 것이었다.

자동차로 아이와 아내를 집까지 바래다주고 사무실로 향하려 하자, 참고 있던 눈물이 사정없이 쏟아지며 운전대의 핸들을 가렸다. 사랑하는 아내와 아들에게 너무나 무거운 짐을 안겨다 준 나 자신이 하염없이 미워졌다.

　하루 종일 손에 일이 잡히지 않아 우두커니 책상에 앉아 있는데 아내에게서 전화가 걸려왔다. 아내의 목소리가 의외로 평화스러웠다. 아내는, 오후 내내 심한 상실감에 시달리던 그녀에게 성령께서 찾아오셔서 강하게 역사하시며 위로하셨다는 사실을 내게 알리고 싶어 전화를 한 것이었다. 마음의 고통 가운데도 입 속에서 '목마른 사슴'의 찬송이 끊이지 않아 그 가사의 구절이 담긴 성경을 찾아보던 중 시편 42편 5절의 말씀을 주시면서 말할 수 없는 평강으로 채우더라는 것이었다. 그 소리를 듣고 나도 그 구절을 찾아보고 싶어서 옆에 놓여 있던 성경을 무심코 펼치는 순간, 어쩌면 이럴 수가, 바로 시편 42편이 단번에 펼쳐지면서 과거에 줄쳐 놓았던 5절이 내 눈에 튀어 오르듯 다가서는 것이 아닌가?

　"내 영혼아 어찌하여 네가 낙망하며 어찌하여 내 속에서 불안하여 하는고. 너는 하나님을 바라라. 그 얼굴의 도우심을 인하여 내가 오히려 찬송하리로다."

　나는 눈물이 쏟아지며 하나님의 강한 손길에 휩싸이고 말았다. 성령께서 함께하시는 강하고 깊은 위로가 파도처럼 출렁이며 내 영혼 깊숙이 밀어닥쳤다. 하나님은 우리의 연약함을 다 아시기에 한 순간도 우리를 놓치지 않으시고 돌보시며 이렇듯 등 뒤에서 동행하고 계시지 않은가? 이런 생각과 함께 그분의 임재하심이 피부 가까이 느껴지는 것이었다. 나는 바로 이 구절이 이제 중국을 향해 떠나가는 우리 가족에게 주님께서 친히 주신 위로의 말씀이라는 사실을 확연히 깨달았다. 앞으로 어떤 고통과 실망의 순간들이 닥쳐 오더라도 오직 이 말씀 하나를 붙들고 다시 일어서라는 주님의 애정 어린 당부가 그 속에 담겨져 있는 것만 같았다. 그날, 포항에서의 마지막 밤, 우리 부부는 빈집에서 평화로 가득한 밤을 맞이할 수 있었다.

　우리의 이삿짐 컨테이너가 학교에 도착하던 날, 끝없이 쏟아져 나오는 세간에 그것을 지켜보던 다른 동역자들이 "아니 M으로 온 사람들이 무슨 짐을 이렇게 많이 가지고 왔느냐?"며 나무라듯 말하던 일이 생각난다. 그런 질문을 받을 때마다 아내는 자기는 필경 이런 곳에 올 사람이 못 되는데 잘못 왔다며 자격지심에 사로잡혀 힘들어하곤 했다. 그러다가 어느 날, 창세기 12장 5절의 말씀을 읽던 중 아브라함과 사라가 하나님의 부르심을 받고 가나안 땅으로 떠날 때, 하란에서 모은 모든 소유를 이끌고 떠났다는 대목을 읽으며 크게 위로를 받게 되었다. 그 당시 아브라함과 사라가 처했던 어려운 상황과 고민들이 마치 우리 일처럼 생생하게 느껴지면서, 그들도 우리와 같은 마음을 가진 보통 사람들이었다는 것을 깨닫게 되었다. 우리에게 이삿짐이 많다고 반문하던 사람들은 어느새 대부분 이곳을 떠나고 말았지만 아내와 나는 아직 중국에 남아 있다. 아내는 자신이 아끼던 그 살림들이 볼모가 되어 이곳을 떠나지도 못하고, 지난 세월을 힘들게 그러나 기특하게(?) 살아내었던 것이다.

　처음 정착 당시, 그동안 살았던 쾌적한 환경을 버리고 조금이나마 열악한 환경 속으로 들어가 살 수 있었던 것은 우리 부부에게는 행운이었고 좋은 훈련 기간이었다. 육신의 정욕과 이생의 자랑에 사로잡히기 쉬운 우리의 연약한 마음을 주님께서 강제로 다스리시며 참 영원한 것을 사모할 수 있는 마음으로 조금씩 변화시켜 주셨던 것이다. 그 시절의 뜨겁고 순수했던 마음이 오히려 그리울 때도 있다. 어떻게 그 시절의 아픔과 어려움을 통과했는지, 모든 것이 그분의 은혜일 뿐이다. 중국에서 처음 살던 집과, 1994년 겨울을 회상한다.

우리는 학교에서 걸어 내려오면 약 30분쯤 걸리는 '뻬이따' 라는 곳에 아파트를 얻었다. 연길 시내에서도 가끔 택시 요금을 더 달라고 하는 변두리지만, 아파트들이 비교적 새로 지은 곳이 많고 시장도 새로 생기고 집 앞에 버스 종점도 있어서 주거지역으로는 오히려 적당한 곳이다. 우리 학교는 인적이 드문 언덕바지에 우뚝 세워져 있기 때문에 학교 버스로 학생과 교직원들을 수송하는데, 교통편이 여의치 않을 경우는 걸어서 내려오곤 한다. 저녁 무렵 학교에서 시가지를 내려다보면, 짙은 안개에 싸인 연길시 전체가 푸르스름한 빛을 발하고 있다. 연길 시는 맑은 날은 먼지와 바람이 많아 호흡을 곤란케 하고, 비만 오면 온통 진창으로 변하여 보행을 어렵게 한다. 가장 힘든 것은 수도만 틀면 뻘건 흙탕물이 쏟아져 나오는 것인데, 그나마도 자주 끊어져서 아내를 낙담케 한다.

이곳의 겨울은 한국에 비하여 한 달가량 빨리 찾아와서 한달 늦게 끝이 난다. 매운 바람이 옷깃을 여미게 하는 가운데 단층 벽돌집들마다 달린 굴뚝에서는 매캐한 연기가 꾸역꾸역 밀려나오고 있다. 밤이 되면 10여 미터 앞이 잘 보이지 않을 만큼 연기가 가득 차서 연길시가 '연기시'로 바뀌고 만다. 집 근처에 다다르면 길가를 따라 시장 바닥의 온갖 노점상들이 늘어서 있다. 양고기 꿰어서 꼬치를 굽는 사람들과 모락모락 향긋한 연기를 뿜는 만두집이 발걸음을 멈추게 한다. 조선말을 모르는 한족에게 손짓으로 겨우 의사소통을 하여 만두를 한 봉지 산다. 어린 시절 아버지가 퇴근길에 군것질거리를 사 가지고 들어오시던 생각이 난다. 한국에서 차를 몰고 다니다 보니 까마득하게 잊어버렸던 옛 기억들이다. 습관적으로 혹시 따라오는 사람이 없는지 뒤를 살핀 후에 아파트 입구로 들어선다. 이곳은 한국서 온 사람들을 전문으로 터는 강도들이 많아서 외출했다가 돌아올 때에는 늘 조심해야만 한다. 현관 앞에 늘어선 자전거 숲을 헤치고 5층까지 칠흑같이 캄

캄한 계단을 더듬어 올라간다. 초인종을 누르고 기다리면 반가운 두 얼굴이 나타난다. 아파트 문이 뒤에서 철컹 닫힐 때 비로소 바깥세상과는 전혀 다른 빛의 세계로 들어선 것을 깨닫고 안도하게 되는 것이다.

개화 초기 한국에 왔던 선교사들이 자신들의 문화 공간을 그대로 유지하며 편한 생활을 하였던 기록을 읽으며 비판하였던 것이 생각난다. 그러나 이제야 비로소 그들을 이해할 것 같다. 우리가 도착하자마자, 먼저 오신 어떤 분이 이곳에서의 생활은 이론이 아니라고 말씀하시며, 이곳에서 휴식할 수 있는 공간은 자기 집뿐이니 최대한 편안하게 꾸미라고 충고하신 뜻도 이제 어렴풋이 이해가 간다. 맡겨진 직분 때문에 더러는 편안한 생활공간조차도 가슴속의 찔림이 되어야 하는 심령을 우리의 연약함을 내려다보시는 주님만이 아실 것이다.

새 집에서 첫 날 밤을 지내고자 침대에 누우니, 집이 너무 좋아서 그런지 아내가 잠을 이루지 못한다. 마치 집 안에 갇혀 지내다가 10년 만에 외출을 한 여자의 기분인 듯싶다. 새 집으로 이사만 와도 이렇게 좋은데 나중에 천국에 가서 우리가 느끼게 될 기분이 어떨지 궁금하다. 뒤척이던 아내가 불안한 듯 입을 연다. "여보, 우리 너무 좋은 집에서 사는 것 아니에요?" 아내에게는 사도 바울의 말씀으로 안심을 시키며, 비천에 처하든 풍부에 처하든 그것이 중요한 것이 아니라 어떤 환경 속이든 일체의 비결을 배워 하나님의 뜻대로 순종하며 사는 것이 더 중요하다고 말해 주었지만, 내심 어쩌면 아내의 말이 옳을 수 있다는 생각이 든다. 우리의 연약함으로 인해 안락함 속에서는 하나님의 뜻을 헤아리기가 더 힘들 것이기 때문이다.

성경은 본질적으로 믿는 자들의 인생을 나그네길이라고 말한다. 크리스천은 이생의 장막에 마음을 빼앗기지 않고 영원히 거할 주의 장막을 사모하며 사는 사람들이다. 예수께서 "여우도 굴이 있고 공중의 새도 집이 있으되 인자는 머리 둘 곳이 없도다"(눅 9:58) 하신 것이 생각난다. 오직 아버지의 마음에 초점을 맞추고 사셨던 분, 그분에게는 이 세상에는 마음 둘 집이 없었다. 어디로 가든 그를 따르겠다고 나서는 제자들마저도 그분의 마음을 위로하여 빼앗지는 못했다. 그는 알고 있었다. 나그네 길에는 항상 눈물 골짜기가 기다리고 있으며, 그곳을 통과할 때에는 모든 사람들이 떠나가고 오직 성령만이 함께하실 것이라는 것을. 그러나 그 이후에는 반드시 천국의 영광이 따라온다. 그것이 우리의 믿음이다.

주님, 이 밤에 오직 주의 궁정에 거하기를 사모하시던 예수님의 마음을 저에게도 주시옵소서.

"주의 집에 거하는 자가 복이 있나이다. 저희가 항상 주를 찬송하리이다. 주께 힘을 얻고 그 마음에 시온의 대로(pilgrimage)가 있는 자는 복이 있나이다. 저희는 눈물 골짜기로 통행할 때에 그곳으로 많은 샘의 곳이 되게 하며 이른 비도 은택을 입히나이다. 저희는 힘을 얻고 더 얻어 나아가 시온에서 하나님 앞에 각기 나타나리이다"
(시편 84:4-7).

21세기 크리스천 평신도를 위한 신사고(新思考)

"21세기의 화두가 무엇인가?"라는 질문에 대해

철학자 : (어두운 표정으로) 이성과 합리성의 시대는 끝이 나고 말았어.
 결정된 것이라곤 아무것도 없단 말이야. 이제 포스트모던을 넘어
 서 모든 것이 불확정한 복잡성의 시대로 우리는 들어가고 있지.

신학자 : (난감한 표정으로) 20세기의 자유주의 신학, 민중 신학, 해방
 신학, 그리고 포스트모던과 여성 신학, 생태 신학 등등, 몸부림을
 쳐 봤지만 결국 그 어떤 문제도 해결하지 못했어. 21세기는 종교
 다원주의의 파상 공격 속에서 기독교가 어떻게 살아남는가 하는
 생존 신학이 더욱 절실한 문제가 되고 말았으니…….

어떤 목사님 : (비장한 표정으로) 성도 여러분! 전쟁과 기근, 홍수와 테
 러, 불법이 성행하고 있습니다. 말세의 징조가 세상을 덮고 있지
 않습니까? 이럴 때일수록 세상의 방주인 교회 안에서 단단히 잠그
 고 여러분들의 믿음을 굳게 지켜 나가야 합니다. 믿습니까?

평신도 : (복잡한 표정으로) IT, BT, NT 하더니 이제 ET, ST, CT까지
 '브래인 스캐닝 인터페이스를 이용한 사이보그 로봇 시뮬레이션
 프로그램 개발 프로젝트' 회의라! 젠장, 제목부터 완전 카오스 상
 태군. 그나저나, 오늘 수요 집회는 가야 하나 말아야 하나? 무슨,
 뉴에이지와 미디어 문화에 관하여 특별 집회가 있다고 하던데.

불신자 : (비웃는 표정으로) 어이 김 박사, 자네 오늘 또 교회로 줄행랑
 칠 건가? 그러다가 당신 프로젝트팀에서 조만간 쫓겨나는 것 아니
 야? 얼굴 찌푸리고 있지 말고, 이번 주말에 나랑 함께 기(氣) 수련장
 에 가서 명상 체험을 해 보는 것이 어때?

1. 평신도는 있다

휘장은 찢어졌다. 그 휘장은 평신도들을 위해 갈라졌다. 막혀 있던 휘장을 활짝 열기 위해 자신의 몸을 찢으신 예수. 예수는 말한다. "나는 양의 문이다"(I am the door of the sheep). 그리고 그 문으로 들어가라고 명한다. "내가 문이니 누구든지 나로 말미암아 들어가면 구원을 얻고 또는 들어가며 나오며 꼴을 얻으리라"(요 10:9).

우리는 그 문으로 자유로이 왕래해야 한다. 성소로 자유로이 들어갈 뿐 아니라 그 문 안에서 꼴을 얻어 세상을 향해 다시 나아가야 한다. 그 휘장을 통해 선교의 문을 열어야 한다. 그 휘장을 통해 문화의 문을 열어야 한다.

역사 속에서 찢어진 휘장 안으로 용감히 들어간 사람들은 모두 평신도였다. 이방 선교의 문을 열었던 초대 교회의 평신도들, 과학혁명의 문을 열었던 유럽 교회의 평신도들. 근대 선교의 문을 열었던 영국의 윌리엄 캐리, 케임브리지 세븐, 미국의 존 모트 같은 젊은 평신도들. 그리고 이제, 문화 선교의 문을 열 21세기의 평신도들.

만유의 왕이신 예수, 그분은 멀티미디어와 사이버스페이스의 주인이시기도 하다. 생명공학과 나노 과학의 주인이시기도 하다.

21세기의 휘장을 통해 들어가고 나오며 꼴을 얻어야 할 사람들, 그들은 바로 평신도들이다. 그러므로 우리는 이제 안티테제를 또다시 바꾸어야 한다.

'평신도는 있다' 고.

성경 새롭게 읽기 ④
초대 교회의 평신도들 사도행전 6:8-15, 7, 8장

부활하신 예수께서는 그를 따르던 무리들을 향해 마지막으로 말씀하셨다.

"오직 성령이 너희에게 임하시면 너희가 권능을 받고 예루살렘과 온 유대와 사마리아와 땅 끝까지 이르러 내 증인이 되리라"(행 1:8). 이름 하여 예수의 지상명령(至上命令).

사도행전은 이 명령에 초대 교회 교인들이 어떻게 반응하였으며, 그들을 성령께서 어떻게 인도해 가셨는가를 생생히 보여 주고 있는 역사적 기록이다. 따라서 사도행전의 주체는 성령이시고 따라서 성령행전이라 불리는 것이 더 적합하다.

예루살렘 교회의 엄청난 부흥에 직면하여 사도들이 주춤하고 있는 사이에 성령은 스데반과 빌립 집사를 통해 이방 선교의 문을 연다. 스데반은 예루살렘 교회에서 칭송 받던 집사였으나 그곳에 안주하지 않고 성령께서 허락하신 지혜와 권능으로 큰 기사와 표적을 민간에게 행하였다고 성경은 기록하고 있다(행 6:8). 스데반은 교회 내에만 머물러 있던 사람이 아니라 세상을 향해 과감히 나아간 사람이었다. 뿐만 아니라 그는 여러 지방에서 몰려온 노예 출신의 자

유인들이 모인 회당(the synagogue of freedmen)에 나아가 특별한 관심을 가지고 그들을 향해 복음을 전했다. 헬라파 유대인이었기에 그는 이중 언어를 사용할 수 있는 장점이 있었고, 외국에서 설움 받던 디아스포라(diaspora)들의 아픔을 알고 있는 사람이었다. 요즘으로 말하면 조선족으로서 한국에 몰려든 중국인 근로자들을 위한 사역자였던 것이다. 스데반이야말로 복음을 들고 평신도 선교의 문을 열었던 최초의 인물이었다.

스데반의 시대를 초월한 평신도 선교 활동은 곧 심한 반대와 핍박에 직면한다. 거짓 증인들까지 동원하여 스데반을 공회의 재판에 회부하고 만 것이다. 성전과 율법에 대한 잘못된 숭배 의식에 사로잡혀 있던 제사장들에게 퍼부어진 스데반 집사의 놀라운 복음의 변증은 예수 이외의 모든 잘못된 우상 숭배를 허물어뜨리는 통렬한 설교였다. 그는 선교 역사의 시작이 모세의 율법과 솔로몬의 성전이 세워지기 이전인 아브라함의 시대에서부터 기원했음을 천명했다. 요셉과 모세와 다윗을 불러 세우신 역사를 회고하며, 하나님의 부르심은 사람이 만든 어떤 권위에 속한 것이 아니라 오직 하나님의 주권에 속한 일임을 역설하고 있는 것이다.
스데반의 설교를 듣고 그것이 반박할 수 없는 진실임을 깨달았던 제사장들은 마음에 찔림이 있었으나, 오히려 목이 굳어 스데반을 향해 이를 갈며 분노를 터뜨린다. 그들에게는 성경에 나타난 하나님의 뜻을 아는 것보다 자신들의 교권을 침해하는 평신도 스데반에 대한 반발과 미움이 더 앞서 있었던 것이다.

*

스데반의 순교 직후에 예루살렘 교회에 큰 핍박이 일어나면서 모든 성도들이 유대와 사마리아 지방으로 흩어지게 된다. 그러나 사도들은 여전히 예루살렘에 남는다. 이와 같은 상황 속에, 이어서 등장한 사람이 사도행전 8장의 주인공 빌립 집사다. 빌립이 그 당시 소외되고 무시당하던 사마리아인들에게 담대히 복음을 증거할 수 있었던 것은 그는 오직 성령의 이끌림대로 행하는 사람이요 다른 선입견이 없었기 때문이었다. 그것은 평신도 정신의 소유자였기에 가능한 일이었다.

오늘날도 많은 경우에 신학을 한 사람들이 사도적 권위를 내세우며 자신의 교리적 틀에 갇혀서 다른 사람들에게 쉽게 문을 열지 않으며 스스로 낮아지지 못하는 한계성을 드러내는 것을 보게 된다. 신분적으로 높아지고 구별되기를 열망하는 죄 된 본성이다. 스스로 만들어낸 권위에 사로잡히기 쉬운 어쩔 수 없는 인간의 모습이다. 이는 낮아져야만 하는 선교 현장에서도 예외가 없이 나타난다. 자신이 배운 신학의 틀 속에 성령의 역사를 가두어 두고 제한시키는 것이야말로 얼마나 큰 선교의 장애물인가?

초대 교회의 사도들에게도 동일한 모습들이 있었다. 유대교의 보수 전통에서 살았던 그들에게 사마리아인이나 다른 이방 민족에게 하나님이 공평하게 임하신다는 것은 참으로 받아들이기 힘든 일이었다. 더구나, 예수가 친히 뽑은 사도라는 의식이 그들로 하여금 더 큰 권위 의식에 빠지도록 만들었다. 사마리아인들도 하나님의 말씀을 받았다. 즉 예수 그리스도의 십자가와 부활을 믿어 회개하고 세례를 받았다는 소식을 전해 들었던 예루살렘의 사도들은 아마 내심 놀라고 의심이 들었을 것이다. 그것도 평신도 집사 빌립에 의해 많은 표적과 기사가 일어나고 있다는 소식은 가히 충격적인 것이었다. 아마도 일전에 예수께서 친히 사마리아 여인을 통해 일하셨던 것을 목격했던 기억이 없었다면 그럴 리가 없다고 일축하여 무시했을지도 모르는 그런 정도의 획기적인 사건이었다. (열두 사도들은 예수가 사마리아 여인과 이야기하는 것조차 이상하게 생각하며 고개를 갸우뚱했던 그런 사람들이었다.)

사도들은 급히 베드로와 요한을 현장에 파견한다. 요즘으로 치자면 선교 현장을 답사하는 모교회 담임목사 일행이었다. 사마리아에는 정말로 놀라운 선교 역사가 벌어지고 있었다. 더러운 귀신이 쫓겨나고 앉은뱅이와 중풍병자가 치유되고 많은 사람들이 이미 회개하고 예수를 주라 시인하며 세례까지 받아 버린 상태였던 것이다. (어? 평신도가 세례까지 주었어? 그럼 우리가 할 일이 없잖아?) 어쩌면 내심 언짢은 생각까지 들었을지도 모른다. 그런데 물어 보니 다행히 그들은 자신들이 오순절 때 체험했던 성령 세례를 아직 받지 않은 상태인 것을 알게 되었다. 베드로와 요한은 그들에게 성령이 임하기를 구하며 안수, 기도했다. 과연 그들의 몸이 진동하며 방언과 예언이 터져 나왔다. 성령이 그들 머리 위에 강하게 임하는 것을 보았던 것이다. 비로소 사도들의 권위가 다시 세워졌다.

이는 물론 하나님께서 세밀하게 계획하신 일이다. 사도들이 안수 기도할 때 성령이 임한 사건을 두고 역시 초대 교회 선교의 주역은 사도들(좁은 의미에서의 열두 사도를 가리킴)이었다고 해석하는 경우를 보게 된다. 그러나 여기서는 다른 각도에서 새롭게 해석해 보자. (반드시 나의 성경해석만이 옳다고 고집하거나 주장하려는 입장은 결코 아니다. 단지 이 책에서 지속적으로 탐구하는바 평신도 선교의 중요성을 강조하고 조망하기 위해서는 이와 같은 해석도 얼마든지 가능하다는 것이다.) 이 사건이 의미하는 바가 과연 무엇일까?

첫째, 물론 하나님께서는 사도들의 권위를 세워 주시기 원하셨다. 예루살렘에 남은 사도들을 통하여 하실 일이 남아 있었던 하나님께서는 사도들의 권위를 세우는 것도 중요하다고 생각하셨다.

둘째, 그러나 더 큰 목적은 사도들로 하여금 사마리아인에게도 임하시는 하나님의 놀라운 능력을 직접 체험하고 목격하도록 하신 것이다. 따라서 성령 세례는 빌립을 통해 주어질 수도 있었지만 하나님은 베드로와 요한이 오기를 기다리고 계셨던 것이다. 이 일은 나중에 베드로가 고넬료를 찾아가는 장면과 더불어 이방 선교의 문을 열기 위해 하나님께서 친히 계획하신 대단히 중요한 사건이 된다. 사도들이 가지고 있던 단단한 고정관념과 틀을 깨는 것이 너무나 중요했기 때문이다. 그들은 예루살렘 교회에 남아 장차 초대 교회들의 법과 틀을 기초할 사람들이었다. 만일 그들이 잘못된 선입관을 가지고 계속 남아 있다면 그것이야말로 복음이 땅 끝까지 퍼져나가는 데에 가장 큰 걸림돌이 될 것이라는 것을 알고 계셨던 것이다. 그들은 최소한 이방을 향하신 하나님의 뜻을 깨닫고 평신도 사역을 인준해야 할 위치에 있었던 사람들이었기 때문이다. 오늘날에도 담임 목사들이 선교 현장을 탐방하고 그곳에서 일어나는 일들을 직접 목격하는 일은 그래서 중요하다. 선교를 막는 장애물은 사역지에만 있는 것이 아니라 종종 성령의 역사를 이해하지 못하는 모교회로부터도 올 수 있기 때문이다.

셋째, 사도들에 의해 일어난 성령 세례가 취약한 초대 교회의 기반을 세우고 사마리아인들의 어린 신앙을 공고히 하는 데에 물론 도움이 되었을 것이지만, 사마리아인들의 입장에서 보았을 때, 성령 세례가 그들의 영혼 구원을 위해 반드시 필요한 것은 아니었다는 것을 이해하는 것도 매우 중요하다. 이미 그들은 예수를 믿고 세례를 받았으며 많은 신유의 역사까지 체험한 상태였다. 예수께서 약속하신 성령께서 그들 안에 이미 내주하고 계신 상태였던 것이다. 그러하기에 그들이 다시 체험한 성령 세례는 구원을 위한 것이 아니라 그들의 영적 성장과 부흥을 위해 부가적으로 주어진 플러스 알파였던 것이다(물론 그것이 중요치 않다는 것은 아니다).

돌아가신 예수원의 대천덕 신부는 이를 두 가지 성령의 임재로 나누기도 한다. 우리가 예수를 믿고 구원받을 때 지혜와 깨우침을 주시기 위해 안으로부터 임하는 성령의 내주하심과, 사역자에게 확신과 능력을 주시고 아울러 사역의 확장과 부흥을 위해 위에서 임하는 외적인 성령 세례가 있다는 것이다. 물론 이 두 가지를 반드시 틀에 맞추어 구분하기가 힘들 때도 얼마든지 있을 수 있다. 그러나 성령 세례에 대한 혼란스러운 논의들을 정리하기 위하여 굳이 나누어 설명을 한다면 도움이 되는 가르침이라고 생각된다.

아무튼 성령의 중재로 모든 것이 아름답게 끝이 났다. 남아 있는 빌립과 사마리아 성도들도 기쁨에 넘쳤으며, 사도들도 만족하여 예루살렘으로 돌아갔다. 돌아가는 길에 두 사도는 사마리아의 여러 성읍을 지나며 복음을 전하게 된다(행 8:25). 오는 길에는 생각지도 못했던 일이었다. 하나님만이 하실 수 있는 놀라운 해피엔딩이다.

빌립의 발걸음은 거기서 그치지 않고 성령의 이끄심에 따라 황급히 가사로 내려가서 이디오피아 내시를 회심시키고 아소도와 가이사랴의 여러 성읍에서 복음을 전하게 된다. 스데반과 빌립 집사, 그들이야말로 땅 끝까지 이르러 내 증인이 되리라 하신 주님의 명령에 순종하여 첫 걸음을 떼었던 평신도들이었다.

2. 평신도 사도(Apostle)

평신도도 사도가 될 수 있는가?

대답은 예스(Yes)이다. 부연 설명하면, 이렇다.

사도에 대한 몇 가지 정의가 있을 수 있다.

첫째, 가장 협의(峽意)의 해석으로서, 예수의 열두 제자를 가리킴.

둘째, 초대 교회에서 사도로 인정받은 지도자들. 즉, 열두 사도 외에
　　　바울과 바나바와 예수의 동생 야고보까지 포함한 소수의 지도
　　　자들을 지칭하는 말(행 14:14, 갈 1:19).

셋째, 사도들에 의해 사도권을 계승한 후대의 사제 또는 목회자들까
　　　지 포함하는 말.

넷째, 예수 그리스도의 십자가와 부활을 증거하기 위해 세상 속에서
　　　빛과 소금으로 살아가도록 보내심을 받은 모든 성도들을 일컫
　　　는 말(단, 여기서 말하는 모든 성도란 예수를 믿는 모든 성도들을 지
　　　칭하는 것이 아니라―그들 모두가 잠재력은 가지고 있지만―그 중

에서 '복음 전도의 사명을 가지고 세상으로 보냄을 받은 제자들'을 특별히 한정하여 가리킨다).

나는 위의 네 가지 정의가 모두 상황에 따른 중요성과 의미를 지니고 있다고 생각한다. 그것은 보냄 받은 사도의 범위가 교회의 역사 속에서 지속적으로 확장되어 왔기 때문이다. 그러나 이 책에서 관심을 갖는 입장은 물론 네 번째 정의이다.

마태복음 28장 18-20절의 지상명령(The Great Commission)은 열한 사도에게만 주어진 것이 아니라 장차 예수를 믿고 따르게 될 모든 제자들을 향해 주어진 명령이라고 보기 때문이다. 따라서 제자를 삼고, 세례를 주고, 가르쳐 지키게 하는 일은 예수의 십자가와 부활을 전하기 위해 세상으로 보냄을 받은 모든 제자들에게 동일한 명령이라는 것이다.

이 명령을 수행키 위하여 평신도인 스데반과 빌립 집사가 어떻게 행하였는지 우리는 이미 자세히 살펴보았다. 그들은 복음을 담대히 증거하였고 제자를 삼아 세례를 주었으며 성경을 풀어 자세히 가르치기도 하였다. 브리스길라와 아굴라가 아볼로를 제자 삼아 가르친 후에 재파송한 것 역시 사도적 직무를 감당한 것이라 볼 수 있다(행 18:24-8).

물론 여기에 바울의 사역을 빼놓을 수 없다. 그야말로 사도와는 전혀 무관한 출발을 한 사람이다. 그는 예수의 가르침을 직접 받았던 사람도 아니었으며, 오히려 그리스도인의 박해자로 명성을 날리던 사람이었다. 그가 다메섹 도상에서 빛 가운데 부활한 예수를 만나는 특별한 체험 끝에 복음의 증인으로 돌변한 것은 극적인 사건이었다. 그는 자기를 부르신 하나님의 뜻이 자신을 이방인들에게 복음을 전하기 위한 사도로 택하셨음을 확신하게 되었다. 그 같은 확신이 언제 형성되었는지는 우리가 자세히 알 수는 없으나, 그것은 바울과 하나님 사이에서 일어난 지극히 개인적인 영적 교제 속에서 나타난 것이다.

사도(Apostle)라는 말뜻은 '보내심을 받은 자' 라는 뜻이다. 예수께서 지상 명령을 직접 주실 때에는 현장에 열한 제자만 있었을 가능성도 있다. 복음서의 문맥으로 보면 그렇게 해석이 가능하다. (사도행전 1장의 문맥에서는 열한 제자 외에 다른 제자가 함께 있었을 가능성도 전혀 배제할 수는 없다.) 어쨌든 그렇다고 해서 예수께서 택하신 사도가 열한 제자들만을 지칭하는 것이라고 이해한다면, 그것은 전혀 하나님의 뜻을 바로 깨닫지 못한 것이다. 예수는, 아버지가 자신을 세상에 보낸 유일한 목적은 바로 자신의 제사장적 직무 수행을 통해 자신을 믿는 자마다 영생을 얻게 하기 위함이라는 사실을 분명히 자각하고 있었다(요 6:38-40). 따라서 제자들을 택하여 가르칠 때 모든 초점이 장차 제자들을 통해 그 일을 이루겠다는 뚜렷한 목표의식을 가지고 있었다. 그가 십자가를 지기 직전 제자들을 모아 마지막 제사장적 중보기도를 하는 요한복음 17장의 장면에서도 아버지께서 나를 세상에 보내신 것같이 나도 저희를 세상에 보내었다고 말하며(18절), 이 기도는 이 사람들만을 위함이 아니요 장차 저희 말을 인하여 나를 믿는 사람들도 위함(20절)이라고 분명히 밝히고 있는 것이다. 예수께서 공생애 기간 사도 훈련을 시키면서 열두 제자만 파송하신 것이 아니라, 달리 70인을 따로 세워서 파송한 일도 비슷한 여운을 남기고 있다(눅 10:1-20).

초대 교회에서 처음에는 하나님의 뜻을 완전히 깨닫지 못한 열두 사도들은 사도권에 대한 특별한 집착과 방어 심리를 지니고 있었음에 분명하다(이는 지금도 로마 가톨릭의 베드로를 통한 사도권 계승 주장이나 목회자들의 사도권 주장 논리와도 맥을 같이하고 있다). 이와 같은 사실은 바울이 그의 편지 곳곳에서 자신이 하나님이 택하신 이방인의 사도임을 줄곧 주장한 사실을 통해 미루어볼 때 더욱 확실해진다. 한편으로는 사도권에 대한 사도들의 생각은 단순히 개인적인 욕심에서 비롯된 것이라기보다는 초대 교회를 바로 세우기 위하여 질서를 구축하고자 함이었고, 따라서 그 시점에서는 정당한 주장일 가능성도 있다. 그러나 베드로조차 사도행전에서 발생한 일련의 사건들을 경험하면서 하나님의 뜻과 생각을 깨달아가는 과정이 필요했다. 그의 생각이 발전되어 간 모습을 상기해 볼 때 사도권에 대한 초대 교회의 생각이 처음부터 온전한 것은 아니었다는 것을 알 수 있다. 결국 베드로서를 쓸 무렵에는 이방에 흩어진 나그네와 같은 여러 형제들에게 편지하면서, 바울을 사도로 인정할 뿐 아니라, 모든 성도가 왕 같은 제사장으로서 예수 그리스도의 기이한 빛을 선전하기 위해 세상으로 보냄을 받기 위해 택함 받은 사람들이라는 것을 이해하기에 이르렀던 것이다(벧전 2:9-10). 만민제사장설의 기초를 놓는 베드로의 이 같은 주장이야말로 네 반석 위에 교회를 세우겠다고 하신 예수의 말씀이 성취된 것이라고도 볼 수 있다.

아버지의 뜻에 따라 아들을 믿어 영생을 얻게 하는 그 일을 위해 처음으로 보냄을 받은 사람은 예수 자신이었다. 그러므로 히브리서의 기자는 예수가 곧 사도였음을 먼저 밝히고 있다.

"그러므로 함께 하늘의 부르심을 입은 거룩한 형제들아 우리의 믿는 도리의 사도시며 대제사장이신 예수를 깊이 생각하라"(히 3:1).

즉 예수야말로 최초의 사도였던 것이다. 그로 말미암아 부름 받아 제자가 된 사람들에 의한 사도적 계승이 교회를 통하여 확장되어 온 것이 오늘날 평신도 사도에 이르기까지 된 것이다.

21세기는 평신도 사역이 부각되는 시대다. 따라서 복음을 위해 택정함을 입어 세상으로 보냄을 받은 평신도들이 자신의 사도권을 회복하는 것은 무엇보다도 중요하다. 히브리서 기자는 사도와 제사장의 직분을 위해 부름 받은 모든 성도(즉 평신도)들을 향해 예수를 깊이 묵상하도록 권면하고 있는 것이다. 그 속에서 예수의 평신도 정신을 배우기를 요청하고 있다.

'낮아지신 예수, 세상 속의 예수'를 바로 깨닫는 것. 그것은 곧 평신도 사역의 시작이요 뿌리가 되기 때문이다.

3. 평신도와 21세기 비전

21세기, 이 시점에 왜 평신도가 중요한가? 현실을 직시해 보자.

21세기는 세계화 정보화 시대라고 말한다. 20세기를 묶어 놓았던 정치적, 민족적, 이념적 경계는 변화하는 세계 지도 속에서는 큰 의미를 상실해 가고 있다. 각국은 오직 '경제 제일주의'라는 통합 이데올로기 속에서 새로운 블록(bloc)들을 형성하면서 신속히 구조 조정을 하고 있다. 사실 이는 그동안 각종 이념의 베일 뒤에 속셈을 감추고 있던 '떡'에 대한 우상 숭배의 뿌리가 드러난 것에 불과하다. 현대판 바알(Baal) 숭배를 위하여 각축전을 벌이는 양상이 벌어지고 있는 것이다. 한마디로 이전투구(泥田鬪狗)의 시대로 접어들고 있다고도 볼 수 있다. '떡'을 위해서는 과거의 우방도 신념도 무참히 무시해 버리는 세계 속에서 우리는 살고 있다. 정의니 우방이니 의리니 스포츠 정신이니 상도덕이니 하는 따위는 흘러간 20세기 이성의 시대에나 어울리는 어쭙잖은 단어들이 되어 가고 있다.

더구나 눈부시게 변화하는 정보 통신 산업의 발달은 지구를 점차 촌

락화시키고 있다. 조만간 소외지구(remote area)는 지구상에서 사라질 전망이다. 과거에는 인적이 닿기 힘들었던 지구촌의 구석구석까지 벌써 비즈니스맨들의 발걸음이 줄을 잇고 있는 것을 볼 수 있다. '떡'을 위해서라면 어떤 위험과 불편함도 감수하고 뛰어들겠다는 상인들의 전의(戰意)가 이 시대의 프런티어 정신이다. 과거에는 선교사들이 피 흘려 먼저 개척한 발걸음들을 따라 상인들의 발걸음이 뒤를 이었다. 그러나 최근의 경향은 어쩌면 상인들에게 그 영광의 앞자리를 내주고 있는 것은 아닌가 하는 생각을 낳게 한다.

그러나 만일 비전과 사명을 지닌 평신도들이 이 상황을 뛰어넘는 용기를 지닐 수만 있다면 어쩌면 '떡'을 내세운 사단의 전략은 오히려 우리에게 더 좋은 기회를 제공해 줄 수가 있다. 과거에는 정치 이념이나 종교적 경계에 막혀서 들어갈 수 없었던 국가에도 우리가 그들의 '떡'에 도움을 주는 기술과 기능만 지니고 있다면 얼마든지 환영받는 시대로 바뀌어 가고 있는 것이다. 21세기를 전문인 선교의 시대라고 이야기하는 이유가 여기에 있다. 과거에 안수 받은 목사나 전도사들에 의해 이루어지던 정형화된 선교 개념은 이제 더 이상 먹혀들어 가지 않는 시대로 탈바꿈하고 있는 것이다. 말세에, 복음과 기술을 한 몸에 지닌 젊은 비저너리(visionary)들이 전문인 사역자가 되어 전 세계의 미전도 종족과 소외지구를 향하여 뻗어들어 가는 그 환상을 어쩌면 요엘 선지자가 앞서 보았는지도 모른다.

과거에는 들어갈 생각도 못 하였던 철의 장막, 죽의 장막의 공산권 국가에도 이제는 수많은 발걸음들이 오가고 있다. 광활한 중국 대륙을 누비며 다닐 수 있는 시대가 열리고 있는 것이다. 더구나, 이제 원하기만 하면 과거에는 감히 들어가기를 꿈꾸지도 못하였던 티베트 또는 신강과 같은 중국의 내지(內地) 소수민족 지역에 이르기까지 각종 비즈니스맨들이 들어가 상사와 대리점들을 먼저 차릴 수 있다. 역사의 틈바구니에 끼여 어려움을 겪던 중국 조선족 동포들이 활발히 움직이고 있다. 그 경계를 넘어 러시아 카자흐스탄, 우즈베키스탄의 고려인들에게까지 나아갈 수 있다. 실크로드가 다시 르네상스를 맞이하고 있는 것이다. 그들과 더불어 사업하고 함께 동역할 수 있는 시대가 열리고 있는 것이다.

사도 바울이 마케도니아의 환상(vision)을 보고 그의 발걸음을 소아시아에서 유럽으로 돌린 이후로 세계 역사는 기독교 선교 역사와 더불어 끝없는 서진(西進)을 계속하여 왔다. 그 이후로 기독교 선교 역사의 중심이 이동하는 곳에는 반드시 세계를 움직이는 정치 경제적 부흥이 뒤따라 왔던 것이다. 그러나 사도 바울이 보았던 그 비전은 그의 인간적인 생각과는 정 반대로 나타난 하나님의 일방적인 계시였던 것을 기억할 필요가 있다.

급변하는 세계 정세와 정보 홍수 시대를 살아가면서 물밀듯이 몰려오고 있는 국제화와 세계화에 대한 바람은 어쩌면 시대적 요청인지도 모른다. 그러나 크리스천은 본질적으로 세계화의 개념이 성경 전체를 통해 흐르는 중심 메시지 중 하나라는 사실을 먼저 깨달아야 할 것이다. 아브라함을 갈대아 우르와 하란에서 부르신 하나님께서 보이셨던 비전—땅의 모든 족속이 너를 인하여 복을 얻으리라 하신—과 땅 끝까지 이르러 복음을 전하라 하신 예수의 지상명령이 바로 세계화의 중심 개념인 것이다.

세계화를 바라보는 크리스천의 시각은 어떠한가?

20세기 한국 사회에서는 세계화를 마치 미국화 내지는 서구화로 잘못 착각하는 경우를 낳기도 했다. 한국 지식인들의 상당수가 소위 미국 물을 먹은 미국파이기 때문에 어쩔 수 없이 따라오는 '미국 예속적 문화 지향성'의 한 단면일 수도 있었다. 그러나 과연 그럴까? 비록 세상은 항상 화려한 고급문화를 좇아 상승적 세계화를 추구한다 할지라도 기독교 정신은 정반대의 사상을 가르치고 있다. 예수께서 하늘 보좌의 모든 권세를 버리고 이 땅의 낮고 천한 우리들을 향해 내려오셨듯이 우리 또한 세상을 향해 더 낮은 곳으로 내려갈 것을 요구하고 있는 것이다. 그것이야말로 기독교 역사를 통해 소수의 깨어 있는 선각자들에 의해 면면히 이어져 내려온 '낮아짐의 철학' 곧 '성육신의 철학'인 것이다. 그 철학을 실천할 수 있는 사람들이 바로 이 시대의 평신도들이다.

평신도가 낮아짐의 철학을 실천적으로 받아들여야 하는 이유가 기독교적 자기희생 정신의 구현만을 위한 것은 아니다. 시대를 바로 알고 읽어야 하기 때문이다. 20세기 후반 이성시대의 반동으로 나타난 상징적 사조인 구조주의(構造主義)[6], 냉전 이데올로기의 와해, 마침내 탈현대의 몸부림으로 나타난 작금의 시대정신을 적극적으로 이해하고 대처해 나가기 위함이기도 하다. 포스트모더니즘은 20세기와 21세기를 이어 주는 다리이다. 20세기의 질서정연한 문화와 사상으로부터 21세기의 카오스와 퓨전의 문화로 넘어가기 위한 시도이자 준비작업인 것이다. 21세기는 개방화와 해체정신으로 출발하고 있다. 정형화되어 있는 모든 기존 질서와 규범 또는 낡은 패러다임을 해체시키며 다양성과 개방성으로 특징짓는 '무질서 속의 새로운 질서 찾기'의 경주가 벌어지고 있는 것이다. 그 속에서 그리스도인들만이 뒤쳐져 있다면 세상을 변화시키겠다는 환상(vision)은 한낱 환상(illusion)으로 그치고 말 것이다.

---

6) 사회 및 문화 현상의 주체로서의 인간을 철저히 물질화, 기호화시킴으로써 무의식적이고 몰이성적인 자연의 일부분으로 파악하여 타자에 의한 객체적 사유를 통해 인간과 사회를 재구성하려는 시도이다. 레비-스트로스에 의해 형식화, 체계화되었으나 라깡, 푸코, 데리다 등의 후기 구조주의자들에 의해 비판적으로 발전 계승되었다.

세계 역사를 주관하시는 하나님의 섭리가 그 촛대를 움직여 가고 있음을 보아야 한다. 특별히 다가오는 21세기는 중국의 시대가 될 것이라는 수많은 징표들이 나타나고 있다. 미국이 지나가고 있는 과거의 대륙이라면 중국은 21세기에 장차 나타날 미래의 대륙이다. 다음 세기의 중국은 정치 및 경제력에서 초강대국의 위치를 장악할 것은 물론이거니와 세계 선교의 중심 국가로 부상할 것이다. 13억 중국인이 변화하고 있다. 55개 소수 민족을 포함하고 있는 세계 최대의 다민족 국가 중국, 중국은 21세기를 들여다보는 창(窓)이다. 중국 내의 수많은 소수 민족은 물론, 중국을 둘러싸고 있는 20여 개의 인근 국가들을 향해 중국인들이 복음을 들고 나아갈 그 시기가 다가오고 있는 것이다. 무한한 가능성의 나라 중국은 이 시대의 로마 제국이다. 중국이 변하면 세계가 변한다.

그 중국 대륙에 마치 로마 제국에 흩어져 있던 디아스포라와 같이 남겨 둔 우리의 200만 조선족들이 있다. 지난날 일제의 뼈아픈 역사의 틈바구니 속에서 가난과 질곡을 피해서 민족혼을 안고 압록강, 두만강을 넘었던 독립투사들의 후예들이 섞여 있다. 하나님이 이들을 어떻게 사용하시려고 하실까? 통일 한국의 젊은이들이 중국 대륙에 요원의 불길을 놓고 세계를 향해 뻗어 가는 환상, 그 장대한 그림을 믿음 가운데 바라본다. 자신이 필요로 하는 곳을 향해 찾아다니는 사람들이 아니라, 자신을 필요로 하는 곳을 향해 과감히 떠날 수 있는 사람들, 그들이 바로 이 시대를 바로 읽는 평신도들이 될 것이다.

4. 평신도 사역자 만들기

그렇다면 과연 어떻게 평신도 사역자를 만들 수 있겠는가? 이 질문이 구체적인 과제로 떠오른다. 한편, 현실 속의 평신도는 어떠한가? 그들이 과연 예수가 원하는 빛과 소금의 모습으로 세상에서 살아가고 있는가? 만일 그렇지 못하다면, 그들을 어렵게 하는 장애물들은 무엇인가? 먼저 반성과 돌이킴도 필요하다.

우리는 목회자들이 어떻게 만들어지는지는 잘 알고 있다. (여기서 논하고자 하는 것은 부르심의 문제가 아니다. 목회자든 평신도든 이미 하나님의 부르심을 따라 섬김의 영역을 정했다는 전제 가운데, 방법론을 논하고 있는 것이다.) 목회자로 부름 받은 사람들은 신학대학에서 전공으로 성경 말씀을 배우고, 목회에 관한 여러 가지 지식을 습득한다. 그들은 처음부터 교회 안에서 섬기기 위해 준비된 사람들이다. 그러나 평신도의 경우는 문제가 훨씬 어려워진다. 그들의 전공은 신학이 아니고 그들의 교과서는 성경이 아니다. 그리고 그들의 일터는 교회 안이 아니다. 그들은 세상과 싸워야 하는 사람들이다.

그런데 평신도가 세상 속에서 자신의 전공 영역뿐만 아니라 하나님의 말씀과 그것을 전하는 일에도 이제는 전문성을 지녀야만 하는 시대가 온 것이다. 두 마리 토끼를 잡아야 한다는 말이다. 그것은 힘든 일임에 분명하다. 그러나 그것이 21세기의 변화요 요청이다.[7]

그렇기 때문에 평신도는 교회의 안과 밖을 자유롭게 드나드는 사람이 되어야 한다. 휘장을 마음대로 드나들면서 필요한 꼴을 풍성히 얻어 자기도 먹고 남도 먹일 수 있는 사람이 되어야 하는 것이다. 복음을 가슴에 품고 전문성을 머리에 담은 평신도만이 사회의 각계각층 전문 분야에서 영향력 있는 지도자들로 일할 수 있기 때문이다.

말씀과 전공 지식, 영성과 지성, 복음과 문화, 지상 명령과 문화 명령. 다 비슷한 이야기이다. 이것이 하나로 통합되어야만 하는 것이다. 결국 평신도 사역자에게 요구되는 가장 큰 조건은 통전성(通典性)이다. 통전성, 이는 이 책의 중심 주제 중의 하나이다.

그러나 이 시대에 지성과 영성의 탁월함을 함께 갖춘 통전적 그리스도인을 발견하기란 결코 쉽지 않다. 현실적으로 주위를 둘러보면 사회 속에서 통전적 그리스도인으로 역동적으로 살아가는 평신도들을 발견하기란 무척 어렵다는 말이다.

왜 그럴까? 그 이유는 간단하다. 제대로 훈련받지 못했기 때문이다. 예수께서 제자들을 가르치신 대로 바로 배우지도 못했고, 세상 속으로 보냄을 받을 준비가 덜 되었기 때문이다. 예수만 믿으면 모두 평신도

---

7) 21세기의 특징 중 하나는 카오스와 불확정성의 시대라는 점이다. 일반 전문인들에게도 다양한 지식과 역할이 요구되기에 대학에서도 폭넓은 교양과 전공 지식을 가르치기 위해 학부제가 실시되고 있는 것도 같은 맥락에서 이해되어야 한다.

사역자가 되는 것은 아니다. 어린아이가 태어난 후 한몫을 하는 성인으로 성장하기까지도 오랜 시간과 많은 교육의 투자가 필요하듯이 평신도 사역자도 갑자기 생겨나는 것은 결코 아니다.

평신도 훈련의 3단계

이제 이 문제를 세밀하게 다루기 위해 편의상 평신도 사역자가 되기까지의 과정을 3단계로 나누어 생각해 보자. 즉, 특정 분야의 전문가가 복음을 받아들여 거듭난 이후에 마침내 세상 속에 홀로 설 수 있을 때까지의 성장 과정을 우리가 마치 초등학교, 중·고등학교, 대학교 과정의 교육을 받아 사회에 내보내지는 것처럼 일련의 연결된 과정으로 보고 이해를 하자는 것이다.

이것을 아래에서 나타낸 것처럼 전도, 양육, 파송의 3단계 과정으로 나누어 보자. 또는 훈련받는 대상을 중심으로 나눈다면 신자, 제자, 사역자의 3단계로 구분하여 생각할 수도 있다. 즉 평신도 사역자가 되기 위해서는 신자로 거듭난 이후에 제자 훈련을 통해 양육을 받고 사명을 받아 준비된 사역지로 파송을 받아야 비로소 사역자가 되는 것이다. 그러나 이 과정에서 자신의 전문 분야가 어떻게 세상 속에서 용해될 수 있는가에 대한 '복음과 문화의 콘텍스트'를 함께 배우지 않으면 안 된다.

불신자 ⟶ 신자 ⟶ 제자 ⟶ 사역자

1단계　　2단계　　3단계

1단계(전도) : 회심, 예수의 십자가와 부활

2단계(양육) : 제자 훈련(은사, 말씀, 섬김)

3단계(파송) : 사명의 발견, 마침내 세상 속으로

    물론 영적 성장의 단계는 몸과 지식이 자라나는 것처럼 반드시 물리적 시간과 노력에 의해 결정되는 그런 양상이 아닐 수도 있다. 그것이 꼭 분리되지 않고 섞여서 더러는 한꺼번에 나타나는 경우도 있을 수 있다는 것이다. 그러나 여기서 굳이 이같이 세분하여 생각하고자 하는 이유는 우리가 평신도 훈련을 할 때 빠뜨려서는 안 될 부분들을 쉽게 빠뜨려서 야기하는 현상들—즉 세상 속에서 전혀 그 역할을 감당하지 못하는 영적인 어린아이들로 만들어 세상에 내보내는 일—을 막고 평신도 훈련의 새로운 지침을 제시하고자 함이다.

    한국 사람들의 물량주의와 형식주의, 그리고 조급한 성품들, 무엇이든 대충대충 빨리빨리 하고자 하는 좋지 않은 습관들은 우리가 예수의 제자 한 사람을 상품화하여 세상에 내보내는 데에도 여전히 적용되고 있다.

    대량 생산된 보통 상품이 마구 팔리던 그런 시대는 이미 지나갔다. 그런 상품을 요구하던 시대가 끝이 났다는 말이다. 이제는 하나를 만들더라도 정밀 가공된, 자기 자리에서 제대로 기능을 발휘할 수 있는 그런 제품을 만들어야 한다. 사실은 그것이 바로 예수의 제자 훈련 방법이었다. 예수는 얼마든지 대중 집회를 통해 사역의 폭을 넓혀갈 수도 있었지만, 수시로 몸을 피하여 오히려 열두 제자를 공들여 훈련시키는 데에 집중하였다. 우리는 다시 예수의 방법으로 돌아가야만 한다.

    이제 단계별로 살펴보자. 무엇이 문제인가?

1단계(전도) : 회심, 십자가와 부활−불신자에서 신자로

평신도가 넘어야 할 첫 번째 산은 전도의 산이다. 즉, 확실한 전도를 받아야 한다는 것이다. 첫 단추가 중요하기 때문이다.

무엇이 참 전도인가? 이 질문에 대해 이의를 제기하는 사람이 있을지 모르겠다. 전도야말로 한국인들이 가장 뛰어나게 잘하는 종목이 아닌가? 설마 여기에 무슨 문제가 있을라고? 이렇게 생각하는 사람들도 있을 수 있다. 전도폭발, 4영리, 총동원 주일, 이슬비 전도 등등하여 그동안 한국 교회가 전도에 큰 힘을 발휘하여 성장하여 왔고 그에 걸맞는 많은 열매를 거두어 왔던 것도 사실이다. (물론 그것마저도 이제 한계치에 이르러 한국 교회의 표면적 성장은 정점을 지나 하강 곡선으로 접어들고 있음이 잘 알려져 있다.)

그런데 그렇게 전도하여 교회를 옮겨 다니고 등록하고 크리스천이 된 사람들이 사회에서 한 역할은 무엇일까? 사회를 얼마나 변화시켰는가? 부패한 사회 속에서 소금의 역할을 하였는가? 만일 그렇지 못했다면 어디에 문제가 있는 것일까? 4영리를 접하여 예수 믿겠다고 영접 기도를 따라 하고 교회에 나온 사람들이 과연 제대로 된 전도가 된 것일까? 물론 거기까지 이르게 된 것도 하나님의 은혜요 감사할 일임에는 분명하다. 그렇지만, 비록 그가 예수를 믿는다고 하나 사회 속에서 여전히 베이비 크리스천으로 오히려 물의만 일으키고 있다면 그것은 심각한 문제이다.

교회에 다닌다고 해서 그가 정말 제대로 된 믿음을 갖고 있는지는 여러 번 점검해 보아야만 한다. 진정한 회개가 일어나기 전까지는 십자가와 부활의 도가 머릿속으로 이해가 될 수는 있을지언정 그것이 그 사람의 인생을 바꿀 만한 획기적 전환점이 되지는 못한다는 것이다.

여기서 다시 베드로의 경우로 돌아가서 생각해 보자.

회심의 순간, 나는 죄인이로소이다 누가복음 5:1-11

누가는 시몬 베드로가 예수 앞에 완전히 무릎을 꿇은 날의 획기적인 사건을 이 본문에서 상세히 기록하고 있다. 이 날을 기해 비로소 베드로의 인생 방향은 완전히 예수께로 돌아섰다고 말할 수 있다. 그렇다면, 이날이 베드로가 예수를 처음 만난 날인가? 결코 그렇지 않다.

이미 최소한 수차례 시몬은 예수를 직접 맞닥뜨린바 있었으며, 어쩌면 무리에 휩쓸려 예수의 제자로 한동안 따라다닌 경험마저 있는 사람이었다. 시몬 베드로가 예수를 처음 만난 것은 세례 요한의 제자였던 그의 형제 안드레를 통해서였다. 어느 날 그가 숨이 턱에 닿도록 황급히 나타나 "우리가 메시아를 만났다"고 반강제적으로 시몬을 끌고 가서 예수 앞에 인사를 시켰던 것이다(요 1:40-42). 어쩌면 어부 시몬은 그의 형제 안드레와는 달리, 메시아를 찾는 일에도 별 관심이 없이 사랑하는 자신의 가족(이미 결혼한 상태였음)을 위해 그냥 하루하루 생업에 충실히 종사하던 그런 사람이었을 것이다. 그는 분명 예수를 메시아라고 소개하는 형제 안드레에게 인도되어 예수 앞에 나가게 되었고 전도를 당했다. 그날, 첫 대면에서 예수는 시몬을 향해 "장차 네가 게바(베드로)가 되리라"는 뜬금없는 말을 한다. 시몬은 예수라는 이 사람에 대해 일종의 경외심과 알 수 없는 신비스런 이끌림을 받았을는지도 모른다. 그 이후, 시몬은 예수의 가르침을 배우기 위해 종종 그를 좇았었고, 심지어는 예수가 자신의 집을 심방하여 장모의 열병을 고쳐 주는 은혜까지도 입게 된다(눅 4:38-9).

많은 사람이 이와 유사한 경로로 누군가에 의해 이끌려 예수를 먼저 소개받는다. 그리고 뿌리칠 수 없는 경외심이 생긴 경우 그를 믿기 위해 일정 기간 교회에 출석하며 또한 은혜도 체험하게 된다. 그러나 여전히 그의 마음에는 생계를 위한 걱정이 가득하고 예수를 따르는 것은 하나의 공허한 종교적 개념으로 남아 있는 경우가 얼마나 많은가? 베드로가 그러했다.

눈부신 아침 햇살 아래 게네사렛 호숫가에는 배 두 척이 묶인 채 파도에 일렁이고 있었다. 시몬은 지난 밤 함께 고기잡이를 나갔던 동료들과 그물을 씻고 있었다. 그날따라 시몬은 몹시 피곤했다. 밤을 새워 고기를 잡고자 수고했지만 한 마리도 잡지 못했다. 그런데, 그물을 손질하고 있던 그에게 예수를 옹위한 무리가 나타났다. 예수는 시몬으로부터 저만치 떨어진 곳 호숫가에서 무리에 둘러싸인 채 말씀을 전하기 시작했다. 드문드문 그의 말이 들려오긴 했지만 시몬은 짐짓 그를 외면하며 그물 씻는 일에 몰두했다. 게네사렛 동네에 스승 예수가 가까이 와 있다는 것을 진작 알고 있었으나 시몬은 피하고만 싶었다. 그에게는 당장 가족들의 생계가 더 중요했기 때문이다. 한동안 예수를 따라다녀 봤지만 결국 그에게 직접적으로 돌아오는 유익은 없었다. 그의 말씀이나 은혜도 이제는 시들해진 것이다.

그때 갑작스런 일이 일어났다. 예수가 걸음을 천천히 옮겨 다가오더니 자신의 배에 올라앉은 것이다. 배를 육지에서 약간 떼어 달라고 청하더니 거기서 말씀을 전하기 시작했다. 무리들은 자연스럽게 자리를 옮겨 시몬을 둘러싸고 말았다. 어쩔 수 없이 시몬도 일손을 놓고 그의 말씀을 들을 수밖에 없게 되었다. 여러 가지 생각이 오가며 시몬의 머리는 다시 복잡해졌다. 말씀을 마친 예수는 느닷없이 시몬을 향해 "깊은 데로 가서 그물을 내려 고기를 잡으라"(눅 5:4)고 명령을 했다. 갑작스런 예수의 명령에 깜짝 놀란 시몬은 한동안 멍하게 바라보다가 마침내 일어섰다. 그리고 대답했다. "선생님, 우리들이 밤새도록 고기를 잡으려고 수고를 해 봤지만 아무것도 잡지 못했습니다. 그러나 당신이 명하시니 내가 그 말씀을 의지하여 그물을 내리겠습니다."

이 장면을 두고 우리는 말씀에 순종한 시몬의 믿음을 칭찬하는 설교를 종종 듣게 된다. 어부로서의 전문가인 그가 목수인 예수의 말에, 그것도 깊은 데서 그물을 내리면 고기가 잡히지 않으리라는 그의 상식을 접어두고 무조건 말씀에 순종했기 때문에 그물이 찢어질 만큼 고기가 잡히는 만선의 축복을 받게 되었다는 것이다. 분명 시몬은 그 말씀에 순종하여 일어섰고 배를 띄운 것만은 사실이다. 그러나 과연 시몬의 마음속 깊은 곳에서 예수에 대한 깊은 신뢰와 순종의 마음이 있었을까?

종종 우리는 마음과 다른 행동을 보일 때가 있다. 시몬의 마음은 이제 막 겨우 소금기를 씻어 내린 그물을 다시 바닷물에 담그는 것이, 뻔히 잡히지도 않을 헛수고를 하게 되는 것이 내심 못마땅했다. 그는 어부로서 잔뼈가 굵은 자신의 의사를 무시한 그 명령이 어이가 없기도 했다. 그러나 그는 선생으로서의 권위를 지닌 예수의 직선적 명령을 거역할 만한 용기가 생기지도 않았다.

시몬의 순종은 사실 절반의 순종이었다. 몸은 움직였지만, 그의 마음은 여전히 예수의 명령에 대해 닫혀 있었다. 그것은 예수가 베드로에게 그물들(nets)을 내리라고 분명히 복수형으로 명령했음에도 불구하고 시몬은 그물(net)을 하나밖에 내리지 않았던 것을 보아도 알 수 있다.[8] 예수는 이미 그물 하나로는 부족할 만큼 엄청난 고기가 잡힐 것을 알고 있었기에 두 척의 배가 함께 나가 그물을 내리기를 원했던 것이다. 하지만 상식 밖의 명령에 억지로 순종해야 하는 시몬의 입장에서는 그물을 몽땅 다시 씻어야 하는 수고를 할 이유가 없었다. 한 척의 배로 나아가 예수의 말이 잘못된 것임을 입증하고 돌아오면 된다는 생각도 없지 않았다.

그러나 상황은 돌변하고 말았다. 시몬이 도무지 상상할 수도 없는 일이 벌어지고 만 것이다. 깊은 바다로 나가 그물을 던지는 순간 물고기가 몰려들어 그물이 찢어지게 되었다. 시몬은 마침내 다른 배에 있는 동무들을 향해 소리를 질러 도움을 청해야만 했다. 간신히 그물을 끌어올리니 두 배가 모두 가라앉을 정도로 많은 물고기가 쏟아졌다. 돌아오는 배 속에서 시몬의 마음은 몹시도 혼란스러웠다. 그리고 형언키 힘든 두려움이 그를 향해 몰려오기 시작했다. 도대체 이 사람이 누구란 말인가? 그렇다면, 정말 안드레가 이야기한 대로 우리가 그토록 기다려오던 바로 그 메시아란 말인가? 갑자기 그의 마음속에 자신의 주장이 옳다고 내세우며 살아오던 모든 것들이 한꺼번에 허물어져 내리는 것을 느꼈다. 그리고 예수의 존재가 그에게 섬광과 같이 달려와 가슴에 꽂히는 것을 느꼈다. 그리고 그 속에서 자신의 모든 죄악된 모습들이 드러나는 것만 같았다. 육지에 닿자마자 시몬은 예수의 발 아래 폭삭 엎드리고 말았다. "주여 나를 떠나소서. 나는 죄인이로소이다." 그의 눈에서 눈물이 떨어지고 있었다. 그의 자아가, 그의 살아온 지난 날 인생이 무너지는 순간이었다.

---

8) King James Version에는 이 상황을 해석하여 4절에서는 복수형으로 5절에서는 단수형으로 표기하고 있다.

우리 주변에는 얼마나 많은 사람들이 시몬과 같이 예수를 믿노라 하고 교회를 다니면서도 그에게 완전히 순종치 못하고 자신의 주장에 따라 신앙생활을 하고 있는가? 그들은 완전한 회심의 체험도 없는 채 그저 머릿속으로 나름대로 이해한 예수에 대한 생각을 가지고 신앙생활을 한다. 그러나 그들은 여전히 등록 교인들이고, 사도신경을 암송하며, 사회적 역량에 따라 더러는 교회의 여러 중직을 맡기도 한다. 그리고 세상 속에서는 믿지 않는 다른 사람들과 전혀 다를 바 없이 살아간다. 그들에게는 자신의 생계를 위한 일들이 삶의 우선순위에서 가장 앞자리에 놓여 있다. 그들을 교회로 인도했던 사람들은 이들이 교회에 나오는 것만으로도 만족한다. 그래저 친구는 과거에 내가 전도한 사람이야 하고 말이다. 그러나 과연 그들에게 올바른 전도가 되었는가? 그들이 예수의 도를 바르게 이해하고 있는 사람들인가?

전도(傳道)는 문자 그대로 예수에 관한 도를 전하는 것이다. 예수가 누구인가를 알기 위해서는 반드시 그는 자기 자신의 죄악된 실존과 맞닥뜨리지 않으면 안 된다. 그래서 반드시 전도에는 회심이 먼저 있어야 하는 것이다. 예수께서 사마리아 여인을 전도할 때에도 그녀의 죄의 문제를 건드리지 않을 수 없었던 것도 같은 이유이다(요 4:16).

시몬은 자신 속에 감추어져 있던 불순종의 죄가 드러나는 순간 비로소 자신이 누구인가를 깨닫게 되었고 그 순간 예수가 누구인지를 알게 되었던 것이다. 우리는 표면적으로 드러난 절반의 순종을 귀하다고 생각할 때가 많다(물론 하나님의 부르심 속의 한 과정으로 생각하면 그것도 귀할 수 있다). 그러나 우리의 마음의 중심을 보시는 하나님의 불꽃 같은 눈에는 우리는 여전히 불순종 속에 머물러 있는 죄인에 불과하다. 절반의 순종은 여전히 불순종이다. 회심은 전적으로 타락하여 하나님과 정 반대 방향으로 나아가던 우리의 인생 방향을 완전히 180도로 전환시킴으로써 비로소 하나님을 향하게 만든다. 회심의 순간 우리는 드러난 자신의 죄악을 내버리고 전 존재를 예수 앞에 던지지 않을 수 없는 것이다. 만일 어떤 사람이 예수를 안다고 하면서 그의 삶이 45도 혹은 90도 정도 방향을 전환했다고 한다면 그는 하나님을 향하는 것이 아니다. 여전히 그의 인생 방향은 세상의 또 다른 어떤 곳을 향해 나아가고 있을 뿐이다.

예수는 그날 아침, 그를 둘러싼 수많은 무리들 가운데서, 믿음이 떨어져나간 한 마리 길 잃은 어린양 시몬을 보았고, 그를 구원키 위해 그를 향해 발걸음을 돌렸던 것이다. 그리고 마침내 시몬이 무릎을 꿇는 순간 그에게 인생의 새로운 사명을 던진다.

"무서워 말라. 이제 후로는 네가 사람을 취하리라"(눅 5:10하).

이날은 비로소 시몬이 베드로로 다시 태어나는 날이었다. 그리고 그날 시몬 베드로는 모든 것을 버려 두고 예수를 좇았다고 성경은 기록하고 있다. 물론 시몬 베드로에게는 아직 십자가와 부활을 통해 예수를 더 깊이 알고 체험해야 할 많은 날들이 남아 있었다. 그러나 분명한 것은 그날 베드로는 180도로 회심하여 하나님을 향했다는 점이다.

우리는 많은 경우에 전도에 대한 기준을 너무 낮추어 생각함으로 아무 데도 쓸모없는 반쪽짜리 불량품들을 대량으로 만들어 내고 있는 것은 아닌가?

2단계(양육) : 제자 훈련 – 신자에서 제자로

회심을 통하여 자신의 실존을 깨닫고 예수가 누구인가를 체험적으로 알게 된 사람은 비로소 신자로 태어난다. 더 이상 뱃속의 아기가 아니라 완전한 생명으로 새롭게 태어난 것이다. 그는 이미 돌이킬 수 없는 하나님의 거룩한 자녀가 되었다. 잘못을 했다고 해서 아기가 어머니의 태 속으로 도로 돌아갈 수 없는 것과 마찬가지다. 그러나 그는 여전히 어린아기에 불과하다. 새신자가 크리스천으로서 사회 속에서 제 몫을 감당하기 위해서는 교육과 훈련을 통해 성장하지 않으면 안 된다.

크리스천이 된다는 것은 곧 예수의 제자가 된다는 뜻이다. 사도행전 12장에는 안디옥 교회가 형성되는 과정 속에서 바나바와 사울이 이방인 회심자들을 모아 1년간 가르치니 비로소 사람들이 그들을 향해 크리스천이라고 부르기 시작했다는 기록이 있다.

크리스천은 곧 그리스도의 종이라는 뜻이다. 종의 본질은 순종이다. 그리스도가 원하는 대로 행하고 그리스도가 원치 않는 것을 행치 않을 수 있는 사람이 곧 크리스천이다. 이것은 우리가 믿음으로 생명을 얻어 신자가 되는 것과는 큰 차이가 있다. 여기에는 부단한 훈련과 배움의 과정이 필요하다. 육체가 성장할 때도 음식물의 섭취와 정서적 돌봄과 훈육이 필요하듯이 영적 성장도 마찬가지다. 자라게 하는 것은 하나님이시요, 성령의 역사라 할지라도 우리가 영양분을 섭취하고 훈련받는 일은 우리가 해야 할 몫인 것이다.

제자가 되기 위해 받아야 할 훈련은 크게 세 가지가 있다.

은사 훈련 : 교회의 지체됨(공동체 훈련) : 예배, 찬양, 기도, 교제
말씀 훈련 : 예수의 가르침(인격적 훈련) : 하나님 나라의 백성, 크리
　　　　　　　스천 윤리
섬김 훈련 : 사랑의 실천(실천적 훈련) : 낮아짐, 자신을 드림, 봉사,
　　　　　　　재생산

이를 다시 정리하여 표현하면 아래와 같다.

1. (영적 훈련) : 은사 개발 – 거룩한 교회의 지체로
2. (도덕적 훈련) : 크리스천 윤리 – 빛으로 소금으로
3. (의지적 훈련) : 사랑의 실천 – 제자의 삶으로

이 세 가지가 합하여 균형을 이루어야 비로소 제자로서의 바른 삶을
나타내 보일 수 있게 된다. 그러나 많은 경우에 교회 내에서 열심을 다
해 성장한 신자라 할지라도 첫째의 영적인 훈련에만 집중하는 경우가
대부분이다. 기도 잘하고 찬양이 뜨거운 대단히 영적으로 보이는 신자
임에도 불구하고 일상의 삶에서는 크리스천으로서의 도덕성과 윤리의
식이 떨어지며, 이웃에게 진정한 낮아짐과 섬김의 모습으로 사랑을 베
풀 줄 모르는 사람들을 많이 만나게 된다.
　바로 이것이 크리스천이 사회 속에서 제 역할을 감당치 못하고 손가
락질을 받게 되는 가장 중요한 원인이다. 제자가 되기 위해서는 영적
인 훈련뿐만 아니라 도덕적, 의지적 훈련을 동시에 받아야 하는 것이
다.

　'도덕적 훈련'을 위해서는 예수의 말씀에 비추어 자신의 일상을 변
혁시키는 노력이 필요하다. 이는 사소한 일에도 불의와 타협치 않는

민감함이 요구되는 일이다.

· 경건 훈련
· 물질을 관리하는 훈련
· 정직 훈련
· 혀를 다스리는 훈련

이러한 훈련은 처음에는 먼저 제자가 된 사람의 멘토링(mentoring)이 필요하다. 예수의 제자가 제품을 공장에서 찍어내듯 대량 생산이 되지 않는 이유는 반드시 인격적 접촉을 통해 만들어지기 때문이다. 멘토가 예수의 인격을 지니지 못했다면 그 제자도 마찬가지가 될 가능성이 매우 높다. 따라서 악순환이 반복된다. 그러므로 우리가 예수만을 따르는 순전한 제자 한 사람을 만들어 내는 것이 얼마나 어렵고 중요한 일인가를 먼저 인식해야만 한다. (이 책에서 지속적으로 검토하고 있는 것처럼 예수가 베드로를 비롯한 열두 제자를 빚어내기 위하여 3년간 얼마나 많은 공을 들였는가를 유심히 살펴볼 필요가 있다.)

사도 바울이 디모데를 향해 사랑하는 아들이라고 불렀던 것처럼, 양육자와 피양육자 사이에는 단순한 교사 이상의 관계 형성이 이루어져야 한다. 사도 바울이 고린도 교회 교인들에게 "너희는 나를 본받는 자가 되라"고 권할 수 있었던 것은 스승이 아니라 아비의 심정으로 가르치며 본을 보였기에 가능한 일이었다. 특별히, 사도 바울이 텐트메이커(tent maker)로서 브리스길라와 아굴라 부부와 동역하며 보여 주었던 삶의 정직성과 근면한 모습들은 제자들의 마음을 감동시키기에 충분했을 것이다.

'의지적 훈련'은 실천 훈련이며 동시에 사랑 훈련이다.

· 소자를 발견하는 훈련
· 청지기로서 자신의 소유(시간, 물질, 달란트)를 드리는 훈련
· 낮아짐과 섬김의 훈련
· 먹이는 훈련, 재생산 양육
· 십자가를 지는 훈련
· 순종의 훈련

이런 실천 과정 속에서 우리는 비로소 예수의 마음을 배워 가고 닮아 가게 된다. 내 이웃에 있는 고통 받는 소자들에 대하여 긍휼의 마음을 가지고 그들을 품는 그 훈련이 되지 않으면 하나님에 대하여 등을 돌린 세상 사람들의 닫힌 마음을 열 수 없다. 우리가 아무리 풍부한 영성을 가지고 또 뛰어난 도덕성을 지니고 있다 할지라도 그것이 우리를 경외하고 존경하게 할 수는 있을지라도 사람들의 마음과 영혼의 문을 열 수는 없다. 사랑 없으면 결국 아무것도 아닌 것이 되고 말기 때문이다. 사랑에는 반드시 희생이 따른다.

평신도 사역자는 자신의 전문 분야에서 결코 소홀히 대하는 모습을 나타내서는 안 된다. 영적인 일을 한다는 것이 자신이 맡은 전문 분야의 일을 대충 해도 된다는 면죄부가 되어서는 안 된다는 말이다. 전문 분야에서의 탁월함이 곧 하나님이 시키신 문화적 사명을 다하는 일이요, 그것을 통해 하나님의 영광을 사회 속에 나타내는 것이 그리스도의 복음을 전하는 일과 밀접한 관계가 있음을 분명히 가르치고 배워야 한다.

그러나 이 모든 훈련들을 마쳤을지라도, 마지막으로, 말씀으로 양육

받은 자가 다시 다른 사람을 가르치는 재생산 양육 훈련을 받지 못한다면 그는 아직 제자로서 세상에 나아가기에는 불충분하다.

"또 네가 많은 증인 앞에서 내게 들은 바를 충성된 사람들에게 부탁하라. 저희가 또 다른 사람들을 가르칠 수 있으리라"(딤후 2:2).

이는 사도 바울이 디모데에게 가르쳤던 재생산 양육을 위한 제자도이며, "내 어린양을 먹이라"고 당부하신 예수의 제자 훈련 방식이기도 하다. 이렇게 훈련받은 예수의 제자들을 통해 하늘나라의 영적 계보들이 면면이 이어져 왔던 것이다.

"아브라함이 이삭을 낳고 이삭은 야곱을 낳고 야곱은 유다와 그의 형제를 낳고."

이삭이 야곱을 낳지 못하였다면 그는 예수의 족보에 오르지 못하였을 것이다. 야곱을 낳으므로 비로소 이삭은 이삭이 되었다.

이와 같은 제자화의 훈련 과정이 교회 내에서 직장에서 혹은 삶의 현장에서 일어나야 하지 않을까? 한국 교회의 양적 성장 단계에서 전도폭발운동이 주효했다면, 이제 21세기에는 멘토가 멘토를 생산하는 멘토폭발운동(mentoring explosion movement)이 일어나면 어떨지?

3단계(파송) : 사명의 발견, 마침내 세상 속으로 – 제자에서 사역자로

하나님은 모든 사람이 구원에 이르기를 원하시는 만큼이나 그의 모든 제자들을 사도로 파송하기를 원하신다. 한 사람의 헌신된 제자를 만드는 것이 얼마나 어려운 일인가? 그러나 다행스런 것은 신자에서 제자가 되기는 정말 어렵지만, 제자가 사역자가 되지 않기도 정말 어려운 법이다. 병목(bottle neck)은 제자가 되는 데에 있다. 참 제자라면 반드시 사역자의 길로 나서게 되어 있다. 이제 '복의 근원'이 된 평신

도 제자가 있다면 그는 하나님이 부르시는 음성을 통해 자신에게 주어
질 십자가의 길을 겸손히 기다릴 것이다.

일단 제자로서 훈련받은 평신도는 자신의 사역지를 분명히 정해야
한다. 그리고 받은바 달란트를 통해 복음을 들고 나아가야 한다. 부르
심이 확실하다면 사역지의 위치는 다양하게 나타날 수 있다. 그곳이
바로 자신이 섬기는 가정이나 직장이 될 수도 있다. 혹은 지역 사회의
한 모퉁이의 소외받는 한 계층이 될 수도 있으며, 아니면 특정 전문가
집단이 될 수도 있다. 더러는 특별한 부르심에 따라 타 문화권 혹은 미
전도 종족을 향한 발걸음이 되는 수도 있을 것이다. 가장 중요한 것은
자신의 부르심에 대한 내적 확신이다. 그 내면의 확신이 분명하다면
하나님과의 끊임없는 대화 가운데 점차 강화될 것이며, 성령의 인도하
심 속에서 세상의 빛으로 소금으로, 마침내 열매로 나타날 것이다.

지금까지의 이야기를 통해, 세상 속에서 문화를 개혁시키고 복음의
빛을 발할 평신도 사역자가 갖추어야 할 조건을 열 가지로 정리해 보
자.

평신도 사역자 십계명

1. 회심의 체험이 분명해야 한다.
2. 예수를 주로 시인하는 고백이 분명해야 한다.
3. 교회 안에서 그리스도의 몸을 이루는 지체가 되어야 한다.
4. 받은 은사로 교회를 섬기며 영성 훈련을 받아야 한다.
5. 말씀 훈련과 경건 훈련을 통해 하나님 나라의 도덕성을 갖추어
야 한다.
6. 전문성으로 직업과 삶의 현장에서 본을 보여야 한다.

7. 주변의 동료, 제자, 이웃을 바라볼 때 한 영혼에 대한 아픔이 있어야 한다.

8. 자신의 것을 희생하여 고통 받는 소자를 섬길 수 있어야 한다.

9. 말씀으로 제자를 가르치는 재생산 양육의 경험이 있어야 한다.

10. 부르심의 음성이 있을 때 사역지를 향해 나갈 수 있는 순종의 사람이어야 한다.

위의 십계명 중 앞에 열거한 다섯 계명이 제자가 되기 위한 개인적 계명이라면 후반부의 다섯 계명은 제자가 이루어야 할 사회적 계명이다.

이와 같은 훈련을 받은 영성과 지성을 함께 지닌 평신도 사역자들이 절실히 요구되는 때다. 추수할 것은 많은데 밭에 나가 일할 일꾼이 없다고 안타까워하신 예수. 누가 나를 위해 갈꼬? 하며 보낼 사람을 두루 찾으시는 하나님. 그러나 아직 자격이 갖추어지지 않은 사람들이 현장에 나가 농사를 그르치는 일도 허다하다. 그러하기에 평신도 사역자를 만들어 세우는 일은 더욱 중요한 문제인 것이다. 물론 하나님의 부르심은 모든 자격을 갖춘 사람에게만 임하는 것은 아니다. 더러는 하나님의 이끄심에 따라 현장 교육을 통해 훈련을 받으며 성장하기도 한다. 중요한 것은 아브라함과 야곱과 요셉과 모세가 그러했듯이 하나님의 일꾼은 사역 현장에서 반드시 변화하며 만들어져 간다는 사실이다. 변하지 않고 성장하지 않는 사람은 사역자가 될 수 없을 뿐 아니라 쓰임 받는 종이 될 수 없다. 평신도 사역자는 만들어진다.

5. 두 집 내기

주변을 둘러보면, 삶의 중심에 바둑, 등반, 낚시, 테니스, 골프 같은 작은 취미나 운동을 절대시하며 살아가는 사람들을 보게 된다. 절대가치 상실의 시대를 살아가는 현대인들에게 흔히 있을 법도 한 일이지만, 나름대로의 철학까지 세워 가며 지나치게 몰두하는 사람들을 바라보노라면 진정 안타깝기 그지없다. 그들이 만일 생명을 얻지 못한, 우리가 사랑하는 가까운 형제이거나 이웃이라면 그 안타까움은 배가된다.

나는 승부를 가리는 게임에 취미도 소질도 없는 편이다. 바둑을 잘 두지는 못하지만 바둑 잘 두는 친구들을 많이 가진 연고로 바둑 두는 것을 접한 경험은 더러 있다. 그런데 수(手)가 높은 친구들이 하수(下手)들에게는 좀처럼 보이지 않는 묘수들을 두는 것도 놀랍지만, 하수가 보기에는 살았는지 죽었는지 도무지 알 수 없는 말(馬)들을 죽었다 혹은 살았다 판단하며, 그리고 대개의 경우 그대로 결말이 나고야 마는 것을 보면 신기하기 짝이 없다. 그러나 그 말이 대마(大馬)이건 귀퉁이의 몇 점 안 되는 작은 말이건 관계없이 결국 생사(生死)를 좌우하는 것은 두 집이 났느냐 아니냐로 판별이 나는 것을 보면서 우리의 삶에 대한 유비(類比, analogy)를 느낀다.

많은 사람들이 자신의 운명이 삶으로 귀결될지 죽음으로 귀결될지도 모르는 채 무심코 인생을 살아간다. 어떤 이들은 현재에 누리고 있는 화려한 부귀영화가 마치 영원히 지속될 것처럼 여기며, 어떤 이들은 자신의 건강과 젊음을 뽐내며 자신이 살아 있음에 대해 추호의 의심도 지니지 않은 채 살아간다. 그러나 바둑판의 생사와 마찬가지로, 신앙의 눈으로 그들을 바라볼 때에는 그들 속에 두 집이 나 있지 아니하면 그들은 결국 죽을 운명이기에 이미 죽은 것이요, 아무리 힘없고 옹색한 모습으로 살아가는 자라 할지라도 그 안에 두 집이 있으면 그는 영원히 산 사람이다. 우리의 인생에도 반드시 계가(計家)할 날이 오고야 말 것이며, 그 날에는 그 마음속에 예수와 하나님의 두 집을 지니지 못한 자는 바둑판의 죽은 돌처럼 들어내 버림을 당하고야 말 것이다.

두 집 내기에 대한 비유가 더러는 복음을 전하는 유용한 도구로 사용되기도 한다. 바둑을 즐기는 사람과 바둑판을 사이에 둔 치열한 전투를 벌이고 난 후, 그의 영혼을 위해 기도를 하며 적당한 시기에 두 집과 생사의 문제를 끄집어낸다. 강퍅하던 그의 마음에 한 줄기 전율과 같은 충격이 들어간 듯 심각한 표정이 되는 것을 바라보며 비유를 즐겨 사용하시던 주님의 지혜를 다시 한 번 배운다.

우리에게 두 집을 주셔서 영생을 허락하신 하나님과 예수께서 우리에게 명하신 두 가지 명령이 있다. 문화명령(文化命令)과 지상명령(至上命令)이 바로 그것이다. 문화명령은 하나님께서 우리 인간을 창조하신 직후에 바로 내린 첫 번째 명령이다. 따라서 문화명령을 이루어 가는 것은 우리 인간의 존재이유라고도 말할 수 있다.

"생육하고 번성하여 땅에 충만하라. 땅을 정복하라 모든 생물을 다스리라"(창 1:28).

하나님은 온 땅이 자신의 형상을 따라 지음 받은 사람들로 가득 채워지며 다스려지는 것을 원하셨던 것이다. 예수는 바로 그 하나님의 뜻을 성취하기 위해 이 땅에 오셨다. 하나님의 형상을 상실하여 영생을 잃어버린 사람들에게 다시 영생을 회복시키기 위해 오신 것이다. "내 아버지의 뜻은 아들을 보고 믿는 자마다 영생을 얻는 이것이니 마지막 날에 내가 이를 다시 살리리라"(요 6:40). 그리하여 그 일을 이루시기 위하여 십자가를 지시고 또 부활하셔서 그 제자들에게 명령하셨다. "오직 성령이 너희에게 임하시면 너희가 권능을 받고 예루살렘과 온 유대와 사마리아와 땅 끝까지 이르러 내 증인이 되리라"(행 1:8). 이것이 곧 지상명령이다. 따라서 문화명령과 지상명령은 사실상 한 가지 명령이다.

이 땅을, 영생을 소유한 하나님의 형상을 닮은 사람들로 가득 채우는 것. 그래서 이 세상이 생명력이 가득한 아름다운 문화로 충만하게 다스려지는 것. 바로 그것이 하나님과 예수 그리스도가 원하시는 한 가지 뜻이요 명령인 것이다. 바둑판의 두 집이 사실상 연결되어 한 집을 이루는 것처럼 우리에게 영생을 주는 이 두 가지 명령 또한 사실은 연결된 한 가지 명령이다. 그 두 집을 이어 주며 바둑판의 말들이 뻗어 가는 것처럼, 하나님과 예수 그리스도의 두 집과 명령을 이어 주며 뻗어 가도록 하는 분은 바로 성령이시다.

영생을 소유한 자, 즉 그 마음에 하나님과 예수 그리스도의 두 집을 소유한 사람들에게는 반드시 이 두 명령에 대한 부담이 있을 수밖에 없다. 바꾸어 말하면 이 두 명령에 대한 아무런 부담을 느끼지 않는 크리스천이 있다면, 어쩌면 자신의 생명에 대해 스스로 한번은 의심을 해 보아야 할 것이다. 과연 내 속에 두 집이 나 있을까?

이 사회가 생명이 없는 거짓 문화로 가득 차 있는데 크리스천들이 교회 안에서 자신들에게 주어진 영생만을 누리고 있다면, 생명을 전한다고 하면서 하나님이 원하시는 문화명령, 즉 부패한 사회 속에 뛰어들어가 이 땅을 올바로 다스리고 치유하는 일을 등한시한다면, 이는 하나님과 예수 그리스도가 십자가 안에서 합하여 놓은 두 명령을 분리시키는 일이다. 바둑판에서 따로 떨어진 두 개의 한 집이 생명을 지닐 수 없는 것처럼, 문화 명령과 분리된 지상명령 역시 생명력을 지니고 뻗어 가지 못한다.

더러는 교회 내에서 반드시 두 집이 있어야 할 사람들 중에 두 집을 지니지 못한 사람들이 있어 우리를 놀라게 할 때가 있다. "한국 교회에는 평신도에서 집사로 장로로 목사로, 위로 올라갈수록 문제 있는 사람이 많다"고 이야기하는 K목사님이나 "한국 교회가 죽었다"고 말하는 P목사님의 주장은 과연 지나친 억측일까? 우리 사회가 한국 교회의 모습에 대해 느끼는 무력감이 지워지지 않는 한, 믿지 않는 이들이 소위 크리스천이라 자처하며 온갖 사회의 부조리와 비리를 똑같이 저지르고 또는 묵과하는 사람들에 대한 불신감을 버리지 않는 한, 그냥 스쳐 지나가서는 안 될 말들이다.

심심치 않게 접하게 되는 한국의 대형 사고와 부정부패, 비리 사건들 속에 반드시 교인들이 섞여 있음은 웬일일까? 언젠가 어떤 성도가 요즘 한국에 유행하고 있다는 조크(joke) 하나를 전해 주어서 우리들의 마음을 더 아프게 한 적이 있었다.

"아니, 저 사람은 교회를 다니는데도 어쩜 저렇게 정직할까?"

중국 교회가 또는 앞으로 닥칠 통일 후의 북한 교회가 한국 교회의 이 같은 모습을 그대로 본 따게 된다면, 그것은 바로 한국 교회의 책임일 수 있다.

그날, 우리의 삶을 마감하며 평가받는 날, 마땅히 그 자리에 있어야 할 사람들이 한자리에 모여 있기만을 바랄 뿐이다.

"영생(永生)은 곧 유일하신 참 하나님과 그의 보내신 자 예수 그리스도를 아는 것이니이다"(요 17:3).

6. 변하는 세상, 변치 않는 복음

문명 충돌과 붕괴의 시론(時論)

2001년 9월 11일 발생한 세계무역센터(WTC) 빌딩의 붕괴 장면은 전 세계인을 경악하게 한 세기적 사건이었다. 정보화 시대를 실감하며 생방송으로 엽기적 상황을 지켜보는 동안 많은 생각이 스쳐 지나갔다. 바야흐로 다각화된 문화에 의한 문명 충돌의 시대로서 21세기를 예견했던 새뮤얼 헌팅턴과, 인류 역사 속에 나타난 문명의 한계 수익 체감성에 의한 문명 붕괴의 필연성을 역설한 조지프 테인터의 노작(勞作)이 새삼 떠오르는 순간이었다.

역사학자 토인비가, 2,000년 전 바울이 소아시아에서 지중해를 건너 유럽으로 건너갈 때 타고 간 배를 가리켜 '유럽의 운명을 싣고 간 배'였다고 말했듯이, 세계 역사는 끊임없는 서진(西進)를 계속하며 새로운 문명과 역사의 주역들을 탄생시켜 왔다. 21세기의 개막과 더불어 발생한 세계무역센터 빌딩의 붕괴는 어쩌면 지난 20세기 세계 정치 경제 문화의 주역이었던 한 문명이 무너져 내리고 이제 또다시 새로운 주역의 부상을 예고하는 역사의 한 서막으로 기억될지도 모른다. 지난 20세기는 인간의 합리적 이성을 앞세운 과학기술을 무기로 유토피아 사회 건설을 추구하며 시작되었다. 20세기가 평등과 자유의 이데올로기를 나누어 가진 채 동서 냉전의 양극화 구도로 치닫는 동안, 세계는 수많은 전쟁과 혁명 속에서 무고한 피흘림과 비인간화의 값을 치렀다. 그러나 이제 21세기는 다원화된 문화 전쟁 속에서 새로운 형태의 피흘림을 예고하고 있음이 아닌가?

인간의 본질에 대한 탐구는 철학과 과학의 가장 오랜 주제였다. 지난 18세기 계몽주의 시대 프랑스의 라메트리가 기계인간의 개념을 제시함으로 출발한 소위 생물학 결정론은, 모든 인간이 유전자에 의해 프로그램 된 고도로 복잡한 기계에 불과하다는 생각을 낳았다. 급기야는 좋은 세상을 만들기 위해서는 좋은 유전자를 지닌 사람만을 남겨 놓아야 한다는 주장의 우생학을 통해 열등한 인종을 청소 도말하는 히틀러식의 급진 우익 사상까지 만들어내기에 이르렀다. 그러나 생물학 결정론에 반대하는 문화 결정론자들은, 인간은 주변 환경과 교육 문화에 의해 언제든지 가변적으로 변화될 수 있는 존재라는 주장을 내세운다. 그러나 문화 결정론이 또 다른 극단으로 치우칠 때, 소위 행동주의 철학자들이 주장하는 바와 같이 인간을 환경적 자극에 의해 마음대로 조작할 수 있는 환경적 기계장치 또는 시스템으로 파악하고 만다.
결국 이 논쟁은 인간이 안고 있는 피면할 수 없는 두 가지 조건, 즉 자연과 문화에 대한 시각을 어떻게 갖느냐 하는 문제에서 비롯된다. 분명 인간은 자연적 요소를 지닌 존재이기도 하지만 또한 문화적 환경에 의해 끊임없이 변화되고 있는 존재이기도 하다. 그러나 인간을 파악하는 시각이 자연이냐 문화냐 하는 양자택일의 이원론에 빠질 때 결국 인간의 사물화(死物化)를 조장하는 이데올로기로 변하고 만다. 이데올로기화한 원리주의(原理主義)는 항상 위험 요소를 안고 있다. 그래서 항상 어느 한 쪽에 치우치지 않는 균형 잡힌 생각을 유지하는 것은 대단히 중요한 일이다.

인간은 자연과 문화 사이에 존재한다. 그러나 그 중간 영역은 철학과 과학의 오랜 탐구에도 불구하고 여전히 완전히 파악할 수 없는 블랙박스로 남아 있다. 내가 알 수 없는 어떤 영역이 있을 수도 있다는 생각, 그것이야말로 경직된 사고의 위험성으로부터 자신을 지켜 주는 균형 감각이며, 나 자신에 대한 무지로부터의 탈출을 위한 출발선이 될 것이다. 문명 충돌의 시대에 자신이 붕괴되지 않고 살아가기 위해 가장 필요한 것은 역사의 완충지대를 바로 읽는 지혜와 탄력성이다.

위 글은 2001년 10월 18일치 연변과학기술대학 신문의 '북산가 칼럼'에 실었던 글이다. 그러나 사회주의 국가의 대학 신문에 실린 글이 되어서 신앙적인 내용은 더 이상 쓸 수가 없는 제한이 있었다. 이제 지면을 빌려 한마디 첨언을 한다면, 자연과 문화 사이의 화해가 일반인들에게 필요하듯이, 복음과 문화 사이의 화해 또한 이 시대의 크리스천들에게 반드시 필요하다는 점이다. 지난 20세기가 양극화된 냉전구도 속에서 극단의 원리주의로 서로 맞섰던 시대였다면, 그것은 크리스천들에게도 동일하게 해당하는 말이다. 이제 복음과 문화를 사이에 둔 냉전은 종식되어야 한다. 원리주의는 항상 위험 요소를 안고 있기 때문이다. 예수는 십자가에서 나의 죄를 대속했을 뿐 아니라, 복음으로 타락한 문화를 대속하셔서 거듭나게 하신 분이기도 하기 때문이다.

코스타(KOSTA, KOrean STudent Abroad)

코스타는 전 세계에 흩어진 코리안 디아스포라 청년들을 변화시켜 그들로 하여금 민족 복음화와 세계 복음화의 주역이 되게 하고, 다시 고국에 돌아와 크리스천 지성인으로서 사회의 각계각층에서 실질적인 빛과 소금의 역할을 감당토록 하기 위해 시작된 신앙 부흥 운동이다. 다시 말해, 장래의 지도자가 될 지식 청년들을 복음으로 무장시켜 평신도 지도자로 세우고자 함이 이 모임의 목적이다. 1985년 미국에서 시작된 미국 유학생 수련회가 씨앗이 되어 이제는 전 세계로 퍼져 가고 있으며, 유학생뿐만 아니라 미국, 일본, 남미, 호주, 중국, 러시아 등지에 흩어진 이민 2세, 3세 청년들까지 그 사역 대상으로 영역을 확대해 가고 있다.

21세기를 열면서 코스타 국제본부에서 정한 2001년 주제는 '변하는 세상, 변치 않는 복음'이었다. 아마 그 한 해에도 수십 명의 강사들이 자원봉사의 정신으로 13개국에 흩어진 코리안 디아스포라 청년들을 찾아가 영적 각성과 비전을 심는 일을 했을 것이다. 나는 1990년에는 학생의 신분으로 처음 미국 코스타에 참석하였었고, 96년부터는 강사의 자격으로 한 해도 거르지 않고 이 집회에 계속 참석하였다. 그것은 나 자신이 코스타를 통해 인생의 사명과 비전을 찾았기 때문이기도 하지만, 흩어진 한국계 동포(Ethnic Korean) 지식 청년들을 일깨워 이 시대의 요셉과 다니엘 같은 청년들을 세우는 것이 하나님께서 내게 주신 소중한 사명이라는 믿음과 확신 때문이었다.

2001년에 나는 아내와 함께 파리 코스타에 참석하게 되었다. 음악을 전공한 아내는 파리에서 예술을 전공하는 많은 후배들을 위해 코스타의 선배로서 '일터의 현장' 시간에 간증을 하였고, 그 다음날 나는 오전 주제 강의를 했다.

강의를 준비하면서 내가 깨닫게 된 것은, 우리 크리스천들이 '변치 않는 복음'에 집중한 나머지 '변하는 세상'에 대해서는 너무나 무관심하여 부족한 인식을 가지고, 더러는 시대착오적인 생각으로 살아가는 경우가 많지 않은가 하는 것이었다.

이사야 선지자는 우리의 육체는 풀이요 그 영화는 꽃과 같다고 했다. "풀은 마르고 꽃은 시드나 우리 하나님의 말씀은 영영히 서리라"(사 40:8)는 말씀처럼, 세상이 바뀌고 문화가 변하여도 복음의 순수성은 영원히 불변하리라는 그 진리를 우리 크리스천들은 굳게 붙들고 있다. 어쩌면 지극히 마땅한 일이다.

그러다 보니 코스타 집회 기간 중에도 '변하는 세상'보다는 '변치 않는 복음'에 포커스를 맞추어 결론을 내리는 목사님들이 많았다. 당연한 결론이라고 생각하면서도 내 마음 한 구석이 허전하게 느껴졌다. 과연 우리는 변치 않는 복음만 붙들고 있다가 하나님이 부르시는 그때에 영광스런 천국 잔치에 참여하기만 하면 되는 그런 사람들인가 하는 것이다. 세상이 어떻게 변하여도, 내 주변의 이웃이 냉혹하게 변하는 세상 속에서 어떤 어려움과 고통을 받을지라도 나는 오직 복음만을 지키고 전하면 되는 것인가? 물론 그렇지 않다는 것을 모두가 잘 알고 있다.

더러 초대 기독교 박해 시절이나 중국의 문화혁명 시기처럼 복음을 지키기 위해 동굴이나 지하로 숨어 들어가 세상과 단절하지 않으면 안 되는 시기도 있을 수 있다. 그러나 그렇지 않은 경우 크리스천들은 오히려 그 세상을 향해 과감히 나아가 빛과 소금의 역할을 감당해야 하기에 변하는 세상에 대해서도 깊은 이해가 있어야 한다.

문제는 대다수의 크리스천들이 그 사실을 알면서도 복음의 은혜에 도취하여 자의반 타의반으로 교회 내에 안주하기를 즐기고 있다는 것이다. 그러다 보니, 세상에 나아가서는 믿지 않는 사람들에 비해 자신들의 전문 영역에서 문화적 열등생으로 전락하여 빛을 내지 못하는 경우가 더 많다.

특별히 21세기는 전광석화와 같이 변하는 문화 전쟁의 시기이다. 카오스 이론으로 설명해야만 하는 도무지 예측하기 힘든 일들이 세계 도처에서 발생하고 있다. 이 글을 쓰고 있는 동안에도 내 책상 위의 컴퓨터는 시시각각 노화(out-of-date)되어 생명을 잃어 가고 있다. 과거에는 영구히 보존할 것만 같았던 서가의 서적들도 수많은 정보 홍수 속에서 점차 빛을 바래 가고 있다. N세대 젊은이들의 눈과 귀는 끝없이 분기되는 새로운 문화를 좇아 이 밤도 초점을 잃고 흔들리고 있다. 그런데, 어떻게 이 시대의 문화를 모르고 그들에게 복음을 전할 수 있단 말인가?

이제는 그리스도인들도 문화에 대한 시각을 전면적으로 달리해야할 시점에 있다. 첫째는 세상의 변화를 가장 먼저 깨우치는 파수꾼의 경성함으로 무장해야 한다. 둘째는 각자의 부르심의 영역에서 문화적 소명을 다하는 전문인으로 바로 서야 한다. 셋째는 복음과 문화의 유기적 연관성에 대해 새롭게 자각해야 한다.

이제 우리는 복음을 들고 다시 삶의 현장으로 나아가야 한다. 그것이 이 시대의 크리스천들이 변하는 세상을 읽어내는 지혜가 되기 때문이요, 평신도 전문인 사역자들을 21세기의 세상 속으로 보내신 하나님의 뜻이기 때문이다.

7. 부흥을 가로막는 장벽들 – 이원론(二元論)의 벽을 허문다

7.1. 고지론(高地論) vs. 저지론(低地論), 성서적으로 서로 모순인가?

"高地를 점령하라." "낮은 데로 임하소서."

지난 10여 년간 코스타를 통해 선포된 메시지들 가운데, 일견 서로 상충되는 듯한 인상을 주는 부분이 있어서 크리스천 청년들에게 의미상의 혼란을 야기하고 있는 듯하다. 고지론(高地論)과 저지론(低地論)의 대립이 바로 그 문제이다. 과연 크리스천들이 나가야 할 방향은 어디인가? 한편에서는, 크리스천들이 세상의 빛이 되어 산 위에 있는 동네처럼 드러나 보이고 영향력을 끼쳐야 한다는 것이요, 그 역할을 담당하기 위해서는 사회 각 계층과 자신의 전문 분야에서 최고의 자리에 올라가 고지를 점령해야 한다는 것이다. 그러나 다른 한편에서는 크리스채니티(christianity), 즉 기독교 정신의 핵심은 예수께서 하늘 보좌를 버리고 낮고 천한 이 땅에 오셔서 가난하고 병든 자들의 친구가 되어 주셨듯이, 세상의 소금이 되어 자신의 모습을 감추고 사회 아픔 속으로 스며들어 가야 한다는 것이다. 그러기 위해서는 자신의 자리에서 과감히 일어나 도움의 손길을 기다리고 있는 사회의 소외된 지역이나 선교지로 내려가야만 한다는 것이다.

최근 여러 인터넷 잡지나 칼럼을 통해서도 엘리트주의를 조심하라는, 고지론에 반대하는 경계성 비판의 글들이 등장하는 등 이 문제는 이제 의식 있는 크리스천들에게 본격적인 쟁점이 되고 있다. 또한 조금씩 확산되어 코스타 강사진들 사이에서도 조심스런 견해 차이가 나타나고 있는 듯하다. 더구나 사회 일각에서, 일부 언론에서 그리고 교계 내부에서조차 한국 교회의 대형화, 고급화, 그리고 세상과 다를 바 없는 엘리트주의 족벌주의 내지는 팽창주의의 폐단과 문제점들을 지적하는 목소리들이 거세어지고 있다. 그러나 이 문제를 여기서 재차 언급하고자 하는 것은 단순히 일시적인 논쟁거리에 참여하려는 데에 있지 않다. 이 문제야말로 기독교의 역사 가운데 끊임없이 제기되어 왔던 크리스천의 믿음과 삶의 분리 현상에 대한 또 다른 형태의 재심 청구이기에, 이에 대한 정확한 해답을 구하지 않고서는 우리가 한 발자국도 하나님이 원하시는 바른 걸음을 뗄 수 없다는 영적인 절박성의 인식 때문이다.

하나님 나라와 세상의 나라 사이에 내재되어 있는 긴장 속에서 크리스천들이 과연 어떤 모습으로 살아가야 하는가 하는 갈등 구조는 항상 있어 왔다. 그러나 이러한 갈등과 모순성은, 인터넷 토론 광장을 통해 제기되는 여러 형제자매들의 고민들을 읽어 보면 알 수 있듯이, 현대의 전문화되고 다원화한 사회 속에서 더욱 첨예하게 나타나고 있음은 물론이다. 미국 M대학의 박사 과정에서 신실하게 신앙생활을 하고 있는 K형제는, 영적인 활동에 많은 시간을 투자해야 하는 자신에 비해 오히려 비기독교인인 다른 학생들이 얼마나 더 유리한 입지에 서서 전문성과 능력을 발휘하며 사회에 영향력 있는 사람들로 준비되고 있는가 하며 고민을 피력하기도 한다.

교회를 섬기는 일에 우선순위를 두고 열심인 형제자매들이, 그것이 하나님이 가장 기뻐하시는 일인 양 교회 안에서 칭찬 받고 그리고 자기 스스로 위안 받으며 지내다 보면, 자신의 전문성에서 손실을 가져올 수밖에 없으며 결국 자신이 속한 세상에서 점차 영향력을 상실해가고 열등의식에 빠질 수밖에 없는 악순환들이 일어나게 마련이다. 그렇다면 반대로, 크리스천들이 사회에 영향력 있는 인재들이 되기 위하여 세상의 무한 경쟁 대열에 함께 참여하여 모든 시간을 고지를 점령하는 일에 바치는 것이 옳은 일인가? 사단이 "너희가 하나님같이 되리라" 하고 높아지려는 생각을 모든 죄의 뿌리로서 사람들 마음속에 불어넣은 이후, 스스로 높아져서 세상의 영광을 구하고자 하는 끊임없는 유혹에 빠지는 인간들이 그리스도의 성품으로 낮아진 영성을 유지하면서 고지를 점령하는 것이 과연 가능한 일인가? 아니 고지를 점령한 후에, 자고하고 높아지려는 죄성에서 빠져 나와 겸손하게 하나님을 섬길 수 있을 것인가? 모두 연관된 비슷한 질문과 고민들이다.

분명 예수께서는 제자들을 세상에 보내실 때, 소금의 역할과 빛의 역할 중 어느 하나를 하라고 말씀하시지 않고 그 두 가지를 다 요구하셨다. 여기에 우리의 고민과 갈등이 증폭된다. 많은 경우에 이 고민을 없애기 위한 도피책으로 역사 속의 수많은 크리스천들이 세상을 등지고 수도사적인 생활을 택하였다. 그러나 핵심은, 교회와 세상 중 어느 하나를 택하는 문제가 아니라, 주님은 우리를 세상을 향해 나아가라고 명령하시고 그 속에서 소금과 빛의 역할을 동시에 감당토록 하셨다는 데에 있는 것이다.

이 문제에 대한 해답은, 우리를 이와 같은 심각한 이원론에 처하도록 만든 원인을 먼저 발견하고 그 장애물들을 하나하나 제거해 나가는 작업과 노력에서 찾아야 하리라고 본다. 죄와 욕심에 물든 우리 인간들은 끊임없이 자신을 하나님께로부터 혹은 타인으로부터 분리시키며 살아가고자 하는 속성에 빠져 있다. 그리하여 크리스천 사회 속에서도 자신의 주장과 독선으로 상대방을 분리시키며 더러는 율법과 학설과 신학을 동원해서까지 이 같은 분리 작업에 몰두한다. 교회와 세상을 분리시키고 신앙과 삶을 갈라 놓으며 우리를 어렵게 하는 이원론의 장벽들은, 예수께서 피 값을 치르시며 십자가상에서 합하여 놓은 것들을 인간들이 또다시 분리시킨 데에서 비롯된 것이다. 이것들을 다시 결합시켜 만나도록 하고 회복시킬 때 비로소 고지론과 저지론의 모순이 사라지며 소금과 빛의 만남이 이루어질 수 있다.

> "너희는 세상의 소금이니 소금이 만일 그 맛을 잃으면 무엇으로 짜게 하리요. 후에는 아무 쓸 데 없어 다만 밖에 버리워 사람에게 밟힐 뿐이니라. 너희는 세상의 빛이라. 산 위에 있는 동네가 숨기우지 못할 것이요 사람이 등불을 켜서 말 아래 두지 아니하고 등경 위에 두나니 이러므로 집 안 모든 사람에게 비취느니라. 이같이 너희 빛을 사람 앞에 비취게 하여 저희로 너희 착한 행실을 보고 하나님께 영광 돌리게 하라"(마 5:13-16).

7.2. 우리를 갈라 놓는 장애물들

한국인들은 특별히 흑백 논리에 익숙해져 있다. 나와 동조하지 않는 사람들은 모두 적이 되고 만다. 협력하여 절충안을 만들기도 어려울 뿐 아니라, 회색 지대에 놓이기를 대단히 꺼려하고 두려워하기까지 한다. 오랜 당파 싸움과 일제 시대, 민족상잔의 아픔을 통한 좌우 이념의 극한 대립, 오랜 군부 독재에 맞서 싸우다 얻어진 상처들인지도 모르겠다. 혹독한 문화혁명의 홍역을 치른 조선족들도 예외는 아니다.

그러나 그 같은 현상들이 크리스천의 신앙과 삶의 모습에도 어느새 스며들어 있음을 발견한다. 다름이 아니라 영역을 이원론적으로 나누는 습관이다. 그리고 자신의 영역만을 고수하며 옳다고 주장한다. 그러나 크리스천을 무력화시키기 위한 사단의 전략은 항상 이 같은 나눔과 분리 현상을 조장하며 나타나고 있음을 알아야만 한다. 분리가 있는 곳에 부흥이 일어날 수 없음을 사단은 잘 알고 있다.

부흥을 가로막는 장벽들, 우리를 갈라 놓고 있는 이원론적인 장애물들은 어떤 것인가? 각 교단과 선교 단체와 교회에서 발생한 분리주의는 차치하고, 대다수의 크리스천의 신앙과 삶의 현장을 분리시키며 어렵게 하는 이원론적인 생각들을 떠오르는 대로 한번 열거해 보자.

- 지성(전문성)과 영성의 분리
- 구령(救靈) 사역(개인 구원)과 구제(救濟) 사역(사회 구원)의 분리
- 문화명령과 지상명령의 분리(문화와 복음의 분리)
- 목회자(성직자)와 평신도의 분리
- 말씀 중심과 은혜 중심의 분리
- 일(사역) 중심과 사람 중심의 분리
- 고지론과 저지론의 분리(빛과 소금의 분리)

이 밖에도 얼마든지 있을 수 있다. 그러나 이 같은 생각들은 각기 그 주제별로 세밀하게 다루어야 할 내용들이기도 하지만 사실은 결국 한

줄기에 연결되어 묶여 있는 공통된 주제이기도 하다. 그 공통된 원 줄기는 다름 아닌 예수의 십자가이다. 십자가가 나타내고 있는 상징에는 다른 여러 가지 의미도 있겠지만, 나뉘었던 것을 하나로 묶는 합일(+)의 의미도 있다. 문제는 십자가에서 만나야 할 것들이 다시 떨어져 나갈 때 발생한다.

특별히 코스탄(Kostan)들과 같이 장차 사회의 지도계층이 되기 위해 준비하며 공부하고 있는 기독학생들이 이 같은 이원론의 문제를 해결하지 못하고 사회에 진출한다면, 바벨론 성읍과도 같은 세속 사회의 거센 물결 속에서 자신의 신앙을 바르게 유지하기도 힘들 뿐 아니라 사회 속에서 영향력을 발휘하는 크리스천의 모습으로 살아가기란 요원한 일이 되고 말 것이다. 따라서 이 같은 이원론의 문제들을 어떻게 하나로 합하여 균형 잡힌 크리스천 상(像)을 바로 세울 수 있을 것인가 하는 물음은 대단히 중요하다. 이에 대한 종합적인 방법론을 제시하기 전에 문제점들을 다시 상기하기 위하여 각각의 경우를 살펴보고자 한다.

첫째, 지성과 영성의 분리 문제는 외국에서 공부하는 유학생들에게 많은 영감(靈感)을 주는 다니엘의 모범을 통해 가장 올바른 판단 기준을 얻을 수 있다. 비록 바벨론 성읍으로 붙들려 간 포로였지만, 다니엘은 하나님 앞에서 뜻을 정하고 바벨론의 학문과 재주를 익히는 데 게을리 하지 않았을 뿐 아니라 하나님의 계시의 말씀으로 충만한 가운데 이상(理想)과 몽조(夢兆)를 깨달아 아는 사람이 되었다(단 1:17). 그러하기에 다니엘은 마침내 바벨론의 총리가 되어 그 시대를 움직이는 지도자가 될 수 있었다. 참 지도자가 되기를 원하는 사람이라면 자신의 전문 분야에서도 충실히 실력을 쌓는 동시에 항상 말씀으로 시대와 역사의 흐름을 깨우칠 수 있는 사람이 되어야 한다. 반대로 예수 믿고 나서 갑자기 자신의 전문 분야에 흥미를 잃어버리고 교회 또는 자신이 속한 어느 선교단체의 활동에만 전념한다면, 그는 교회 내의 지도자가 될 수 있을지는 몰라도 사회를 움직이고 변혁시키는 지적, 영적 지도자가 되기는 힘들 것이다.

둘째, 구령과 구제, 즉 개인 구원과 사회 구원의 문제는 예수께서 이 문제를 어떻게 바라보셨는지를 살펴보는 것이 중요하다. 예수는 이르기를, 아들을 보고 믿는 자마다 영생을 얻도록 하기 위한 아버지의 뜻을 온전히 이루기 위해 자신이 이 세상에 왔다고 했다. 그러나 그는 항상 유리(遊離)하고 방황하는 병들고 배고픈 무리들을 바라보며 긍휼의 눈물을 흘린 분이셨다. 그리하여 그들을 치유하고 먹이고 고치는 일에 많은 시간을 쏟으셨다. 주님은 제자들을 둘씩 짝지어 전도여행을 떠나 보내실 때도 반드시 천국 복음을 전파할 것과 동시에 병든 자들을 치유하도록 하는 구령과 구제의 사역을 함께 맡기셨다(마 10:7-8, 눅 10:9). 3년간의 짧은 공생애 기간에 어쩌면 영적인 일을 위해 더 많은 시간을 보내셨어야 마땅할 것 같은 그분이 어째서 일부 유대 백성들의 육적인 필요와 아픔을 치유하는 데 그토록 많은 시간을 보내셨는가? 그 해답은, 내 뜻이 아니라 오직 아버지의 뜻을 행하기 위해 오신 예수의 마음에 있다(요 6:38-39). 우리를 사랑하셔서 영혼과 육신이 함께 병든 우리 인간들을 전적으로 치유하기를 원하시는 아버지의 마음을 가장 깊이 이해한 분이셨기에 그리하실 수밖에 없었다는 생각이 든다. 우리는 더러 주의 일을 한다고 교회 일에 바삐 돌아다니면서, 또는 개인의 영성을 추구한다며 부르짖어 기도하면서도 주위에 병들고 주린 소자들을 얼마나 간과하고 있는가?

구령과 구제의 문제는 지상명령과 문화명령의 통합과 연관된 문제이다. 지상명령과 문화명령은 크리스천의 양 날개와도 같아서 어느 하나도 소홀히 다룰 수 없는 중요한 부분인 동시에 반드시 함께 다루어져야만 균형을 잃지 않고 바르게 날아갈 수 있는 문제이다. 예를 들어 대학에서 학생들을 가르쳐야 하는 크리스천 교수가 있다고 하자. (이 글을 읽는 독자 중에서도 장차 학생들을 가르쳐야 할 사람들이 많이 있으리라 생각되기에 더욱 강조하고 싶다.) 더욱이 학생들의 영혼 구원에 대한 절실한 기도 제목을 가지고 있는 헌신된 크리스천 교수가 있다고 하자. 그러나 그 교수가 영혼 구원의 문제에만 관심의 초점을 맞춘 나머지 교수로서의 자신의 본분인 강의와 연구를 소홀히 함으로써 설혹 믿지 않는 학생들의 눈에 '저 교수는 생각이 엉뚱한 곳에 있는 사이비 교수'라는 인식을 주게 된다면 어찌 되겠는가? 그리하여 그 교수가 형편 없는 강의와 연구로 인해 학생들의 사회적 필요를 채워 주지 못하고 대학에서 신뢰를 잃어버린다면 과연 그 교수를 통해 주께로 돌아올 영혼들이 얼마나 되겠는가? 어쩌면 그가 주 앞으로 인도한 일부 학생들 역시 그 교수와 동일한 모습의 절름발이 신앙인이 되어 사회에 좋은 영향력을 발휘하지 못하는 결과를 가져올 것이다. 연구 과제를 많이 따기 위해 혈안이 되어 있는 다른 교수들과 경쟁을 하라는 것이 아니다. 하나님이 주시는 지혜와 성실함 가운데 자신에게 주어진 영역에서 최선을 다하는 아름답고 온유한 교수를 바라볼 때 그 모습 가운데에 빛나는 예수의 영광이 나타날 것이다.

셋째, 한국 교회가 사회에 영향력을 미치지 못하게 하는 원인 가운데 시급히 고쳐야 할 이원론적인 구조 하나는 목회자와 평신도의 엄격한 신분 구분이다. 전문 목회자가 교회를 섬기고 가르치기 위해 보내심을 받은 제사장이라면, 평신도들은 정작 변화시켜야 할 사회의 각계 각층으로 보내심을 받은 제사장임은 두말할 나위도 없다. 그럼에도 불구하고 일부 목회자들이 높은 단 위에서 성소 앞의 휘장을 높이 가린 채 중세적 제사장으로 군림하며 성도들을 하나님과 간접적으로 분리시키는 것은 만민제사장설을 내세우며 종교개혁을 이루었던 선진들의 피 값을 헛되이 하는 일이다. 물론 이 문제를 심각하게 지적하며 교회 내의 갱신을 위해 힘쓰는 깨어 있는 목사님들이 많이 계심을 우리는 알고 있다. 교회가 군사들을 훈련시키는 후방부대라면, 평신도들이 나가서 싸우는 세상 속의 전문 분야는 치열한 전투가 벌어지고 있는 전방의 격전지이다. 전장에서 피 흘려 싸움으로써 자신의 몸을 산제사로 드리는 제사장의 역할을 감당해야 할 성도들에게 지성소로 직접 들어갈 수 있는 제사장적 신분과 권한에 대한 인식을 바로 세워 주지 못하는 것은 마치 총과 실탄 없이 전쟁에 내보내는 것과 마찬가지여서 그들이 세상과의 싸움에서 패배할 것은 너무나 자명한 일이다.

더욱이 이 문제는 한국 사회의 유교적 전통과 연합하여 '목사-장로-집사'로 내려가는 대기업 또는 피라미드 형태의 신분체계를 이루며 한국 교회의 개혁을 가로막는 구조적 보수성의 버팀목으로 작용하고 있다. 공자가 죽어야 나라가 산다고 외치다가 어려움을 겪었던 한 대학 교수의 아픔이 교회 안에도 그대로 남아 있다. 유교적 기독교, 예수가 아니라 공자가 통치하는 교회가 한국 사회의 구조악과 부패를 개혁하는 선봉에서 영향력을 발휘할 수 없음은 너무나 당연한 일이다. 굳이 따진다면 예수야말로 가장 평범한 직업인 목수 출신의 평신도였고, 그 당시 제도권 종교 조직 내의 성직자들이었던 사두개인과 바리새인들의 눈에는 다스림의 대상으로밖에 보이지 않는 존재였다. 전제적 군주처럼 군림하는 목회자에 의해 묶여 있는 교회가 있는가 하면 보수적 장로들의 권위에 막혀 개혁의지를 펼치지 못하고 주저앉는 젊은 목회자들도 있다.

단어 자체가 일종의 신분제를 암시하고 있는 평신도라는 말 자체를 없애야 한다고 주장하는 어느 목사님의 설교를 들은 적이 있다. 성경에 없는 평신도라는 개념을 교회 내에 주입함으로써 수많은 성도들의 제사장적 사역을 약화시킨 것이야말로 지난 세기 사단이 한국 교회에서 올린 쾌거 중의 쾌거라는 것이다. 성경에는 오직 '왕 같은 제사장으로 부름을 받은 성도' 만이 있을 뿐이다. 그리고 그리스도의 몸을 이루기 위한 성도들의 집합체인 교회 안에는 각기 맡은 직분이 따로 있어서 어느 하나도 소중하지 않은 지체가 없다고 성경은 가르치고 있다.

　뿐만 아니라 이 문제는 직업과 삶의 현장을 넘어서 선교 현장에까지 파급된다. 최근 선교 사역은 이미 조직의 힘을 중시하는 대기업 형태의 구조에서 개인의 역량이 극대화되는 벤처형으로 탈바꿈하며 선교 전략상에도 큰 변화를 가져오고 있다. 바야흐로 전문인 선교 시대로 진입함에 따라 안수 받은 목사에 비하여 평신도 전문인들에 의한 선교 영역이 훨씬 넓어지고 있는 것이다. 그러나 일부 깨어 있는 교회를 제외하고는 소위 평신도 선교사에 대한 교회의 인식은 여전히 차갑다. 전문인 선교사로 지원한다 해도 파송받기가 쉽지 않고, 선교사의 영성과 전문성보다는 그가 신학을 했는가 안 했는가를 먼저 따져서 그 후원을 결정하는 경우가 많다. 교회의 인식이 그렇다 보니 전문인 선교사로 일하던 중에 현실적인 어려움을 이기지 못하여 결국은 다시 신학을 하기 위해 사역지를 떠나는 선교사들이 종종 나타난다. 선교 제한 국가에서의 전문인 선교에 대한 무한한 가능성이 열려 있음에도 목회자 중심의 교회 개척 사역(Church Planting Mission)만을 고수하려는 낡은 패러다임을 가진 교회들이 여전히 존재하고 있는 것이다. 이는 물론 어려운 지역에서 교회 개척 사역을 위해 부름받아 헌신하는 많은 선교사들의 수고와 열매를 무시하고자 함은 결코 아니다. 하나님의 뜻에 합한 통전적 선교를 위해서, 우리에게 남아 있는 나눔과 분리의 영을 제거할 때 더 큰 부흥이 나타나리라고 확신하기 때문에 짚고 넘어가는 것이다.

넷째, 말씀 중심과 은혜 중심의 분리 문제는 어쩌면 개인의 영성에 관한 스타일의 문제일 수도 있다. 하나님께서 주신 은사가 달라서 어떤 사람은 말씀을 더욱 가까이하고 냉철하게 제자 사역에 힘쓰도록 그에 합당한 은사를 받을 수 있고, 또 어떤 사람은 기도와 찬양에 더욱 많은 은사를 받아서 뜨겁게 신앙생활을 할 수도 있는 것이다. 따라서 자기에게 합당한 교회들을 선택할 수 있는 다양성이 존재한다고 생각할 수도 있다. 그러나 이것이 개인이든 교회든 서로 지나치게 분리되어 자신의 것만 옳다고 주장하게 되면 그곳에서 또 다른 도그마(dogma)가 형성되고, 이는 결국 부흥을 가로막는 장애요인이 되고 만다. 성령 운동을 하는 카리스매틱(charismatic)한 크리스천들은 자신의 체험을 강조한 나머지 상대방의 신앙을 인정치 않으려는 잘못된 분리주의에 빠지기 쉽다. 결국 그것이 전체적으로는 성령의 역사를 거스르는 일이 될 수 있는 것이다. 반면에 자유롭게 운행하시는 성령의 능력과 역사를 자신들만의 신학과 교리 안에서 제한하려는 태도 역시 우리를 율법주의에 빠뜨리기 쉽다. 따라서 예수와 성령이 분리될 수 없듯이 예수 그리스도를 머리로 모신 교회와 성도 안에는 항상 은혜와 진리가 함께 충만히 나타나는 것이 가장 바람직하고 정상적인 모습일 것이다. 말씀이 육신이 되어 우리 가운데 거하신, 다시 말하면 우리 가운데 텐트를 치신(tabernacled) 예수를 바로 모시기 위해서도 텐트의 사방이 말씀과 은혜로 함께 팽팽히 당겨져야만 텐트가 기울지 않고 바로 설 수 있는 것이다.

다섯째, 신앙과 삶의 사역장에서 항상 모순과 어려움으로 등장하는 문제 가운데, 일 중심적인(task-oriented) 사람들과 사람 중심적인(people-oriented) 사람들 간의 긴장과 분리 현상이 있을 수 있다. 같은 크리스천일지라도 일을 중시하여 계획적이고 조직적으로 추진해 가는 사람이 있는가 하면, 한 사람이라도 상처입지 않도록 하기 위하여 항상 조심하고 동료를 먼저 배려하는 사람도 있다. 이 문제에 있어서는 흔히 하나님께서 한 영혼 한 영혼을 중히 여기신다는 관점에서 사람 중심적인 방법이 더 옳은 것으로 여겨질 때가 많다. 크리스천으로서 동역자나 사회에서 부딪힐 동료들에게 상처를 입히지 않도록 항상 배려하는 마음을 가져야 한다는 것은 물론 두말할 나위도 없다. 그러나 여러 사람이 함께해야 할 팀 사역의 경우 각 사람의 감정에 지나치게 연연하며 전전긍긍하다 보면 정작 중요한 사명을 그르치게 되는 경우도 종종 있다. 한 영혼을 천하보다도 중히 여기신 예수조차도 그분에게 주어진 사명, 즉 십자가의 길을 걸어가는 데에는 한 치의 양보도 없는 '사역 중심'(task-oriented)의 모습을 보여 주신 것을 잊지 말아야 한다. 그가 사랑하는 제자 베드로가 십자가의 길을 가로막았을 때 추호도 용납하지 않고 꾸짖어 물리치셨던 것이다. 따라서 이 문제도 일 중심이냐 사람 중심이냐는 양자택일보다는 항상 예수의 십자가를 중심으로 생각하는 '예수 중심적' 사고로 만나야 할 것이다. 더러 바울과 바나바와 같이 일 중심과 사람 중심의 성향을 지닌 사람들이 만나서 함께 일을 할 경우도 있는데, 이런 때에는 상대방의 은사를 서로 존중하며 오히려 그 가운데에서 아름다운 시너지 효과를 거두어 내는 팀 사역의 미덕이 바람직할 것이다.

이제 크리스천의 사회적 영향력의 문제라는 원점으로 다시 돌아가 보자. 고지론과 저지론의 문제로 회귀해 보자. 예수께서 원하시는 모습대로 사회의 소금과 빛으로서의 역할을 동시에 감당하며 영향력 있는 크리스천의 모습으로 살아가기 위해 우리는 어떤 종합적 시각과 방법론을 제시할 수 있을까? 고지와 저지를 동시에 취할 방법은 없는 것인가? 위에서 제기한 부흥을 가로막는 여러 가지 장애물들을 제거하고 그리스도의 영광을 유감없이 나타내는 통전적 크리스천의 참 모습을 이루기 위한 대안은 무엇일까?

> "말씀이 육신이 되어 우리 가운데 거하시매 우리가 그 영광을 보니 아버지의 독생자의 영광이요 은혜와 진리가 충만하더라"(요 1:14).

7.3. 성전 뜰 안과 밖

졸업생들과 함께하는 모임에서 한 제자가 심각하게 질문을 던졌다. 지난 주 자기가 다니는 교회의 전도사님이 설교시간에 교회 앞마당에서 장사하는 것에 대하여 오히려 그럴 수도 있다고 옹호하는 설교를 해서 매우 혼란스러웠다는 것이다. 분명 예수께서는 성전 안에서 장사하는 자들을 내어 쫓으며 내 집은 만민의 기도하는 집이라고 말씀하셨는데, 어찌 성전에서 장사를 할 수 있느냐는 것이었다. 평소에 존경받던 K전도사님이 그 문제 때문에 교회 내부에서도 집사님들에게 뒷말을 많이 듣고 있다며 걱정을 하는 것이었다.

나는 그 이야기를 들으며 그 교회에서 어떤 목적으로 어떤 형태의 장사를 하였는지 자세히 알지는 못했지만, 내가 알고 있는 K전도사의 성품과 그가 요즈음 줄기차게 외치고 있는 설교 주제가 교회의 안팎에서 발생하는 성(聖)과 속(俗)의 분리 현상을 허물어뜨리기 위한 것들이라는 것을 알고 있었기에 어느 정도 이해는 할 수 있었다. 그리고 머릿속에서 그가 성도들을 향하여 외쳤을 일련의 질문들이 콘텍스트를 이루며 연상 작용처럼 떠오르는 것이었다. 왜 교회 안에서는 항상 성스러운 몸짓과 성스러운 기도를 하던 사람들이 교회 밖에서는 여전히 속(俗)된 행동들을 하느냐는 물음에서 시작하여, 주일에 교회 안에서 행하는 기도는 성(聖)스러운 것이며 주중에 교회 밖에서 행하는 장사는 세속적인 것이냐는 질문, 하나님을 경외하는 성도가 교회 밖에서 하는 장사가 왜 성스러운 것이 아니냐는 질문, 그리고 마지막으로 그렇다면 그 성스러운 장사를 마땅한 장소가 없을 경우 합당한 목적을 위하여 잠시 교회 안 뜰을 장소로 빌려서 하는 것이 왜 문제가 되느냐는 결론에 이르기까지.

물론 아직 준비가 덜 된 성도들에게 지나친 선지자적 외침이 아니었을까 하는 우려가 들지 않는 것은 아니었다. 그러나 얼마 전 K전도사가 어느 비공식 석상에서 한국 선교사들이 한국 교회의 이원론적인 성:속 분리 현상을 중국에 그대로 옮겨다 놓고 있다는 날카로운 일침을 놓았던 일이 되살아났다. 마치 교회 일을 하는 것만이 성스러운 것인 양, 신학만이 성스러운 학문인 것처럼 가르쳐, 멀쩡히 땀 흘려 열심히 일하며 살아가던 중국의 생산자들을 비생산자들로 전락시키고 있다는 것이었다. 다시 말해, 선교사들이 전도하여 예수를 믿게 된 사람들이 어느 정도 시간이 지나게 되면 어느새 하던 일도 집어치우고 선교사들의 밑에서 성스러운 일을 도와주는 하수인으로 전락하든지, 다른 학문을 하던 학생들은 점차 성적이 떨어지면서 자신의 전공에 흥미를 잃어버리고 결국은 목회 또는 신학의 길을 택함으로써 또 다른 형태의 비생산자의 길에 들어서게 된다는 것이었다. 지나친 과장과 억측일 수도 있다. 그러나 그의 말에는 정말 우리가 한번쯤 귀 기울이고 경계하여 들어야 할 내용이 들어 있다.

우리가 앞서 살펴본 모든 이원론적인 생각들의 이면에는 이와 같은 성속 이분화 현상이 뿌리를 내리고 있는 것은 아닐까? 과연 성전 안에서 행하는 일들은 성스러운 일이고 성전 밖에서 행하는 일들은 세속적인 일인가? 물론 이렇게 질문을 던지게 되면 이론적으로는 그렇지 않다고 대답하는 사람들이 많을 것이다. 그러나 문제는 대다수 크리스천들의 의식의 밑바탕에는 여전히 성전에 대한 경외심 내지는 숭배 사상이 짙게 깔려 있어서 사회 속에서의 행동에까지 영향을 미치고 있다는 점이다. 마치 중세 가톨릭의 성물 숭배, 성인 숭배 사상이 십자가의 도를 바로 바라보지 못하게 한 우상 숭배가 되었던 것처럼, 잘못된 경외심은 정작 성스러운 것들을 바로 인식하지 못하게 하는 장애물이 될 수밖에 없다.

《세속 도시》[9]의 저자 하비 콕스는 인간이 인위적으로 형성해 놓은 종교적, 형이상학적 굴레로부터 해방되어 가는 과정을 가리켜 세속화(secularization)라고 지칭하며, 이는 곧 저 세상으로부터 이 세상으로 우리의 주의를 돌리는 일이라고 언명하고 있다. 그 책에서 주장하고 있는 그의 견해에 전적으로 찬동할 수는 없을지라도 세속화에 대한 파격적인 그의 해석은 음미해 볼 만한 충분한 가치가 있다. 세속화란, 종교적이고 신성한 사람들의 관점에서 바라볼 때는, 불경(profane)한 영역으로의 관심의 확장을 의미하기도 한다. 불경(pro-fane)이라는 말의 어원이 곧 '성전 밖'(out of the temple)이라는 뜻을 담고 있기 때문이다. 그러나 하나님의 최대의 관심이 타락해 버린 인간 세상을 향한, 즉 불경한 이 세상을 향한 사랑과 회복에 있었기에 그의 아들 예수를 이 땅에 보내신 것이라면, 성육신 사건이야말로 가장 놀랍고 엄청난 세속화 과정이었다고 해석하지 않을 수 없다. 그러하기에 예수의 관심사도 항상 세상 속으로 나아가는 것에 있었고, 그러하기에 제자들을 향해 너희는 세상의 소금이라, 너희는 세상의 빛이라고 말씀하시며 세상을 향해 나아가도록 명하신 것이다.

---

9) *The secular city*, Harvey Cox, 1965, Harvard Univ.

그러나 변화산상에서 초막 셋을 짓고 예수와 모세와 엘리야와 더불어 머물러 있기를 원했던 베드로처럼 우리는 항상 성전 안에서 받은 은혜에 충만히 취해 있기를 더욱 선호한다. 그리고 성전 밖의 세상에 대해 세속적이니 혹은 세상적이니 하는 말로써 자신의 신성함을 옹호하고 분리시킨다. 오순절 이후 나타난 사도행전의 역사는 어떻게 교회가 세상을 향한 관심과 세속화[10]의 길을 발견하게 되었는가를 나타내 주는 기록이다. 초대 교회에서 율법과 선민의식에 사로잡혀 있던 분리주의적인 유대 크리스천들의 행보를 사마리아와 땅 끝까지 옮기게 하기 위하여 하나님께서는 몇 가지 중요한 극단의 조치를 취하신다. 성전의 신성 불가침성의 종교적 신념에 붙들린 유대주의자들을 향해 쏟아 부은 스데반 집사의 복음의 변증은 한마디로 우상화 되어 있던 성전 허물기의 단적인 예이다. 스데반의 순교와 더불어 일어난 핍박으로 예루살렘의 교회가 강제로 흩어진 이후, 빌립 집사를 통해 사마리아인과 이디오피아 내시에게 복음을 증거하도록 강권하신 성령의 역사에 이어 마침내 사울의 회심 사건이 발생한다.

그러나 세속화에 대한 하나님의 의지를 결정적으로 제시한 극적인 사건이 바로 사도행전 10장에서 베드로에게 보이신 환상 가운데 나타난다. 하늘이 열리며 큰 보자기에 네 귀를 땅에 드리운 한 그릇이 내려오는데 그 속에는 각색 네 발 가진 짐승과 기는 것과 공중에 나는 것이 들어 있었고, "베드로야 일어나 잡아먹어라" 하는 음성이 하늘에서 들린다. 그를 묶고 있던 율법의 가르침에 따라 반사적으로 속되거나 더러운 것을 먹지 않으려는 베드로를 향해 "하나님이 깨끗케 하신 것을

---

10) 이는 물론 교회가 세상의 타락한 문화의 영향을 받아서 점차 세속주의로 빠지게 될 때에 우리가 흔히 말하는 교회의 세속화의 의미와는 별개로 쓰인 말이다. 복음으로 세상을 변화시켜 나아가고자 할 때 그것을 가로막는 장애물로써 우리를 둘러싸고 있는 종교적, 형식적 성역들을 허무는 과정에 대한 적극적인 표현으로 보아야 한다.

네가 속되다 하지 말라"는 두 번째 소리가 다시금 들려온다. 이 일로 말미암아 로마의 백부장 고넬료의 집안에 구원이 임하는 놀라운 사건이 발생하게 되었고, 유대인들이 나아가기를 꺼려했던 세속적 이방인들을 향한 구원의 문이 열리게 되었던 것이다.

그렇다면, 베드로가 보았던 그릇 속의 동물들이 의미하는 것은 과연 무엇인가? 각색 네 발 가진 짐승과 기는 것과 공중에 나는 것, 이들이 의미하는 바는 하나님께서 우리 인간을 창조하시며 우리에게 세상을 다스리는 권세를 주실 때 하셨던 말씀 속에서 그 단서를 찾을 수 있다. 즉 창세기 1장 26절에서 "우리의 형상을 따라 우리의 모양대로 우리가 사람을 만들고 그로 바다의 고기와 공중의 새와 육축과 온 땅과 땅에 기는 모든 것을 다스리게 하자"고 말씀하신 창조자의 의도, 즉 다름 아닌 문화 명령의 내용에 대한 환기의 말씀으로 보아야 한다. 곧 구원받은 백성들이 해야 할 첫 번째 일이, 이 세상을 향해 나아가 그들을 취하는 일임을 알려 주는 중대한 사건이었던 것이다. 이 순간이야말로 모든 민족을 가로막고 있는 문화의 장벽을 뛰어넘어 복음이 들어가기를 원하시는 하나님의 뜻을 알리는 순간이요, 문화명령과 지상명령이 만나는 순간이었다. 문화 명령은 우리 인간의 창조 목적이요 곧 존재 가치를 알려 주는 시금석이다. 크리스천에게 있어 세상 속에서의 문화적 삶을 영위하는 것은 복음으로 우리를 회복시키신 하나님의 의도 가운데 나타난 총체적인 목적을 수행하는 일인 것이다.

많은 경우에 문화와 복음의 관계를 이해하고자 할 때, 문화를 복음을 전하는 수단으로서 혹은 복음을 담는 그릇으로서 설명하며 복음을 상대적으로 더 신성시하는 경향들이 있다. 어차피 문화란 썩어질 세상 가운데 나타난 일시적 현상이라고 이해하기에 변하지 않는 복음에 비추어 볼 때 세속적일 수밖에 없는 하위 개념이라는 생각들이다. 문화에 대한 이해만큼이나 다양한 견해를 나타내는 주제도 드물기 때문에 굳이 그 같은 견해가 일방적으로 틀렸다고 반박할 생각은 없다. 그러나 우리가 '생각 뒤집기'의 방법으로 이 문제를 다시 추리해 보면, 어쩌면 우리를 창조하셔서 세상 가운데 하나님의 형상을 닮은 아름다운 문화로 가득 채우기를 원하셨던 하나님께서 예수를 이 땅에 보내시고 복음으로 우리를 변화시키시면서 바라셨던 최종적인 목표는, 바로 이 세상이 아름다운 그리스도의 문화로 충만히 채워지는 것이 아닐까 하는 생각도 해 본다. 그런 관점에서 본다면 오히려 복음이 수단이고 문화가 목적이 되는 셈이다. 물론 이 생각은 복음과 문화를 분리시켜서 생각하고자 하는 사람들의 생각의 패러다임을 전환하기 위해 제기한 역 명제에 불과하다. 문제의 본질은 복음과 문화는 한덩어리이며, 역시 분리되어서는 온전한 의미를 상실하게 된다는 점이다.

이제, 문제는 명료해졌다. 크리스천의 정체성은 복음을 들고 세속을 향해 과감히 나아가는 세속화 과정에서만 찾을 수 있다. 그것을 가로막는 모든 장애물들은 허물어져야 하고, 분리주의적인 생각들은 십자가 안에서 만나고 연결되고 못 박히고 통합되어야 한다. 그런데 어째서 우리는 세상 속에서 이렇듯 나약하고 세상의 부패 앞에서 무력하며, 빛을 발하지 못하고 그리고 영향력을 끼치지 못하는가? 그 이유야말로 자신의 안락한 성전 안에서 받은 은혜를 누리며 성전 밖으로 나아가기를 꺼리는 우리들의 이기심에 있지 아니한가? 우리를 가로막는 성전 벽들은 도처에 깔려 있다. 단순히 높아진 세상 속에서의 교회 담장만이 아니라 우리의 의식 속에 쌓여 올라간 이기적인 성역들, 그리고 자신이 나아가지 아니하고 오히려 세상을 향해 외쳐 말하기를 그들로 하여금 내 성역 안으로 들어오게 하라는 것이다.

"그는 우리의 화평이신지라 둘로 하나를 만드사 중간에 막힌 담을 허시고"(엡 3:14).

7.4. 맛있는 사과가 아름답다

가장 성스러워야 할 성자 예수께서 가장 저속한(?) 창기와 세리의 친구가 되어 어울렸다는 것은 우리가 잘 알고 있는 사실이다. 그러나 또 하나의 아이러니는 예수의 가르침 가운데는 세속의 결정체라고 말할 수 있는 돈에 대한 비유가 가장 빈번하게 등장한다는 사실이다. 예수가 과연 돈을 사랑하여 그러했을까? 대답은 간단하다. 예수야말로 철저히 세속화된 분이었기 때문이다. 예수의 모든 가르침과 비유의 말씀은 그 당시 사람들의 생활과 밀접히 연결되어 있어서 누구든지 들어서 쉽게 이해할 수 있었다. 그는 하늘과 땅의 모든 지혜를 품고 있는 분이었지만, 귀족주의에 물들어 있던 플라톤이나 공자나 석가처럼 심오하고 어려운 형이상학적 철학적 가르침을 피하였다.

그러하기에 그는 백성들 가운데 있었고, 유리하고 방황하는 무리들의 배고픔과 필요를 알고 있었다. 그들에게는 떡이 필요하고 또 돈이 필요하다는 것도 알았다. 그래서 예수는 돈을 무시하지 않았다. 백성들의 큰 관심사인 돈에 대한 비유로써 서슴없이 이야기했던 것이다. 그러나 오병이어의 기적 직후에 곧바로 생명의 떡에 대하여 말씀했던 것처럼, 예수의 돈에 관한 비유에는 항상 영적인 진리가 함께 들어 있었다. 한마디로 돈에 대한 비유들이야말로 성과 속의 만남이 이루어진 말씀이었고, 가장 세속화된 성육신의 철학이 담긴 말씀이었으며, 하늘과 땅이 만나는 순간이었고, 그리하여 천국 시민이 어떻게 세상 속에서 살아가야 하는가에 대한 실천적 진리가 담긴 말씀들이었던 것이다.

성경 새롭게 읽기 ⑥

사과의 비유 – 데나리온, 므나 그리고 달란트

마태복음 20:1-16, 25:14-30; 누가복음 19:11-27

예수의 돈에 관한 여러 말씀과 비유 중에서도 가장 중요한 세 가지 비유가 있다. 데나리온(마20:1-16)과 므나(눅 19:11-27)와 달란트(마 25:14-30) 비유가 그것이다. 특별히 이 세 가지 비유에 관심을 갖는 이유는 각각의 비유가 지닌 독특한 영적 메시지가 있을 뿐 아니라, 그들 상호간의 관계성에 의하여 하나의 전체(a whole system)를 이루며 세상 속에서 살아가야 하는 크리스천의 삶의 가치와 모습에 대하여 구체적으로 제시해 주고 있기 때문이다.

그것을 알기 쉽게 설명하기 위하여 마치 사과를 반쪽으로 잘라 속을 들여다본 것 같은 그림으로 나타내 보자.

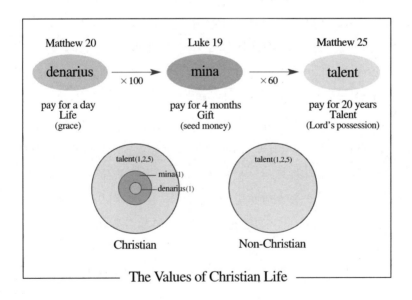

사과의 가장 안에는 생명의 씨앗이 있고, 그를 둘러싸고 보호하기 위한 속이 있다. 그리고 가장 바깥에는 우리가 즐겨먹는 상큼한 살이 가장 큰 부분으로 남아 있다. 우리 크리스천이 주님으로부터 영생을 선물로 받아 세상 속에서 살아갈 때에, 우리가 지닌 삶의 가치와 또 해야 할 역할에 대하여 가장 손쉽게 이해하도록 도와주는 상징적 의미가 바로 이 그림에서 표시한 세 가지 영역 안에 들어 있다. 이 세 가지 영역이 크리스천에게 주어진 가장 가치 있는 것들을 나타내기에, 각각의 영역이 의미하는 바를 정확히 깨닫는 것은 매우 중요하다. 즉, 자신이 소유한 것에 대한 의미와 가치를 바로 깨닫지 못한다면, 삶 속에서 그것을 바로 사용할 수 없기 때문이다. 과연 크리스천으로서 우리가 주님께 받은 것들은 무엇일까? 그리고 그 받은 것들을 어떻게 사용하기를 주님은 바라고 계신 것일까? 주님은 우리를 살리시기 위하여 자신의 몸을 드려 생명의 떡으로 우리를 먹이셨지만, 또한 그를 따르는 제자들을 향해 마지막까지 부탁하며 요구하신 것이 있었다. 제자들이 주님께 받은 생명의 씨앗을 다른 사람들에게 다시 전하여 그 복음이 땅 끝까지 퍼져 가는 것을 바라셨고, 지금도 그 일을 이루시기 위하여 대제사장으로 우리들을 중보하고 계신 것이다.

세 가지 영역의 가치를 논하기 위하여 먼저 데나리온과 므나 그리고 달란트가 지녔던 그 당시 화폐단위로서의 가치를 먼저 비교해 볼 필요가 있다. 돈에 대한 다른 비유들과는 달리, 이 세 가지 비유가 지닌 공통점은 종 또는 일꾼들이 주인으로부터 일방적으로 그 돈을 받고 있다는 점이지만, 그 돈들이 지닌 가치는 매우 큰 차이를 나타내고 있다. 한 데나리온이 그 당시 한 사람의 하루 품삯에 해당되는 가치를 지닌 돈이었다면, 한 므나는 100데나리온으로서 약 넉

달 정도의 월급에 해당하는 돈이었다. 그에 비해 한 달란트는 무려 6,000데나리온에 해당하는 엄청난 액수의 돈이었던 것이다. 흔히 므나의 비유와 달란트의 비유가 지닌 내용상의 유사성 때문에 더러는 비슷한 교훈을 강조하여 두 번 말씀하신 것이라고도 생각하는 경우도 있다. 하지만, 항상 그 상황에 가장 알맞은 적절한 예를 취하여 비유로 말씀하셨던 예수께서 아무 생각 없이 전혀 다른 가치를 지닌 화폐단위를 두 번 사용하셨다고 생각하기는 더욱 어렵다.

우리가 주님께 받은 첫 번째 것은 데나리온이다. 가장 작은 화폐 단위로서 사과의 씨를 형성하고 있는 부분이 바로 데나리온이다. 마치 포도원 주인이 처음 약속한 대로 아침 일찍 들어간 품꾼이나 해질 무렵에 들어간 품꾼에게 차별 없이 한 데나리온씩 준 것처럼, 우리의 노력이나 행위의 대가로 주어진 것이 아니라 오직 주인의 일방적인 은혜의 선물로 주어진 영생의 씨앗을 나타낸다. 그것은 믿음으로 주어지는 구원의 약속이다. 따라서 처음에 받을 때 우리가 느끼기에는 아주 손쉽고 작아 보이지만, 사실은 그 속에는 생명을 살리는 무한한 능력이 숨어 있는 가장 값진 것이기도 하다.

우리가 주님께 받은 두 번째 것은 므나다. 므나 비유의 배경은 하나님 나라가 당장에 임할 줄 알고 기대하는 제자들을 향해, 주님께서 어떤 귀인이 왕위를 받아 가지고 오려고 떠나는 장면에 대한 묘사로 시작되고 있다. 그런데, 그 모습은 마치 부활하신 주님이 승천하기 직전에 이스라엘 나라의 회복이 당장 이루어질 줄로 기대하는 제자들에게, 다시 오실 것을 약속하시며 성령을 기다리라고 말씀하시는 사도행전 1장의 장면과 너무나 흡사하다. 주님께서는 십자가를 지시기 전에 불안해하는 제자들을 향해 여러 번 성령이 오실 것을 약속하신 바가 있다. 우리 주님은 비록 생명의 씨앗을 받은 제자들일지라도 그들이 세상 속에서는 너무나 연약한 존재이며 보혜사 성령의 도우심을 반드시 필요로 한다는 것을 알고 계셨고, 마침내 약속하셨던 성령이 오셔서 모든 제자들에게 골고루 임하셨던 것이다.

고린도 전서 12장에는 한 성령 안에서 주어진 다양한 성령의 은사들이 열거되어 있다. 므나야말로 우리가 받은 성령의 은사들을 나타내고 있지 아니한가? 마치 생명의 씨를 보호하기 위해 사과의 씨를 둘러싸고 있는 단단한 속과도 같다. 은사는 교회가 생명의 씨앗을 보존하여 키워 나가도록 돕는 일을 한다. 이를 통해 세상으로 나아가기 위한 훈련을 받는 것이다. 그 중에는 지식과 지혜의 말씀으로 가르치는 자도 있고 각종 방언과 예언의 은사를 받은 사람도 있으며, 병 고치는 능력과 영 분별하는 은사를 지닌 다양한 성도들이 있을 수 있다. 그러나 이들 모두가 한 성령 안에서 교회의 덕을 세우며, 그 속에서 생명의 씨앗을 퍼뜨리는 그리스도의 군사들로 훈련받는 것이다. 주인은 종들에게 공평하게 한 므나씩 나누어주며 내가 돌아올 때까지 장사하라고 명하신다(Do business till I come!). 도대체 무슨 장사를 명하신 것인가? 그것은 두말할 것도 없이 생명을 퍼뜨리는 생명 장사(Life Business)를 하라는 것이다. 므나는 우리에게 생명 장사를 위해서 주고 떠나신 종자돈(seed money)이며, 이는 곧 생명의 씨앗을 키우고 보호하기 위해 주신 성령의 은사인 것이다.

그러나 세 번째, 우리가 주님께 받은 가장 큰 것이 있다. 그것은 다름 아닌 달란트, 즉 우리의 각종 재능인 것이다. 마태복음 25장의 달란트 비유에는 그 주인이 종들에게 각기 재능대로 자신의 소유를 맡기고 떠났다고 기록되어 있다. 달란트 비유가 므나의 비유와 다른 점은 므나처럼 모두 한 므나씩 주어진 것이 아니라, 재능에 따라 한 달란트, 두 달란트, 다섯 달란트로 구별되어 주어진 점이다. 종종 우리는 자신의 재능을 다른 사람과 비교하며 열등감에 사로 잡히는 경우가 많다. 그래서 자신을 차별 대우한 주인에게 불평하고, 자신의 가치를 낮게 평가함으로 말미암아, 주어진 재능을 제대로 발휘하지 못할 때가 많다. 그러나 한 달란트라는 돈의 가치가 얼마나 큰 것인가를 깨닫는다면 아무도 그것을 땅에 묻어 두려고 하지는 못할 것이다. 문제는 우리에게 주어진 달란트의 효용가치를 과연 바로 깨닫고 있느냐 하는 점이다. 성경에 기록된 바에 의하면, 분명히 달란트는 자신의 소유가 아니라 주인의 소유였으며, 주인은 그 달란트를 사용하여 재산을 늘리기를 원하고 있다는 사실이다. 그렇다면, 바로 우리에게 주어진 각종 달란트 역시, 우리 주님이 바라시는 한 가지 뜻에 따라, 그것으로 생명을 살리는 일에 투자하기를 바라고 계신 것이 분명하다. 달란트는 주인이 우리에게 생명 장사를 맡길 때 투자하신 자본금과도 같다. 다시 말하면, 크리스천이 지닌 모든 재능들, 즉 자신의 학문과 전공 영역, 예술과 각종 직업들 역시 새 생명을 증식시키고 세상 사람들에게 풍성한 삶을 나누어주는 그 일에 쓰여야 한다는 것이다.

그림에서 나타낸 바와 같이, 각종 달란트와 재능들은 하나님의 일반 은총 가운데 믿지 않는 사람들에게도 골고루 주어져 있다. 더러는 믿지 않는 사람들이 사회 속에서 자신의 재능을 더욱 잘 발휘할 수도 있다. 그러나 그들은 그 재능을 자신의 소유라고 믿기 때문에 생명을 살리는 일에 그것을 쓰기보다는 항상 자신의 유익을 위해서 쓰게 마련이다. 크리스천이 믿지 않는 사람들과 다른 점은 그들에게는 찾아볼 수 없는 생명의 씨앗과 성령의 은사들이 있다는 점이다. 그러나 하나님께서 우리에게 달란트를 주신 까닭은 명백하다. 사과의 존재 가치가 먹히기 위해 있는 것처럼, 우리는 자신의 재능을 통해 다른 사람들이 그것을 취하여 상큼한 맛과 영양분을 취할 뿐 아니라 결국에는 그 속에 있는 생명의 씨앗을 발견토록 해야 하는 것이다. 그것을 위해서는 크리스천의 달란트가 보기에 좋고 먹어서도 맛있는 그런 사과의 살이 되어야 함은 두말할 여지가 없다. 아무리 복음의 씨앗과 성령의 은사가 귀할지라도 세상 사람들은 사과의 감추어진 씨와 속에는 아무런 관심도 두지 않는다는 것을 알아야 한다. 사과가 살이 맛있어야 먹히는 것처럼, 아름답게 준비된 크리스천이 사회 속에서 자신의 달란트를 통해 생명을 살리는 일에 쓰임 받게 되는 것이다.

그런데 문제는, 우리가 종종 므나와 달란트를 구별하지 못하고 그 역할을 혼동할 때가 많다는 점이다. 한국 교회가 양적으로 팽창하고 교회의 숫자가 아무리 많아졌을지라도, 성도들이 교회 안에서 은사를 발휘하는 데에만 모든 정열을 쏟고 있다면, 그리고 세상에 나아가서는 받은바 달란트를 생명을 살리는 일에 사용하지 않고 땅에 묻어 두고 있다면, 그들은 사회 속에서 아무런 영향력을 발휘할 수 없게 되고 만다. 사실, 우리에게 주신 생명의 씨앗과 성령의 은사들이 얼마나 귀하고 중요한가? 그러나 세상과 유리되어 담을 쌓고 있을 때는 세상을 향해서 아무런 효용가치도 발하지 못하는 것이다. 교회가 성도들의 은사를 계발하고, 부흥회를 통해 은사 잔치를 벌이고, 아무리 뜨겁게 기도하고 찬양하여 은혜가 넘칠지라도, 교회 밖을 나간 성도들의 삶이 세상 사람들에게 전문 영역에서 감동을 주지 못한다면, 아니 오히려 세상 사람들과 똑같은 모습으로 자기들의 이기심만을 채우며 살아간다면, 손가락질 당하며 웃음거리가 될 것이다.

또 하나 반드시 명심해야 할 것은, 달란트 비유에는 종말론적인 경고가 담겨 있다는 점이다. 마태복음 25장에는, 예수께서 종말의 때에 있을 여러 가지 징조들을 말씀하신 직후에, 종말을 살아가는 성도들을 향해 말씀하신 세 가지 비유가 기록되어 있다. 그 중에 두 번째가 바로 달란트 비유이다. 첫 번째 열 처녀의 비유를 통해 종말의 때에 깨어 있으라고 말씀하시고, 세 번째 양과 염소의 비유를 통해 종말의 때에 찾아올 최후의 심판에 대해 경고하신다. 그런데 왜 달란트 비유가 종말의 메시지 가운데 끼어 있을까? 그것은 다름 아니라, 달란트 비유야말로 종말론적인 비유 중 가운데 토막이며, 종말을 바라보는 성도들이 어떻게 살아가야 하는가를 나타내 보여 주신 핵심적인 내용이기 때문이다. 분명히 주님은 우리에게 엄중히 경고하고 계신다. 만일 우리가 자신의 달란트를 생명을 살리는 그 일에 사용하지 않는다면, 주님이 돌아오셔서 반드시 그 책임을 물으시겠다는 경고의 메시지가 달란트 비유 속에 담겨 있는 것이다.

반대로, 또 한 가지 잊어서는 안 될 것은, 크리스천이 세상 속에서 달란트를 발휘하고 살아갈 때, 크리스천으로서의 실천적 삶과 신앙적인 영성을 유기적으로 연결시키는 것이 반드시 필요하다는 사실이다. 사과의 살이 씨와 속과 분리되어 있지 않는 것처럼, 달란트가 세상 속에서 아무리 중요하다 할지라도 달란트는 그 속에 감추어진 생명의 씨앗과 성령의 은사와 연결되어 있을 때 비로소 생명을 살리는 일에 쓰임 받게 된다. 생명의 힘과 성령의 능력으로 속에서 뿜어져 나오는 영양분을 충분히 공급받은 사과의 살이 되어야 진정한 맛을 내게 되는 것이다.

맛있는 사과가 아름답다. 정말 아름다운 삶은 먹히는 삶이다. 그 속에 생명이 있다.

각자 한번 생각해 보자. 과연 내가 받은 달란트는 무엇이며 그 달란트가 생명을 살리는 그 일에 쓰임 받고 있는가? 아니 쓰임받기 위해 준비되고 있는가?

받은 달란트를 바로 사용하기 위해서 우리가 해야 할 일은 무엇인가? 각자의 전문 분야에서 세상에서 가장 높은 위치에 올라서기 위하여 애쓰고 노력하는 것인가? 세상에서 생각하는 가장 윗자리에 올라가서 소위 성공하는 것, 그것이 고지론의 의미인가? 만일 그렇다면 나는 고지론에 반대의 입장에 설 수밖에 없다. 크리스천에게 고지는 다만 높아지기 위해서 올라가는 곳이 아니라 낮아지기 위해서 올라가는 곳이기 때문이다. 착하고 충성된 종에게 요구되는 진정한 의미의 고지는 작은 일에 충성하는 것이라고 주님은 분명히 말씀하고 계신다. 따라서 충성의 의미는 성공(success)을 추구하는 것이 아니라 자신에게 맡겨진 일에 대해 최선의 모습으로 탁월함(excellency)을 나타내는 것이다. 마치 요셉이 보디발의 가정 총무로서 하나님과 동행하며 그의 일에서 탁월성을 나타내었던 것처럼, 받은바 달란트가 한 달란트이건 혹은 다섯 달란트이건 자신의 주어진 위치에서 부르심의 영역에서 최선을 다하여 섬기는 그 모습이 바로 작은 일에 충성하는 모습이요, 그 자리가 바로 그에게 있어서는 고지가 되는 것이다. 그리할 때 요셉이 애굽의 총리가 되었던 것처럼, 필요하면 하나님께서 높은 위치로도 옮기셔서 사용하실 것이다. 따라서 고지의 개념은 위치적인 것으로 파악되어서는 안 되며 삶의 내용과 충실성으로 평가되어야 한다. 어찌 에베레스트 산만이 고지라고 할 수 있겠는가? 자신이 살고 있는 동네의 뒷산이라 할지라도 날마다 충실히 땀 흘리며 올라가는 그 모습에서 크리스천의 아름다움이 빛나게 된다.

그렇다면 이제 문제는, 그럼 어디가 내가 설 위치인가를 정하는 문제로 좁혀진다. 세상 속에서 섬기도록 주께서 부르시는 나의 선교지는 과연 어디에 있을까? 여기서 비로소 저지론의 문제가 다시 제기된다. 내 살을 먹으라 하시고 결국 십자가를 지는 가장 낮은 자리에까지 내려가신 우리 주님, 그분이 제자들에게 따라오라고 명하시는 곳은 어디일까?

"그 주인이 이르되 잘 하였도다 착하고 충성된 종아. 네가 작은 일에 충성하였으매 내가 많은 것으로 네게 맡기리니 네 주인의 즐거움에 참여할지어다 하고 이 무익한 종을 바깥 어두운 데로 내어 쫓으라 거기서 슬피 울며 이를 갊이 있으리라 하니라"(마 25:23, 30).

7.5. 고지(高地)가 저지(低地)에 못 박힘 – 그 치열한 전쟁터, 십자가

성경 새롭게 읽기 ⑦
네가 나를 더 사랑하느냐? 요한복음 21장

"너는 돌이킨 후에 네 형제를 굳게 하라."
베드로의 약함을 알고 계신 예수께서는, 베드로가 목숨 바쳐 주를 따르겠노라고 호언장담하고 있을 때 이미 그가 장차 당할 아픔들을 위해 여러 가지 예비 조치를 취하고 계신다. 자신을 세 번 부인하는 제자 베드로에게 마지막 시선을 늦추지 않았던 예수(눅 22:61), 그분의 섬세한 계획 가운데 비로소 베드로라는 한 인간이 십자가상에서 예수와 함께 못 박히고 만다. 통곡과 회한의 시간들이 지나고 디베랴 바닷가에서 자신의 무능을 철저히 체험하고 있던 베드로에게 예수는 다시 모습을 드러낸다. 그물이 찢어질 정도로 많은 고기를 잡았던 예수와의 첫 만남, 그 말씀의 능력을 다시 돌이켜 생각나게 하려고 다시 한 번 그물을 던지도록 명하는 예수. 153마리의 고기를 낚아 올리면서 베드로는 그 첫사랑의 장면을 회고하였을 것이다.

그리고 마침내 예수는 베드로에게 최후의 질문을 던진다.

"요한의 아들 시몬아, 네가 이 사람들보다 나를 더 사랑하느냐?"

베드로와 예수의 지난 3년간 만남은 이 클라이맥스 장면을 준비하기 위한 전주곡에 불과했는지도 모른다. "주여 그러하외다." 이 대답을 하는 베드로의 심정이 얼마나 아팠을까? 지난날 다른 제자들 앞에서, 다 주를 버릴지라도 나는 언제까지 버리지 않겠노라고 다짐하던 자신의 부끄러운 모습을 떠올리면서 예수의 "더"라는 이 한마디가 날카로운 비수처럼 그의 가슴을 찔렀을 것이다. 그러나 이것은 다른 사람과의 비교 의식에 묶여 있던 베드로를 그 올무에서 풀어 주기 위한 사랑의 칼날이었다.

"내 어린양을 먹이라."

주님의 질문은 계속된다.

"네가 나를 사랑하느냐?"

이제는 예수께서 베드로와 정면으로 독대(獨對)하신다.

"주여 그러하외다. 내가 주를 사랑하는 줄을 주께서 아시나이다."

동일한 대답을 하는 베드로의 음성이 떨리고 있음이 느껴진다. 대제사장 가야바의 집 바깥뜰에서 제자의 신분이 탄로 날까 두려워 떨며 맹세까지 하며 예수를 두 번째 부인하던 자신의 초라한 모습이 떠올랐다.

"내 양을 치라."

그리고 주님은 마지막으로 한 번 더 질문을 던진다.

"네가 나를 사랑하느냐?"

세 번째 같은 질문을 받은 베드로는 심히 근심한다. 이제 더 이상 "그러하외다"라는 대답을 할 수가 없다.

"주여 모든 것을 아시오매 내가 주를 사랑하는 줄을 주께서 아시나이다."

이 대답을 하는 동안 베드로는 비로소 깨닫는다. 자신이 얼마나 주님을 사랑하는가 하는 것조차도 주님의 전지(全知)하심에 속한 것이라는 사실을. 그리고 주를 사랑한다고 큰소리치며 살았던 지난 날 자신의 오만함을 돌이킨다.

주께서 말씀하신다.

"내 양을 먹이라."

이 장면은 실의와 상처 속에 빠진 베드로를 치유하기 위하여 주님께서 행하신 놀라운 심리치료 기법(psychotherapy)으로서 마치 한 편의 드라마와 같이 진행되고 있다고 일컬어진다. 물에 빠져 추위에 떠는 베드로에게 숯불을 미리 준비하고 쬐게 하시는 주님, 그 화끈거리는 화톳불 앞에서 베드로는 주를 부인하던 날 밤, 가야바의 집 뜰에서 추위에 떨며 불을 쬐던 자신의 모습이 다시 떠올랐을 것이고, 주님이 준비하신 떡과 생선을 먹으며 오병이어의 기적을 다시금 회상했을 것이다. 친히 지어 주신 베드로라는 이름이 있었건만, 굳이 "요한의 아들 시몬아"라고 육신의 이름을 부름으로써 정욕에 사로잡혀 주님을 따르던 과거 자신의 모습을 떠올리게 하는 예수의 주도면밀함에 우리는 탄복치 않을 수 없다. 마침내 주님은 놀라운 방법으로 베드로를 회복시키신다. 그에게 한마디 질책의 말씀도 없었건만, 베드로에게 세 번의 부인을 만회할 수 있는 세 번의 사랑 고백을 받아내는 것이다. 주님의 엄청난 사랑 앞에 다시 한 번 감격하고 무릎 꿇은 베드로, 그의 눈물과 격정이 디베랴 바닷가를 휘감고 있다.

보통 여기서 요한복음 21장의 클라이맥스가 끝이 난다. 그리고 그 후반부는 마치 연극을 마무리하기 위한 뒷이야기처럼 가볍게 취급될 때가 많다. 그러나 과연 그럴까?

예수는 베드로에게 이 진실된 사랑 고백을 받아내기 위하여 지난 3년간 그의 숱한 실수들을 인내 가운데 묵묵히 바라보시며 기다려왔다. 베드로가 아무리 엄청난 신앙 고백과 충성을 다짐했어도 그는 알고 있었다. 아직은 아니라는 것을. 그리고 이 마지막 고백을 듣기 위하여 예수께서 부활하여 다시 나타나신 것이다. 하나의 헌신된 제자를 만들기 위해 완벽한 드라마를 연출하시는 주님, 그분께서 마침내 최후의 사랑 고백이 진행되는 이 장면에서 그저 화해와 눈물의 감정처리로 끝내고 말았을까? 아니다. 결코 그럴 수는 없었다. 주님은 베드로의 사랑이 확인되는 그 순간을 놓치지 않고 마지막 세 가지 당부를 주고 계신다.

"내 양을 먹이라."

"십자가를 지라."

"나를 따르라."

이 세 가지 명령이야말로 예수께서 3년간 가르치신 제자도를 확정짓는 종결편이었다.

*

신앙생활 최후의 문제는 무엇일까?

베드로에게 남기신 세 가지 명령은 우리가 걸어가야 할 신앙생활의 본질을 말해 주고 있는 가장 중요한 대목이다. 갈릴리 바닷가에서 고기를 잡던 어부 베드로를 부르시던 날 처음부터 "나를 따르라"고 명하셨던 주님, 그분은 베드로에게 처음부터 단도직입적으로 결론을 제시해 주셨다. 결국 우리의 신앙생활은 한마디로 예수를 따라가는 것이라는 사실을 알려 주신 것이다. 이 단순한 목표와 방향을 바로 세워 주시기 위해, 3년의 시간을 그와 함께 거하며 여러 가지 모습으로 말씀하시고 또 보여 주셨다. 그리고 마지막까지 수미상관(首尾相關)의 기법으로 시종일관(始終一貫) 동일하게 말씀하고 계신다. "나를 따르라."

그러나 우리가 따라가는 그 길은 맹목적인 길이 아니다. 분명히 해야 할 일이 있다. 신앙생활의 내용이 있어야 하는 것이다. 그것을 주님은 "내 양을 먹이라"는 말로 간단히 제시하고 계신다. 내가 온 것은 양으로 생명을 얻게 하고 더 풍성히 얻게 하려는 것이라(요 10:10)고 말씀하신 주님, 그분이 우리에게 맡기신 사명에는 양들에게 생명을 얻게 하기 위하여 복음을 전하는 선교적 사명뿐만 아니라 일상적인 삶 속에서 날마다 더욱 풍성한 삶을 누리도록 하기 위한 문화적 사명이 함께 들어 있는 것이다. 우리는 주께서 맡기신 양들을 그저 생명만 유지하도록 먹이는 것이 아니라, 풍성히 잘 먹여야만 한다. 그것이 바로 내 양을 먹이라는 주님의 당부 속에 담긴 온전한 내용이다.

그러나 그 당부와 함께 주님이 빠뜨리지 않고 베드로에게 경고하고 계신 것이 있다. 네가 나를 온전히 따라 오려거든 반드시 십자가를 져야만 하리라는 것이다.

"네 손을 벌리고, 십자가를 지라."

십자가를 지라는 주님의 말씀은 내 양을 먹이라는 명령 직후에 곧바로 이어 주신 미리 계산된 말씀이었다. 그리고 나서야 비로소 "나를 따르라"는 말씀으로 되돌아가 종결을 짓고 계신 것이다. 따라서 위의 세 가지 당부의 말씀은 주님을 따르려는 참 제자에게 주시는 제자도의 핵심을 나타내는 3박자 말씀이다. 베드로에게 있어서 주님과 더불어 보낸 3년의 세월은 "나를 따르라"는 이 한마디의 말씀을 바로 이해하기 위한 몸부림의 세월이었다고 해도 과언이 아니다.

중국으로 부르심을 받은 후, 많은 은혜 가운데 파묻혀 살아가면서도 날이 갈수록 깊이 깨닫게 되는 것은 우리들의 마음 깊숙한 곳에는 남보다 높아지려고 하는 생각이 도사리고 있으며, 그것이 끊임없이 자신을 집어삼키려 한다는 것이다. 비단 이것은 나 혼자만의 문제가 아니라 모든 사역자에게 공통된 영적 함정이라는 사실도 깨달았다. 모든 것들을 다 버리고 왔노라고 하는 봉사의 공동체 속에서도 이 문제가 꺼지지 않는 불씨처럼 남아 있는 것이다. 그것은 언제나 다른 사람들과의 비교 의식 속에서, 때로는 '영적 열심'의 모습으로 위장되어 나타나기도 한다. 예수를 따르던 제자들처럼 내가 '더' 올라가고 싶고 다른 사람보다 주님을 '더' 사랑한다고 으스대고 싶은 것이다. 그러나 결국은 밀 까부르듯 하는 사단의 술수에 자신을 내어주고 있음이 곧 밝혀지고 만다. "가장 높은 구름에 올라 지극히 높은 자와 비기리라"(사 14:14)던 사단의 본질적 죄성인 비교 의식과 고지를 향한 욕망이 타락한 우리 인간들에게 그대로 전이되어 있기 때문인 것이다.

뿐만 아니라 사단은 더 높아지려고 하는 이 마음을 교묘히 이용하여 동역자들을 이간질하며 분리시킨다. 뻔히 사단의 속임수임을 알면서도 우리는 또 걸려 넘어진다. 사단의 책략은 언제나 우리보다 한 걸음 앞서 나간다. 실로 누가복음 22장 31, 32절에서 예수께서 말씀하신바 그대로 우리의 믿음이 떨어지지 않도록 기도하시는 주님의 중보가 없었다면 우리는 벌써 실족하고도 남았을 사람들이다.

부활하신 주님을 다시 만나고, 기쁨과 감격으로 사명을 발견하고, 그리고 약속하신 성령을 받아 능력을 체험했을지라도, 우리는 여전히 자신을 높이려고 하는 끊임없는 유혹 가운데 노출되어 있다. 그러나 주님은 그것을 다 알고 계신다. 그래서 우리에게 말씀하신다.

"네가 진실로 내 제자가 되려느냐? 그렇다면, 십자가를 지라."

그리고 장차 되어질 우리들의 마지막 모습에 대해 말씀해 주신다.

"젊어서는 스스로 띠 띠고 원하는 곳을 다녔을지라도, 결국 이제 너는 네가 원치 않는 곳으로 이끌림을 받고 십자가를 지어야 할 것이다. 그것이 나를 따르는 제자가 취해야 할 참다운 모습이다."

그러나 방금 전까지 주님의 용서하시는 큰 사랑을 받아 새롭게 회복된 제자 베드로였지만, 십자가를 지라는 주님의 명령을 받자마자 또다시 주님이 사랑하시는 다른 제자 요한에게 시선이 옮겨지며 특유의 비교의식이 다시 발동하고 만다. 십자가를 지는 것조차 경쟁적으로 앞서 나가야 직성이 풀리는 베드로의 성품이 그대로 드러나고 있다. 십자가는 골고다에서 해결되어 통과된 것이 아니라, 베드로에게 있어서는 여전히 두고두고 풀어야 할 숙제로 남아 있었던 것이다. 내 양을 먹이라는 말씀이 순종을 요구하는 현재적 명령이요, 나를 따르라는 명령이 목표를 제시해 주는 미래지향적 명령이라면 십자가를 지라는 명령은 그 두 명령 사이에 존재하는 과정적 명령이다. 주님은 말씀하신다.

"다른 사람은 상관 말고, 너는 네 십자가만 지고 나를 따르라."

우리의 신앙생활 가운데 어쩌면 최후의 순간까지 따라다니는 문제가 바로 이 십자가의 문제일 것이다.

과연 주님이 원하시는 십자가는 어떤 것일까?

그리스도의 십자가는 예수의 흘리신 피와 구속의 의미를 깨달을 때, 우리의 양심에 망치 소리와 못 자국을 남기며 엄청난 충격으로 다가오는 일회적 사건이기도 하지만, 날마다의 삶 속에서 자신의 몸을 쳐서 자기를 죽여야 하는 반복적 사건이기도 하다.

그러나 날마다 자기 십자가를 지고 나를 따르라(눅 9:23)고 명하시는 주님의 말씀 속에는 제자가 가야 할 길과 섬겨야 할 장소의 성격을 제시하는 중요한 단서가 있다. 십자가를 지시기 전날 밤 낮아진 종의 모습으로 제자들의 발을 씻기신 주님, 지극히 높으신 하나님의 아들로서 가장 낮은 모멸의 십자가에 매달리신 그분이 나를 따르라고 명하시는 바로 그 자리는 두말할 것도 없이 저지(低地)임에 틀림없을 것이다. 그렇다. 그분은 제자들을 낮아진 자리로 부르시고 계신 것이다.

*

예수의 십자가!

그것은 지극히 높으신 하나님의 영광의 광채시며 그 본체의 형상이신 예수께서 못 박히신 자리이다. 최고지(最高地)가 최저지(最低地)에 못 박힌 그 치열한 피 흘림의 현장, 그곳이 바로 십자가이다. 뿐만 아니라 그곳은 우리를 위해 대신 피 흘려 돌아가신 대속의 현장이다. 내가 곧 생명의 떡이라고 말씀하셨던 그분이 자신의 살을 우리에게 먹이기 위하여 자신의 몸을 갈기갈기 찢으신 곳, 그곳이 십자가이다. 죽음을 생명으로 바꾸신 그 현장으로 우리를 부르시고 계신 것이다.

먹으러 오신 것이 아니라 먹히러 오신 주님, 밥으로 오신 예수, 그분이 우리에게 맡기신 제사장적 사명은, 생명을 살리기 위해 자신의 몸을 주신 당신처럼 우리도 십자가를 지고 먹히는 삶, 생명을 살리는 삶, 그 낮아진 십자가의 자리로 내려가라는 것이다. 두 손을 넓게 벌려 다 내어 주고 아무것도 움켜쥘 수 없는 자리, 그 자리로 내려가라는 것이다.

예수의 가르침은 명백하다. 문제는 우리의 이기심이, 우리의 깨지지 못한 자아가, 높아지고자 하는 욕심들이 그것을 외면하도록 고개를 돌리게 만드는 데에 있다. 고지가 저지에 못 박힐 때 생명의 역사는 시작된다. 그것이 십자가의 비밀이다.

그러나 과연, 그것이 가능할까? 우리가 아무것도 움켜쥐려 하지 않고 우리의 양손을 다 벌려 십자가에 매달릴 수 있을까? 어쩌면 그것은 우리의 목숨이 다하는 날까지 불가능하며 계속적으로 풀어야 할 숙제인지도 모른다. 그러나 우리는 주님의 명령에 순종하여 낮은 자리로 내려갈 수는 있다.

서울의 한 대학에서 학원 복음화를 위하여 애쓰며 헌신하시는 어느 교수님이 한번은 이런 질문을 던지셨다. "중국에서는 생명의 역사와 부흥이 일어나는데, 어째서 우리는 안 되는 것일까요?" 자조 섞인 쓸쓸한 질문이었다. 그 교수님의 노력과 헌신을 알고 있는 나는 질문을 받은 순간 당황했다. 그리고 심각하게 왜 그럴까 하고 나도 고민을 해보았다. 사실상 더 어려운 영적 환경에서 수고하시는 분들에 비하여 중국에 와 있는 우리들이 개인의 자질이나 영적 성숙도의 면에서는 오히려 떨어질지도 모른다는 생각도 들었다. 솔직히, 제대로 훈련도 못받고 동네 축구를 하다가 몰려든 오합지졸일 수도 있다. 그러나 단 한 가지 앞서 있는 것이 있다면, 낮은 자리로 내려가라는 주님의 명령에 그저 순종하여 내려갔다는 그 사실 하나뿐일 것이다. 그런데, 그곳에서 성령께서 도우시며 십자가의 비밀이 활동하기 시작한 것이다.

십자가는 추상적 개념이 아니라 실천이다. 그러하기에 우리의 삶과 직결되어 있다. 우리에게 주신 생명의 씨앗과 아름다운 은사들과 우리가 갈고 닦은 학문과 지식의 달란트들을 들고 우리를 필요로 하는 낮은 곳으로 내려갈 때, 비로소 부활의 능력과 성령의 역사와 교회의 부흥이 시작된다. 그 낮아진 자리에서 주님은 우리에게 양들을 먹이라고 명하신다. 먹이되, 그들이 풍성한 삶을 누리도록 잘 먹이기를 원하신다. 그 부르심의 자리로 떠날 수 있는 순종의 사람들을 하나님은 지금도 찾고 계신다.

높아지고자 하는 육신의 소욕을 뿌리치고 하나님이 부르시는 섬김의 자리로 내려가는 사람들, 그리고 겟세마네를 넘어 그 십자가 피 흘림의 현장에서 "오호라 나는 곤고한 사람이로다" 한 사도 바울의 고백처럼 자신과 싸우는 사람들, 저들을 통해 하나님은 지금도 일하고 계신다.

빛이 무엇인가? 빛은 곧 낮아짐의 결과이다. 하나님이 창조하신 만물의 근원을 이루고 있는 원자의 세계가 그것을 웅변적으로 말하고 있다. 원자핵의 주위를 돌고 있는 전자가 높은 에너지 상태에서 낮은 에너지 상태로 떨어질 때(quantum jump down) 그 에너지 차이만큼 빛이 되어 밖으로 튀어나온다.[11] 우리가 낮아지기 전에는 결단코 빛을 낼

---

11) 막스 플랑크가 처음 제기했던 양자이론에 의하면, 전자들이 취할 수 있는 에너지의 상태는 연속적이지 않고 특정한 에너지로 미리 지정되어 양자화(quantized) 되어 있다는 것이다. 따라서 높은 에너지 상태에 있던 전자가 낮은 에너지 상태로 떨어질 때는 반드시 그 에너지 차이만큼의 빛이 튀어나온다. 아인슈타인은 이것을 실험적으로 입증하여 노벨상을 받았다. 재료물리라는 과목을 강의하던 중 빛이 튀어나오는 현상을 통해 세상의 빛이 되기 위한 낮아짐의 원리를 문득 깨닫게 되었다.

수 없는 것이다. 세상의 빛으로 나타나기 위해서는 우리가 지닌 가치들(values), 즉 시간과 물질, 지식과 달란트들을 낮추어야만 한다. 십자가는 가장 높은 영광의 보좌에 계셨던 분이 가장 낮은 십자가의 자리로 떨어진 영적 대 폭발(spiritual big bang)의 현장이다. 십자가에서 뿜어져 나온 그 엄청난 섬광이 생명의 빛이 되어 온 인류를 비추고 있는 것이다.

부흥(Revival)은 생명을 회복시키시는 하나님의 역사 속에 자신의 삶을 던져 드리는 과정이다. 그 속에서 새 생명이 잉태된다. 그리고 십자가 그 너머에는 부활의 영광이 기다리고 있다. 저지가 다시 고지로 홀연히 변화되는 하나님의 역사가 나타날 것이다. 요셉이 그랬고 다니엘이 그랬던 것처럼, 모세가 그랬고 다윗이 그랬던 것처럼, 십자가의 복음이 선포되는 곳마다 골짜기가 돋우어지며 산마다 작은 산마다 낮아지며 고르지 않은 곳이 평탄케 되며 험한 곳이 평지가 될 것이요, 여호와의 영광이 나타나고 모든 육체가 그것을 함께 보는 고지와 저지의 만남, 소금과 빛의 만남이 이루어질 것이다.

> "또 무리에게 이르시되 아무든지 나를 따라오려거든 자기를 부인하고 날마다 제 십자가를 지고 나를 좇을 것이니라"(눅 9:23).

– 이 글은 코스타 웹진(www.ekosta.org) 2001년 2월호부터 6월호에 분할 게재된 글을 일부 수정한 것이다.

8. 21세기의 화두 - CF시대

숨 가쁘게 변하는 세상, 21세기를 어떻게 표현할까? 21세기를 특징
짓는 단어들을 떠올리다 보니 영어 이니셜 C로 시작하는 단어 그룹과
F로 시작하는 몇 개의 단어 그룹이 자연스럽게 떠오른다.

C그룹	F그룹
Culture	Fusion
Chaos	Fractal
Computer	Fantasy
Camera	Film
Communication	Female
Cyber	Fiction
Contents	Feeling
…	…

C그룹이 대체로 21세기 현상에 대한 원인 또는 수단을 제공하는 단어들이라면 F그룹은 현상 자체와 그 결과물을 나타내고 있는 듯하다.

C교수

Church 집사이기도 한 C대학의 C교수는 Computer 앞에 앉아 있다. Chaos이론을 이용하여 Cancer가 Cell에서 전이되는 현상을 예측하는 모델을 세우는 중이다. 이 논문이 완성되는 대로 Complex Science 잡지에 기고할 예정일 뿐 아니라 조만간 China의 C City에서 열리는 국제 Conference에 발표하기로 되어 있기 때문에 요즘 밤 늦게까지 작업에 열중이다. Christian 관점에서 Cancer를 해석하다 보니 자연히 죄가 파급되는 모습이 연상되곤 했다. 그러나 그 같은 연상 작용이 새로운 영감이 되어 연구에도 종종 도움을 주었다. 같은 분야의 몇몇 전문가들의 자문을 받기 위해 Cyber 상에서 Chatting을 하며 계속 Communication을 하고 있다. 내일은 C교수가 출강하는 Cyber 대학의 강의 자료를 만들기 위해 오전 내내 Computer와 Camera 앞에 서야 하는 날이다. Cyber 강의를 시작한 이후로 요즘 C교수는 Communication 기술이 정말 중요하다는 것을 새삼 느끼고 있다.

F디자이너

Fashion 디자이너 F여사는 Fusion 레스토랑 'Fusion Feeling'에서 남편을 기다리고 있다. 약속시간보다 조금 일찍 도착하는 바람에 소파에 파묻힌 채로 'Fake Female'이라는 여성 Fashion 잡지를 훑어보고 있다. 자신의 작품이 실린 페이지를 들여다보다가 요즘 청소년들에게 인기가 있는 'Fancy Look'이라는 새로운 Fashion을 유심히 관찰한다. F여사는 항상 틴에이저인 자신의 아들과 딸에게 먼저 의상을 입혀 본다는 가정 속에서 작품을 구상한다. 의상이 청소년들에게 미치는 영향이 얼마나 큰가를 누구보다도 잘 알고 있기 때문이다. 그들에게는 목사님의 메시지보다도 영상이나 의상 메시지가 더 설득력이 있다. 몇 페이지 넘기니 내달에 France에서 있을 국제 'Fantasy Film Festival'의 소개 광고가 나와 있다. 이미 Festival에 출품된 작품들의 의상 경쟁이 치열하다는 소식이 실려 있다. 물론 F여사도 한 작품에 자신의 최신 Fashion 감각을 실어 의상 협찬을 하고 있다. Fashion 전문 방송인 FBS에서 자신에게 CF를 제의해 왔는데, F여사는 요즘 Cyber 강의로 유명해진 남편 C교수와 함께 CF를 찍겠다고 제안해 볼 생각이다. 크리스천 부부의 모습이 자연스럽게 CF를 통해 소개될 수 있는 절호의 찬스이기 때문이다.

카오스(Chaos)에서 퓨전(Fusion)으로

20세기가 19세기 과학과 철학사상의 변화에 대한 투영이었다면, 21세기 역시 그러하다. 21세기를 바로 읽기 위해서는 20세기를 알아야 한다. 20세기 과학과 철학에 가장 큰 충격파를 던졌던 두 줄기 흐름은 양자론(막스 플랑크, 1900년)과 상대론(앨버트 아인슈타인, 1905년)적 세계관의 부상이었다. 아이러니하게도 18, 19세기를 거치면서 형성되었던 서구 이성에 대한 자신감이 바야흐로 꽃을 피우기 시작한 20세기의 벽두에, 그 근본을 흔들어 놓는 두 사건이 터진 것이다. 또 한 가지 흥미로운 사실은 계몽주의와 진화론 사상에 의해 급부상한 19세기 말의 무신론적 지성을 비웃기라도 하듯 두 발의 핵탄두는 철저한 유신론자들에 의해 발사되어 전파되기 시작했다는 사실이다.

양자론과 상대론이 새삼스런 것은 아니다. 고대 자연철학자들의 최대의 관심사였던 본체론(ontology)과 우주론(cosmology)에 대한 20세기적 표현일 뿐이다. 플랑크의 양자론은 미시세계에 대한 인간의 이해와 안목의 폭을 넓혀 주었고, 아인슈타인의 상대론이 합세하여 우주의 발생과 기원 문제에 이르는 거시적 안목을 확장시켜 주었다. 그러나 그와 동시에 인간은 뉴턴 역학에 의해 수립되었던 결정론적인 세계관, 쉽게 말하여 모든 것이 예측 가능하고 분명하게 보이고 말하고 설명할 수 있다고 생각하던 과거의 자신감에서 흔들리며 서서히 함몰되기 시작했던 것이다.

혼돈(Chaos)이 시작되었다. 여러 가지 생각들이 오가며 혼합되었다. 불확정성의 원리에 의한 불확실성의 시대가 열린 것이다. 그러나 과학자와 철학자들의 이 같은 논의와 혼란이 일반인들에게까지 퍼지기에는 오랜 시간이 걸리게 마련이다. 20세기는 여전히 이성의 시대로 흘러가고 있었고, 그 속에서 인류는 많은 시행착오와 대가를 치러야만 했다. 그리고 마침내 한 세기에 걸친 시험 무대가 끝나갈 때 모든 사람들의 입에서 카오스와 퓨전이라는 단어들이 쏟아져 나오기 시작했다. 그리고 19세기 말에 결별했던 과학자와 종교인들이 다시 한 테이블에서 만나기 시작했다.[12] 그렇게 21세기가 시작된 것이다.

---

12) 《과학이 종교를 만날 때》, Ian G. Barbour, 2002, 김영사.
   《21세기의 신과 과학 그리고 인간》, 러셀 스태나드 엮음, 2002, 두레.
   《종교와 과학》, 정진홍 외, 2000, 아카넷.
   《신, 인간, 그리고 과학》, 한스 페터 뒤르 외, 2000, 시유시.

컴퓨터와 사이버 시대

양자론의 세계는 물질 현상을 원자 단위까지 미시적으로 알아내기 시작하였고, 그 결과물 중에서 가장 대표적인 기술적 성과가 바로 반도체 재료의 성질을 이용한 전자 산업의 획기적 발전이었다. 각종 전자 제품의 출현으로 인류의 생활 패턴은 완전히 달라지기 시작했다. 마침내 반도체 칩이 컴퓨터에 사용되기 시작하면서 본격적으로 인류는 21세기를 향한 새 패러다임 속으로 진입하게 되었다.

인간의 육체적 한계가 산업화 시대에 등장한 각종 기계로 극복될 수 있었다면, 컴퓨터는 인간의 지력의 한계와 지평을 넓히기 시작했다. 인간의 산술적 계산 능력의 확장에 사용되던 초창기 컴퓨터는 각종 산업의 통제와 예측을 가능케 하며 사회 속으로 급속히 확산되었다. 20세기 말에는 컴퓨터와 컴퓨터를 이어 주는 통신 수단의 발전으로 세계는 바야흐로 단일 네트워크에 연결되고 말았다. 인터넷의 발명에 의한 가상공간(cyber space)과 사회의 모든 분야가 접속되면서, 과거에는 미처 상상치 못했던 꿈의 세계가 펼쳐진 것이다.

사이버의 세계는 본질상 가공(fiction)의 세계를 만들어 낸다. 실재(實在, reality)에 대한 가상의 실재(virtual reality)가 범람하기 시작했다. 인간은 어떤 것이 진짜 실재인지를 분간키 힘든 환상 속으로 빠져든다. 처음에는 가끔씩, 그러나 환각은 점점 오래 지속된다. 가상현실은 마약처럼 중독성을 지니고 우리를 사로잡고 있다. 영화 '매트릭스'(matrix)에서 상징적으로 묘사된 것처럼, 우리가 감지하는 현실은 이미 컴퓨터 안에 존재하는 가상현실의 일부분으로 존재할 뿐이며, 우리는 현실로 되돌아가는 것조차 마음대로 선택할 수 없는 종속적 존재로 전락하고 있는 것이다.

　컴퓨터는 인간에게 새로운 환상(fantasy)을 심어 주었다. 인간 이성에 의한 지상 낙원 건설의 꿈이 20세기의 소박한 환상이었다면, 21세기의 환상은 마술에 가깝도록 신비로워서 우리의 감성을 자극하며 우리를 소스라치게 하고 경악하게 만든다. 인간 역사 속에서 지키고 쌓아왔던 과학기술의 지식뿐 아니라 정치, 경제, 예술 등 문화 전반의 총체적 틀과 제도가 컴퓨터 앞에서 해체되고 있다. 인터넷은 지식사회의 평면적 정보뿐만 아니라 영화, 음악, 출판 등의 미디어 산업을 잡아먹으며 21세기의 공룡처럼 비대해지고 있는 것이다.

　곳곳에 카메라(camera)가 설치되었다. 누군가 쉴 새 없이 셔터를 눌러대며 모든 자료를 영상화시킨다. 그리고 파일(file)이 컴퓨터 안의 어느 폴더(folder)에 저장된다. 기회를 노리며 숨어 있던 그 자료들은 때가 되면 가상공간 속으로 소리도 없이 흘러 들어간다. 온갖 종류의 동영상이 유령처럼 가상공간을 떠다니며 우리들의 의식 세계를 넘보고 있다. 틈새만 보이면 파고 들어오는 일렁이는 무의식처럼 말이다.

　한편 21세기는 여성(female)이 주목받는 페미니즘의 시대가 될 것이다. 거대한 공장을 움직이며 제품을 생산하던 굴뚝산업 시대가 적어도 남자들에게 유리한 사회적 영역들을 여전히 제공하고 있었다면, 컴퓨터에 의한 정보화 시대는 그것을 여지없이 허물기 시작했다. 정보화 시대의 사회적 역량은 감성과 커뮤니케이션 능력에 더 좌우되며 그 방면에 탁월한 여자들의 활동 범위가 넓어진 것이다. 남녀간의 직업들도 혼합이 되기 시작했다. 스타일도 옷도 액세서리도 뒤섞이기 시작했다. 그러다 보니 남성상(image of man)과 여성상(image of woman)에 대한 혼돈도 함께 일어나기 시작했다. 남녀평등을 넘어서서 여성 상위의 시대가 될 공산도 크다. 소위 유니섹스의 시대를 지나서 크로스 섹스(cross sex)의 시대로 넘어가고 있는 것이다.

동성애와 사이버 섹스, 인간 복제 논쟁 등을 거치면서 인간 사회의 가장 기본이 되는 결혼과 가정 제도가 흔들리고 있다. 동성끼리 가정을 이루고 원하면 유전자은행에서 제공받은 정자와 난자로 인공 배아를 만들어 자식을 삼을 수 있으며, 더러는 독신으로 살더라도 자신의 아이를 가질 수 있고 사이버 공간에서 성적인 쾌락과 만족을 취할 수 있으니 더 이상 고전적 개념의 결혼이 불필요하다고 생각하는 신세대들이 점차 늘어나고 있다. 올더스 헉슬리의 소설 《훌륭한 신세계》가 현실로 나타난 것이다. 인공 지능을 가진 감성 로봇의 등장을 예언하며 꿈꾸는 영화들이 대거 제작되어 흥행에 성공하고 있다.

스탠리 큐브릭 감독의 미완성 유작 'A.I.'(Artificial Intelligence)가 대표적인 예이다.[13] 뇌사 상태에 빠진 아들 대신 입양된 로봇 아들에게 느끼는 모성애와, 그 로봇이 자신의 정체성에 대해 고민하며, 어머니의 사랑을 더 받고 싶어서 사람이 되고자 순례의 길을 걸어가는 애틋한 고민 앞에 우리는 눈물마저 흘리게 된다. 그 영화가 우리에게 던지는 질문은 인간의 본질에 대한 근원적인 도전이다. 인간은 과연 우리가 만들어낸 로봇과 더불어 이성과 감성을—심지어 육체까지—섞을 수 있는가?

21세기의 최대 화두는 한마디로 퓨전(fusion)이다. 그 퓨전의 가상공간 속에서 섞일 수도 없고 섞여서도 안 되는, 변하지 않는 그 무엇을 잡아내며 또 지탱하는 일이 우리 크리스천에게 남겨진 과제이다. 그러나 그 일을 감당키 위해서는 우리 자신은 세상 속에 섞여야만 한다. 그 속에서 깨어 있어야 하는 것이다.

---

13) 큐브릭 감독의 사망 후, 스티븐 스필버그의 손을 거쳐 오락성이 강화된 영화로 출시되는 바람에 원작의 무게를 떨어뜨리고 말았지만, 두 거장의 특징이 작품 속에 뒤섞여 있다는 점에서 21세기의 퓨전 정신을 반영하는 상징적 영화이기도 하다.

9. 재료공학자가 조망한 21세기 문명사[14] – 철과 흙

다니엘의 환상

지금부터 약 2,600년경 그 당시 지중해 연안의 문명사회의 패권을 장악했던 나라는 신 바벨론 제국이었다. 지금으로 말하면 이라크에 해당하는 나라다. 바벨탑을 건설하다가 사막 가운데 사라졌던 고대 바빌로니아 제국의 영화를 다시 회복하겠다고 등장한 나라이다. 제국을 건설하고 힘으로 주변 나라들을 다스리던 왕의 이름은 느부갓네살이었다.[15] 그의 통치 정책은 독특하여 인근 국가를 정복한 후 반드시 그 나라의 젊은 인재들을 포로로 사로잡아 왔다. 그리고 그들에게 새 이름

---

14) 이 글은 재료공학자로서 평신도만이 볼 수 있는 전문성을 가지고 성경을 해석하여 쓴 글이다. 2000년 웹진 eKosta 11월, 12월호에 초고가 게재되었을 뿐 아니라, 재료 분야 전문 잡지에도 비슷한 내용이 게재된 일이 있다(Trends in Metals & Materials Engineering, 2000, vol.13 No.7, 8, 2001, vol.13 No.1). 따라서, 재료 분야의 일반인들이 폭넓게 이 글을 읽을 기회가 주어졌다는 점에서 의의가 있다. 평신도 사역의 실례로 볼 수 있다.
15) 해외 토픽에서 가끔 이라크의 사담 후세인이 바벨론의 영화를 회복하겠다고 느부갓네살의 의복을 입고 시위하는 모습이 TV 화면에 등장하기도 했다.

을 주고 궁중에서 고급 의복과 음식으로 대접하며 바벨론 식으로 교육했다. 그는 젊은 두뇌들(young brains)의 잠재력과 가치를 알고 있는 현명한 통치자였다.[16]

어느 날 느부갓네살 왕이 아주 이상한 꿈을 꾼다. 그런데, 그 꿈으로 인하여 느부갓네살 왕은 번민에 빠지게 된다. 꿈에서 보았던 환상이 그로 하여금 심한 공포감에 빠지게 하였는지, 혹은 두려운 꿈을 꾸었으나 깨고 나니 도무지 그 내용이 잘 생각이 나지 않았는지 알 수 없지만, 그는 그의 신하들에게 아주 엉뚱한 요구를 하게 된다. 나라에 있는 모든 점쟁이와 박사[17]들을 다 불러 자신이 무슨 꿈을 꾸었는지 알아맞히도록 하고, 그 꿈을 해석하라는 엄명을 내린 것이다. 꿈에 의해 신경이 곤두서고 난폭해진 왕은 만일 꿈 해석을 못 할 시에는 그들은 모두 죽임을 당할 것이라고 선언하였다.[18]

그때, 젊은 박사들 가운데 마침 유다 왕국[19]에서 사로잡혀 온 다니엘이라는 젊은이가 있었다. 그가 나서서 왕에게 하루의 여유를 간청한다. 그날 밤 다니엘은 왕이 보았던 그 꿈을 보게 되고, 더불어 그 내용에 대한 환상(vision)을 깨닫게 된다. 그리고 다음날 왕 앞에 나서서 그 꿈을 해석하였던 것이다.

다니엘의 환상의 내용은 이러하였다.

느부갓네살 왕이 꾼 꿈은 거대한 신상(great image)이었다. 그런데,

---

16) 시각을 달리하면 20세기의 미국 역시 전 세계 각국에서 몰려든 젊은 두뇌들을 유학생으로 받아 그들을 활용하는 현대판 바벨론 제국일 수도 있다.
17) 그 당시의 박사(wise man)는 점쟁이, 박수, 마술사, 별자리를 관찰하는 점성술사 등과 동류로 취급되었다. 왕에게 미래의 일을 예견하고 조언하는 일에 불려나가는 일종의 보좌관의 역할을 담당하는 점에서는 큰 차이가 없었던 것이다.
18) 구약성경 다니엘서 2장.
19) 이스라엘은 솔로몬 왕의 통치 이후 북쪽의 이스라엘과 남쪽의 유다 왕국으로 나뉜다. 북쪽의 이스라엘은 B.C. 722년 앗시리아 왕국에 의해 먼저 멸망당하고, 남쪽의 유다 왕국은 B.C. 586년 바벨론 제국에게 멸망당했다.

그 신상은 신체 부위에 따라 재료(材料, materials)가 크게 다섯으로 나뉘어 있었다. 머리는 순금(pure gold)으로, 가슴과 팔들은 은(silver)으로, 배와 넓적다리는 놋(bronze)으로, 종아리는 철(iron)로, 그리고 마지막 발과 발가락은 철과 흙(iron and clay)으로 뒤섞여 있었던 것이다. 왕이 그 신상의 위세에 놀라 바라보고 있을 때, 갑자기 공중에서 큰 돌이 하나 떠오르더니 신상의 철과 흙으로 된 발을 내리치자 신상 전체가 가루와 같이 산산조각이 나고 말았다. 마치 타작마당의 겨가 바람에 휩쓸려 날아가듯 사라져 버린 것이다. 그리고 온 세계에는 우상을 친 돌이 태산을 이루며 가득 채워졌다. 이렇게 꿈은 끝을 맺었다.

다니엘은 그 신상의 장면을 해몽하며, 그 시대적 상황에서 장차 다가올 세상에 대한 예언을 한다. 현재, 순금의 영화를 누리고 있는 바벨론 제국으로부터 점차 그보다 못한 제국들이 나타나서 세계를 다스리게 될 것이요, 마침내 철과 같이 단단한 나라가 나타나 무수한 나라를 부서뜨리고 빻을 것이라는 것이다. 다니엘의 이 예언을 두고 역사학자들이 일컬어 은의 제국은 바벨론 제국 후에 나타난 페르시아 제국이요, 놋의 나라는 알렉산더 대왕에 의해 제패되었던 마케도니아 왕국이요, 철의 나라가 바로 로마 제국이라고 해석하기도 한다. 철기 문명으로 세계를 제패하였던 로마 제국이 발흥하였던 이후로 어쩌면 세계 역사는 철로 상징되는 힘의 논리를 앞세우며 팍스 로마나(Pax Romana)에서 팍스 아메리카나(Pax Americana)까지 이어지는 철기시대의 흐름을 이어왔는지도 모른다.

나는 재료공학(materials engineering)을 전공한 사람으로서 다니엘의 환상을 흥미롭게 바라보았다. 여러 가지 재료로 구분되어 나타난 인류의 역사? 그들의 의미는 무엇인가? 황금의 머리에서 시작하여 철과 흙의 발로 내려와 끝나는 역사……, 특별히 금, 은, 구리, 철로 나타난 금속의 순열은 매우 독특한 의미를 시사하고 있다. 이 순서는 외적으로는 금속이 점점 강해지는 순서이기도 하지만, 그 가치(value)는 점차 하락하는 순서로 나타나 있다. 인간이 만들어낸 물질과 기계문명에 의해 세계 역사는 표면적으로는 점점 더 강성해지고 단단해지지만, 그 내면의 정신적 가치는 점차 하락하고 있는 현대의 모습을 반영하고 있는 것은 아닌가? 과연 역사는 이같이 퇴보하여 종말을 향해 치닫고 있는 것인가?

그렇다면, 철과 흙으로 된 발과 발가락은 무엇을 뜻하는가? 철과 흙으로 이루어진 발바닥이 인류 역사의 마지막 부분을 상징한다면, 바야흐로 우리는 그곳을 향해 진입하고 있는 것인가? 어째서 그곳은 유독 철과 흙이 섞여 있어야만 하는가? 온 세계가 정보화 사회의 열기로 들끓고 IT산업의 벤처 창업 열풍이 지구촌을 강타하고 있는 요즈음, 크리스천들은 어떤 시각으로 21세기 문명을 조망해야만 하는가?

순금(Pure Gold) : 황금 머리

역사는 진보하는가? 아니면 퇴보하는가? 이 논쟁은 진부하다. 그리고 끝이 없다. 그 이유는 역사 자체가 지닌 양면성에 있다. 인간이 경험하는 역사는 항상 과거의 실패와 모순을 극복하는 과정에서 비슷한 양상을 띠며 끝없이 순환하는 모습으로 나타나므로, 보는 시각에 따라 또는 처한 환경과 시대에 따라 때로는 퇴보하는 것처럼 더러는 진보하는 것처럼 보일 수 있기 때문이다.

그러나 인간은 역사의 어느 한 모퉁이 어느 한 순간에도 시대적 모순에서 완전히 벗어나 본 일이 없다. 전쟁과 기근, 끝없이 지속되는 자연 재해, 그리고 사회적 모순과 폭력, 독재와 압정에 시달리며 역사는 흘러왔다. 물질이 풍요해지면 반드시 도덕적 타락과 정신적 기근이 뒤따라 왔다. 한 시대 속에서도 항상 구르는 눈덩이처럼 점점 커지는 문제들을 직면하며 살아야만 했던 것이다. 그래서 사람들은 과거의 향수에 빠져드는 경향들이 있는지도 모르겠다. 과거를 회상해 보면 그래도 지나온 날들이 더 좋았더라고 생각될 때가 많은 것이다.

동서양을 막론하고 선사시대로부터 내려오는 신화와 전설에 의하면 아주 아득한 옛날에는 성군에 의해 다스려지던 공평한 사회가 존재했었다는 기억들을 공유하고 있는 듯하다. 성경에 나타나는 에덴동산의 이야기가 아니더라도, 임금이 필요 없는 태평성대를 구가했다는 요순시대[20]가 중국에 있었고, 그리스 신화에도 최초의 황금의 시절[21]이 존재했다는 것을 말해 주고 있다. 이것을 통칭하여 에덴의 추억이라고 부르자. 분명 오랜 옛날에 지상 낙원과 같은 곳이 있었다는 것이다.

어찌되었건 인간들의 마음속에는 에덴으로 다시 돌아가고 싶은 본능적 기대 욕구가 있는 것만은 사실이다. 현세의 불완전성이 사라지고 완전한 공의로 다스려지는 사회를 머릿속에 그리면서 그것들을 개념화해 온 것이다. 그것이 더러는 종교적 신앙이나 내세적 민중 운동으

---

20) 《제왕세기》(帝王世紀)에 "帝堯之世, 天下太和, 百姓無事, 有八九十老人, 擊壤而歌, 日出而作, 日入而息, 鑿井而飲, 耕田而食, 帝力于我何有哉"라는 말이 나온다. 즉 요(堯)임금이 민정을 살피러 나갔더니 한 노인이 땅을 치며 노래를 부르는데, '날이 새면 밭에 나가 일하고, 해가 지면 들어와서 잠자며, 우물 파서 물 마시고, 농사 지어 배불리 먹고 근심 없이 살고 있으니, 임금님의 힘인들 나를 어쩔 것인가?' 하는 것이었다. 요임금은 크게 만족하여 '과시 태평세월이로고' 하였다고 한다.

21) 그리스의 시인 헤시오도스의 교훈시 '노동과 나날'을 보면 올림포스의 신들이 인간을 만든 것으로 되어 있는데, 이 시에는 인간의 5세대(世代)가 등장한다. 이에 따르면 신들은 먼저 황금의 종족을 만들었고, 이어 백은(白銀)의 종족, 청동(靑銅)의 종족, 영웅들, 철(鐵)의 종족 등을 차례로 만들었다. 지금은 철의 종족의 세대로, 노동과 괴로움으로 차 있어 마침내 화(禍)와 자멸(自滅)의 길을 가고 있다는 것이다.

로 분출되기도 하였고, 더러는 철학적 사유에 의해서 표현되기도 했다. 조선 후기의 민간신앙의 형태로 퍼져 갔던 남조선신앙(南朝鮮信仰)이나[22] 중국의 화서국(華胥國)·봉래도(蓬萊島), 인도의 희견성(喜見城), 도교의 상청옥경(上淸玉京), 불교의 안양정토(安養淨土)도 동일한 맥락에서 이해할 수 있다. 희랍의 철학자 플라톤은 그것을 현상계(現象界)의 불완전성에 대비되는 개념으로 완전한 이데아의 세계라고 불렀다.[23]

그렇다면, 이와 같은 민간신앙이나 전설의 편린들이 태초의 완전성을 경험했던 사람들의 무의식 속에 잔류하고 있는 에덴으로 돌아가기를 희구하는 열망이 인간의 역사 속에서 분출되어 온 단면들은 아닐지? 신상에서 나타난 '황금 머리'는 분명 현존의 세계가 태초의 완전성에서 크게 퇴보한 것임을 암시하고 있다. 그럼에도 불구하고 우리는 일반적으로 인간의 역사는 역경과 시련을 극복해 가며 끊임없이 진보해 가고 있다는 것을 저항 없이 받아들이며 믿어 오고 있는 것은 어떤 이유인가?

신상으로 돌아가 보자. 순금으로 만들어진 머리, 그 의미는?

동서고금을 무론하고 금은 값진 것, 귀한 것, 부요한 것을 나타내는 상징이다. 하물며 순금은 가장 값진 것이며 또한 정결한 것을 나타낸다. 모름지기 머리는 온 몸을 이끌어 가는 사령탑이다. 그 속에서 모든

---

22) 조선 후기에 퍼진 이상향을 동경하는 민간신앙. 남조선이란 현실세계에 욕구 불만을 가진 민중 또는 사상가가 설정한 이상향이다. 이것은 당시의 잇따른 내우외환과 위정자의 무능 무책으로 말미암은 현실세계에 대한 염오를 초현실적 관념의 세계로 전향하여 희망을 미래에 두고자 하는 신앙 형태의 발현이었다. 《정감록》(鄭鑑錄)도 남조선신앙을 바탕으로 이루어진 것으로 볼 수 있다.

23) 플라톤에 의하면 개물(個物)이 불완전성을 지니는 이유는 이데아의 형상(形相:idea)을 흉내내어 만들어진 미메시스(모방물)이기 때문이다. B.C 5세기경 피타고라스파(派)도 음악은 수(數)의 미메시스라고 하였다. 그러나 이 말은 플라톤에 이르러 비로소 중요한 의미를 가지게 되었는데, 플라톤은 여러 가지 개체(個體)는 개체가 되도록 한 형상을 흉내낸다고 하여, 이에 의해서 현상계(現象界)의 열등성을 증명하는 이유로 삼았다.

행동이 분출되어 나온다. 순금와 같이 순결한 모습으로 만들어진 머리가 있었다면, 그렇다면 얼마나 아름다운 행동으로 이끌어 갔을까? 황금 머리에 의해 만들어지는 역사는 아름다웠을 것이다.

에덴동산을 지구상에 실존하였던 그 어떤 곳으로 보든지, 아니면 피안(彼岸)의 세계를 그리기 위한 또 하나의 가상공간으로 보든지, 아무튼 좋다. 역사의 시작이 그와 같이 아름다운 모습이었다고 가정해 보자. 에덴동산에는 온통 순금과 같은 보석으로 가득 차 있었다. 이것은 에덴의 아름다움을 표현하기 위한 은유임에 분명하다. 그만큼 완벽하게 아름다운 곳이었다는 뜻이다. 그 속에서 완전한 모습으로 창조된 두 남녀에 의해 펼쳐지는 아름다운 사랑 이야기. 역사가 그렇게만 될 수 있다면, 설사 에덴 이야기가 후세 사람들에 의해 만들어진 간절한 바람일지라도 말이다. 아무튼 그 가상공간으로 한번 들어가 보자.

가장 살기 좋게 설계된 자연 환경 속에서 벌거벗고도 부끄러움을 몰랐던 최초의 인간, 아담과 하와가 있다. 왜 그들은 벌거벗고도 부끄럽지 않았을까? 아니, 왜 인간은 벌거벗으면 부끄러워하는 것일까? 왜 인간만이 옷을 입고 살아가는 존재일까? 모두 비슷한 질문이다.

부끄러움은 존재의 불완전성을 나타내는 한 단면이다. 그러하기에 옷은 도덕적으로 격하된 존재의 열등의식을 가리고자 하는 도덕적 표현이다. 반대로 에덴동산의 아담과 하와의 벌거벗음은 두 사람의 완전한 관계성을 나타내고 있다. 그들에게는 가릴 만한 그 무엇도 존재하지 않았던 것이다. 그들은 서로를 투명하게 들여다보며 살아가는 존재였다. 결국 에덴동산에서의 아담과 하와는 도덕적으로 완전성을 유지하고 있었다는 말이다. 그렇다면 도덕적 완전성이란 도대체 무슨 의미인가?

그들이 살고 있던 동산 중앙에는 특별한 한 그루의 나무가 있었다.

동산의 모든 실과는 마음대로 따먹을 수 있었지만, 유독 그 나무의 열매만은 금지되어 있었다. 이름 하여 '선악을 알게 하는 나무'(the tree of knowledge of good and evil), 선악과(善惡果)였다.

선악과 이야기만큼, 성경을 믿는 자들에게나 혹은 믿지 않는 자들에게 회자(膾炙)되며 제각기 해석되고 더러는 공격을 당해 온 이야기도 드물 것이다. 많은 문학 작품의 소재가 되기도 하였고, 철학자들과 신학자들에게 인간의 본질을 논하기 위한 학문적 주제로서 일련의 통찰을 제공하기도 하였다. 분명 선악과 이야기는 인간이 지닌 선과 악의 양면성을 설명하기 위한 중요한 은유임에 틀림없다.

인간이 지닌 선한 속성은 타인의 생명을 구하기 위해 자기 목숨을 던지기도 한다. 그러나 인간이 악해지기 시작하면 오히려 금수가 행하지 못하는 마귀적 행동이 나오기도 하는 것이다. 깡패 집단이 동료를 죽인 후, 토막을 내고 그의 내장을 파서 나누어 먹은 후 매장했다는 엽기적 뉴스를 접하고 인간의 악함에 새삼 놀라지 않는 사람도 드물 것이다. 그뿐인가? 지난 세기를 붉게 물들였던 수많은 전쟁과 수용소 군도에서 벌어졌던 그 참혹한 역사의 다큐멘터리들을 우리는 물증으로 가지고 있다. 마약과 매춘이 행해지는 사회의 어두운 뒷골목에서, 매일 밤 벌어지고 있는 차마 눈뜨고 볼 수 없는 행위들은 어떠한가?

그런데 아담과 하와는 그렇지 않았단 말인가? 그들은 한 점 부끄러운 얼룩도 없이 완전한 존재로 남아 있었단 말인가? 그렇다면 도덕적 완전성, 그것의 기준은 무엇인가?

2차 대전 당시 나치 독일에 항거하여 비교적 부끄러움 없는 삶을 살다가 옥사(獄死)한 독일의 신학자 본회퍼는 그의 중요한 저서 《윤리학》에서 완전한 도덕의 기준을 가장 간단명료하게 제시하고 있다.[24] 불완

---

24) *Ethics*, D. Bonhoeffer, 1955, Macmillan Publishing co.

전한 인간에 의해 제시되는 어떤 기준도 완전성에 이를 수 없기에, 도덕의 기준은 완전한 신에 의해서만 제시될 수 있다는 것이다. 무슨 말인가? 완전한 신이 존재한다면, 바로 그 신이 원하는 것이 선이요 원치 않는 것이 악이라는 것이다. 인간에게는 신이 원하는 것을 행하는 것이 곧 선이요, 신이 원하지 않는 것을 행하는 것이 곧 악이라는 것이다.

선악과, 그것은 신의 뜻을 알리고 인간의 반응을 기다리는 시금석이었다. 선악과가 상큼한 사과이었는지 신 포도였는지 그것은 중요하지 않다. 그것이 특별한 성분을 지닌 과일이어서 먹는 순간 신기한 반응이 일어나서 선악에 대해 무지했던 아담과 하와의 눈을 일깨움으로 선과 악을 알게 한 것은 더욱 아니다.

완전한 신은 그의 형상(the image of God)대로 지음 받은 인간이 도덕적으로 완전하기를 바랐다. 그래서 그들이 신의 뜻대로 살아가는 존재가 되기를 원하여 선악과의 화두(話頭)를 던진 것이다. "동산 안에 있는 모든 실과는 자유로이 먹을 수 있으나, 선악을 알게 하는 나무의 실과는 먹어서는 안 된다. 만일 그것을 먹는 날에는 너희가 반드시 죽을 것이다." 그것이 하나님의 뜻이었다.

도덕적으로 완전한 존재로 지음 받은 인간, 여기에는 적어도 두 가지 함의(含意)가 있다. 첫째, 그는 신과의 완전한 관계성을 유지하고 있어야 한다. 둘째, 그 관계성을 유지하기 위한 선택에서 자유로워야 한다.

선택의 자유가 없는 존재는 도덕적으로 아무런 책임이 없다. 다시 말하면, 도덕적인 존재가 될 수 없다는 것이다. 책임(responsibility)이라는 단어 자체가 도덕적 요구에 어떻게 반응(response)하는가 하는 능력(ability)을 나타내는 말이다. 아담과 하와가 도덕적 존재였다는 것은, 그들에게는 신의 도덕적 요구조건을 지킬 수도 혹은 어길 수도 있는, 즉 선악과를 따먹을 수도 혹은 따먹지 않을 수도 있는 완전한 자유가 주어진 존재였다는 의미이다.

그러나 신의 뜻은 그들이 선악과를 따먹지 않는 것이었다. 왜? 그들이 도덕적 완전성을 지니고 살아가기를 바랐기 때문이다. 즉 신의 뜻에 순종하는 삶을 살아가는 것이 그들의 완전한 도덕을 유지하는 길이라는 것을 알고 있었기 때문이다. 그러하기에 신이 인간들에게 가장 원하는 것이 바로 순종의 삶이었다면, 황금 머리의 재료인 금이라는 금속이 그것을 잘 나타내고 있다. 가장 잘 늘어나고 펴지는 금의 성질이 순종적 성질을 상징적으로 나타내고 있다고 볼 수 있다. 금은 얇게 펴서 두께 0.00001센티미터의 금박(金箔)을 만들 수 있고, 1그램의 금으로 약 3,000미터의 금실을 뽑을 수 있다. 다시 말해, 금은 가장 순종적인 금속인 것이다.

선악과는 그 자체가 아담과 하와에게는 선과 악의 갈림길을 알려 주는 이정표였다. 그 갈림길에서 그들은 불순종의 길을 택했다. 하나님이 원하는 길보다는 자신의 길, 인간의 길, 악마가 유혹하는 길, 결국은 죽음의 길을 택했던 것이다.

그 순간, 황금 머리는 하얗게 빛이 바랬다. 그리고 신과의 완전했던 관계성은 깨지고 말았다. 그들은 완전성으로부터 도덕적으로 격하(degradation)되었다. 그리고 그들을 감싸고 있던 찬란한 도덕적 투명성은 사라졌다. 그 순간, 그들의 눈은 밝아지고 벌거벗은 육체를 부끄러워하기 시작했다. 완전한 사랑 이야기도 끝이 나고 말았다. 모든 관계가 깨어지기 시작했다. 분리와 다툼과 책임전가, 죽음을 향한 긴 여로를 내딛게 된 것이다.

그렇게 불완전한 역사는 시작되었다.

은(Silver) : 가슴과 팔

금, 샛노란 황금, '금속의 왕' 또는 '왕의 금속'이라고 불리던 물질. 앞서서 우리는 금을 완전성의 상징으로 바라보았다. 그러나 인간의 역사 속에서 금은 독특한 이중적 역할을 해 왔다. 부요와 아름다움의 상징으로서 무한한 동경의 대상이었던 동시에, 황금에 눈 먼 인간들을 끝없는 파멸의 나락으로 빠뜨려 온 유혹의 대상이기도 했다.

모든 물질적 부요의 상징으로서 금 송아지 또는 금 신상을 만들어 그 앞에 엎드려 절하였던 고대인들에게 우상으로 화하여 종종 나타나기도 하였다. 그리스 신화에 등장하는 미다스 왕[25]의 어리석음을 생각해 보면, 황금에 눈이 어두워 물신(物神)의 유혹에 빠져 헤매고 있는 황금만능주의의 세태는 고대나 현대나 별반 차이가 없었던 것 같다.

그렇다면 은은 어떤 금속인가? 은 역시 금과 더불어 귀금속의 상징처럼 여겨지고 높임을 받아 온 것은 사실이다. 더구나 은은 금속의 물리적, 기계적 성질 면에서도 금과 비슷하여 부드럽고 전성(展性) 및 연성(延性)이 여전히 매우 크다.[26] 타락한 인간도 처음에는 별반 큰 차이가 없어 보인다. 여전히 그들은 하나님의 명령에 순종적이었고, 카인과 아벨도 하나님께 제사를 드리는 생활을 하고 있었다. 오히려 은의 열과 전기를 통하는 성질은 금보다도 더 좋은 면까지 가지고 있어서,[27] 마치 하나님의 보호막을 떠난 인간들의 삶의 모습이 자신을 스스로 보

---

25) 제우스의 아들 디오니소스에게 자신의 손으로 만지는 것은 모두 황금으로 변하게 해 달라고 청하였던 미다스 왕은 식탁 앞에 앉아서 비로소 자신의 어리석음을 깨닫는다.

26) 은의 전성(展性)과 연성(延性)은 금 다음으로 커서 두께 0.0015밀리미터의 은박을 만들 수 있고, 1그램의 은으로 1,800미터의 선(線)을 만들 수 있다.

27) 은의 열·전기의 전도성은 열전도율 1.006cal/cm·sec·deg(18℃), 비저항 1.62×10-6 Ω·cm(18℃)로서 금속 중 최대이다. 금은 은의 70퍼센트 정도의 전도율을 지닌다.

호하기 위하여 더욱 열정적이고 적극적이고 발 빠르게 움직이게 된 것과도 같다.

그러나 은이 금과 완전히 다른 점이 있다. 그 광채와 화학적 성질이다. 은이 아무리 빛날지라도 금과 견주어 보면 곧 광채를 잃어버린다.[28] 찬란한 황금의 태양 빛 아래 싸늘하게 식어 버린 달빛의 냉기를 느끼게 된다. 또한 금과 은은 본질적인 화학 조성이 다르기 때문에 중세의 연금술사들이 그토록 다른 금속들을 배합하여 금을 만들어 보려고 했지만 실패하고 만 것을 우리는 알고 있다. 본질적으로 금은 금이고 은은 은이기 때문이다. 마치 인간들이 역사 속에서 수많은 종교와 철학, 윤리 사상으로 인간성의 회복을 꾀하고 이상국가와 철인 정치를 꿈꾸어 왔지만 실패하고 만 것처럼 연금술로는 금을 만들어 낼 수 없었던 것이다.

금에서 은으로의 격하는 인간의 내면적 본성과 관계성에 치명적인 손상을 가져 왔다. 특별히 가슴과 팔이 은으로 묘사되고 있다는 것에 주목해 보자. 타락 이후의 인간은, 이웃을 사랑의 가슴으로 바라보고 서로의 필요를 도와주던 관계가 변질되어 오히려 타인을 자신의 이기심을 채우기 위한 도구로 이용하게 되었다.

성경에서 인류 최초의 살인자로 묘사되고 있는 카인이 아벨을 죽이게 된 동기를 살펴보면, 그가 자기 동생과의 비교의식 가운데 그의 가슴속에서 질투와 미움의 감정이 불같이 일어났기 때문이다. 형제를 마음속에서 미워하는 자는 이미 살인자라고 말한 예수의 말을 빌리자면, 우리 모두의 손은 이미 핏자국으로 물들어 있는 살인자들인 셈이다. 즉 금에서 은으로의 격하는, 비슷하면서 약간 덜 귀한 금속으로 떨어

---

28) 그리스 로마인들을 비롯한 고대인들이 주로 금을 태양을 상징하는 금속으로 사용한 반면 은을 초승달과 결부시켜 달의 여신으로 숭배하기도 했다.

진 것이 아니라, 이미 그 내면에서 생명의 본질을 잃어버린 엄청난 사건인 것이다.

살인자 카인의 후예들에 의해 펼쳐지는 문명사회의 비극들은 깨어진 신뢰 관계 속에서 극대화되어 나타나게 된다. 그들은 더 이상 타인을 신뢰할 수 없어 울타리와 성벽을 쌓았으며, 언제 쳐들어올지 모르는 가상의 적들에 대항하기 위하여 무기를 만들기 시작했다.[29] 성경에 나타난 바에 의하면, 카인의 4대 손인 최초의 대장장이 두발가인(Tubal-Cain)에 이르러 이미 동과 철을 가지고 각종 기계를 만들었다. 이들은 자신의 신변 안전을 위해 곧바로 무기류를 제조하기 시작했으며,[30] 그의 아들 라멕(Lamech)은 자신을 해하려 하는 자에게는 77배의 보복을 가하겠다는 오만한 선언을 하기에 이른다. 결국 가공할 핵무기를 서로 쌓아 놓고 자신만의 안전을 주장하는 냉전 논리는 다름 아닌 현대판 라메키즘(Lamechism)인 것이다.

뿐만 아니라, 라멕은 두 아내를 둠으로써 중혼(polygamy)을 인류 사회에 들여온 장본인으로 기록되고 있다. 한 남자와 한 여자 사이의 투명한 신뢰 관계 속에서 이루어졌던 에덴에서의 아름다운 가정은 깨어지고 말았다.

인간의 가치는 금(金)과 은(銀)에서 곧바로 동(銅)과 철(鐵)로 또다시 떨어지게 된다.

---

29) 성경의 창세기 4장에는 에덴에서 추방당한 카인의 후예들에 의하여 펼쳐지는 문명사회의 형성 과정이 자세히 기록되어 있다.
30) 카인의 후예, 즉 Cainites 혹은 Kenites로 표기된 히브리어는 대장장이의 뜻을 지닌 아랍어와 어원을 같이하고 있다. D. Kidner, *Genesis: An Introduction and Commentary*, IVP, The Tyndale Press, 1967.

동(Brass/Bronze) : 배와 넓적다리

인간에게 가장 원초적인 두 가지 본능이 있다면 식욕과 성욕일 것이다. 에덴에서 추방된 인간들이 만들어낸 문명 속에 이미 죄의 씨앗들이 배태되어 있었다면 그것이 가장 원초적으로 나타난 것이 바로 물질에 대한 우상 숭배와 성적인 탐욕이라고 할 수 있다. 인간들은 끊임없이 자신들의 배를 채우기 위해 서로 피 흘려 싸우며 투쟁하는 역사를 만들어 왔다. 자신에게 돌아올 떡덩이를 위해서 남을 해치는 일들을 서슴지 않았던 것이다.

청동(Bronze)은 구리에 주석을 섞어 만든 구리 합금으로, 가장 오래 전부터 창칼이나 포신과 같은 무기류뿐 아니라 청동상과 동화(銅貨)의 제조에 사용되어 왔다. 구리에 아연을 섞어 만드는 황동(Brass)은 놋쇠라고도 하며 청동(Bronze)과 함께 중요한 구리 합금이다. 자연합금의 형태로는 고대 그리스 때부터 인류와 친근했으며, 비철금속 중 가장 일상생활과 관계가 깊다. 아연의 양이 많아짐에 따라 경도(硬度)와 강도가 증가하고, 합금의 색도 구리의 붉은 기가 도는 색에서 황색에 접근해 간다.

1836년 C. J. 톰센이 문화사의 발달 과정을 석기시대-청동기시대-철기시대로 분류함으로써, 인간이 사용한 이기(利器)의 재료에 따라 구분하는 고고학상의 3시기 법을 제창한 이래, 오늘에 이르기까지 청동기시대의 설정에 반대하는 학자가 끊이지 않고 있다. 그 주된 반대 이유는 사회학적으로는 문화의 정도가 높으면서도 원료, 특히 주석(朱錫)이 없기 때문에 청동기시대에는 들지 못했던 사회가 얼마든지 있을 수 있기 때문에 일반사의 분류 과정으로는 적절치 못하다는 점이다. 야금학(冶金學)적인 관점에 있어서도 지표면 상에 훨씬 널리 분포하는 철의 사용 가능성이 더 높을 수 있으며, 그럼에도 불구하고 고고학적인 발견에서 철기 유물의 연대가 뒤떨어지는 이유는 철이 가지고 있는 강한 부식성에 의해 유물이 쉽게 유실되었을 가능성 또한 배제할 수 없다는 것이다.

오히려 청동기는 고대 국가의 여러 왕조에서 상류계층의 권위를 나타내는 여러 장신구들의 제작에 사용되면서 금속 공예로 발전되어 왔다. 고대 오리엔트의 우르 왕조나 바벨론 왕조에서는 B.C 3000년경부터 이미 청동 공예품들이 제작되어 왔으며, 그들의 종교적 정치적 통치 기구를 강화하기 위한 우상(偶像)의 제조에도 큰 몫을 차지했다. 이집트 왕조에서는 B.C 2000년경 고대 제12대 왕조에서 청동기시대가 시작되었다고 보고 있으나 주석의 수입 곤란으로 오히려 동기와 철기가 더 많이 사용되었다. 중국에서도 은(殷)왕조 시대부터 청동기시대가 시작되었다고 보고 있으며, 은허(殷墟)에서 많은 청동 제기(祭器)들이 출토되었다.

이 시기의 고대 근동지방에 나타난 수많은 우상 중에서 풍요(豊饒)와 다산(多産)을 빌기 위해 만든 대표적인 우상들로서 이집트의 바알(Baal) 신이나 그리스의 아르테미스(Artemis) 여신이 있다. 이들은 인간의 탐욕이 빚어낸 물신(物神) 숭배의 전형이다. 물질 만능주의 시대를 살아가며 자신이 사들인 주식 시세에 자신의 모든 운명을 내걸고 그 앞에서 엎드려 절하고 있는 현대인들을 생각하면, 자신들이 만들어 놓은 우상을 숭배하며 그 신이 자신들에게 풍요를 가져다주기를 비는 어리석은 인간들의 모습은 고대나 현대나 별 차이가 없는 것 같다. 이들 신을 숭배하는 신전에서는 종교적 주술 의식과 함께, 여 사제들이나 미동 등에 의한 매춘 행위가 동시에 이루어졌다고 한다. 자신의 생각과 마음 그리고 영혼을 우상 숭배에 내맡기는 일은 결국 몸을 더럽혀 섞는 육체의 간음 행위와 동일시 할 수 있는 영적 간음행위라고 엄하게 경고하고 있는 성경의 가르침을 생각해 볼 때 충분히 이해가 간다.

결국 신상의 아랫배와 허벅지를 주석과 아연을 섞어 만든 청동으로 표현한 것은 인간이 매여 있는 가장 원초적인 죄의 결과인 탐심과 음욕을 향한 우상 숭배의 상징으로 파악될 수 있다.

철(Iron) : 종아리

철을 지배하는 나라가 세계를 지배한다는 말이 있다. 철기 문명을 앞세워 세계를 제패하였던 로마 제국 이후로 어쩌면 인류의 역사는 힘의 논리에 의해 다스려지는 철기시대를 지속해 왔던 것 같다. 힘과 무력의 상징이기도 한 철에 의해 냉혹한 국제 관계가 형성되며 지배자와 피지배자의 종속 관계가 형성되었고, 그리고 그 힘의 평형이 다시 깨어질 때까지는 표면적인 평화(Pax) 시대를 구축할 수 있었던 것이다. 로마의 평화(Pax Romana), 그 속에는 가혹한 압제 속에서 소리 없이 흐느끼는 피지배 계층들의 분노의 눈물이 흐르고 있었다. 산업혁명 이후로 해가 지지 않는 나라로 불리며 세계를 제패했던 대영제국의 영광도 그 내막을 자세히 살펴보면, 근대사에서 누구보다도 먼저 철을 장악했던 행운의 역사였다고도 볼 수 있는 것이다.

근대사에서 갑자기 서양이 동양을 제치고 역사의 전면에 부상한 사실에 대하여 과학사가들은 주저없이 르네상스와 종교개혁의 영향으로 서구의 지성이 깨어나면서 과학혁명을 일으키게 된 것이 그 기폭제가 되었다고 본다. 정신적 가치만을 상부 구조로 인정하며 중시하던 중세 스콜라 철학의 플라톤적 인식 틀이 무너지면서 비로소 노동가치와 물질가치가 인정받게 되었고, 서구 사회는 과학혁명과 산업혁명의 거센 물결을 타게 되었던 것이다.

그러나 과학혁명을 일으키는 데 앞장섰던 유럽의 여러 나라 가운데 오히려 후발 주자였던 영국이 어째서 가장 먼저 산업혁명을 일으키게 되었는가 하는 의문에는 여러 가지 해석이 있다. 유혈혁명을 낳았던 프랑스에 비해 무혈혁명으로 정치적 안정을 취할 수 있었던 사회적 배경 속에서, 하그리브스의 방적기계의 발명(1767)과 제임스 와트의 증기기관의 발명(1769)이 도화선이 되었다고 주로 설명한다. 그러나 그 이전에 다비(Darby) 부자(父子)에 의해 코크스를 사용한 근대적 의미의 용광로 제철법(1735)이 영국에서 가장 먼저 시작되었다는 사실을 간과해서는 안 된다. 이는 곧 철의 대량 생산 체제의 확립을 의미하는 것이며, 그에 따른 최초의 철교(1779년),[31] 최초의 수도망(1788), 최초의 철선(1818), 최초의 철도(1825)와 같은 연쇄적인 기술 발전의 촉발을 가능케 했던 것이다. 다시 말해, 영국은 철의 대량 생산을 통해 산업사회를 이루기 위한 기반(infrastructure)을 가장 먼저 구축할 수 있었던 것이다. 식민지에서 수탈한 원면을 가지고 방적기로 돌려 실을 뽑고, 그것을 철도에 실어 운반하며 철교를 건너 쉽게 강을 넘나들고, 항구에서 증기기관으로 움직이는 철선으로 다시 세계를 누비는 대영제국의 산업구조가 형성되었던 것이다.

역사를 보는 두 가지 관점이 있다. 다니엘의 신상을 따라 내려가듯이 통시적(通時的, diachronic) 관점에서 살펴보는 방법이 있고, 역사의

---

31) 코크스 제철법을 확립한 에이브러햄 다비(1678-1717)는 석탄을 코크스화(化)하여 탈황(脫黃)하고 1709년 슈롭셔의 콜브룩데일(Coalbrookdale) 제철소에서 처음으로 철광석을 코크스로 용련(鎔鍊)하는 데 성공하였다. 그 아들 다비 2세(1711-1763)는 아버지의 사업을 더욱 발전시켜 1750년경 연철(鍊鐵)로 바꾸는 데 적합한 선철(銑鐵)의 제조 문제를 해결했으며, 손자인 다비 3세(1750-1791)는 콜브룩데일에서 세계 최초로 철교(鐵橋)를 만들었다.

흐름 속에 나타난 전체적 구조를 파악하여 그 관계성을 연구하는 공시적(共時的, synchronic) 관점이 있다. 철의 역사를 공시적으로 이해하면 재미있는 현상을 발견하게 된다. 성경에 나타난 최초의 대장장이 두발가인이 철을 다듬기 시작한 곳을 고대 근동의 우르 지방으로 추정한다면, 그 이후로 철의 중심지는 끊임없이 서쪽을 향해 전진하며 세계를 한 바퀴 돌아오고 있는 것을 알 수 있다. 이는 마치 사도 바울이 마케도니아의 환상을 본 이후로 세계 선교의 역사가 끝없는 서진(西進)을 계속하며 이제 동아시아로 그 중심을 옮겨 온 모습과도 일치하고 있다. 다시 말해, 소아시아에서 유럽 대륙을 거쳐 영국으로 그리고 다시 대서양을 건너 미국으로 또다시 태평양을 건너 일본으로 그리고 동해를 건너 한국으로, 그리고 이제 황해를 건너 중국으로 들어가고 있는 것이다.[32] 영국의 British steel에서 미국의 US steel로 일본의 Nippon steel에서 한국의 포항제철(POSCO)로 철의 주도권이 흐르는 방향을 따라, 철을 주도하는 나라들이 경제적으로 부상하여 세계 역사의 전면에 떠오른 것은 결코 우연이 아니다. 결국 지난 2,000년 동안 세계 역사는 철의 강국을 중심으로 흘러온 힘의 역사였고, 그것이 인류의 표면적 물질문명을 일으키는 데 결정적인 역할을 감당해 왔던 것이다.

산업혁명 시기의 철은 각종 대형 공장 건설을 통하여 원자재를 가공하여 부가가치를 창출하기 위해 반드시 필요한 골간(骨幹)을 제공, 구축하게 하였다. 역사상 처음으로 대중이 물질의 구속에서 해방감을 맛보도록 하였으며, 물질적 풍요에 의한 이상사회 건설의 환상을 가져다주었다. 뿐만 아니라, 철강 산업과 더불어 발전한 기계 공업은 인간을

---

32) 중국은 이미 1996년도에 조강 생산 1억 톤을 초과하였고 2001년에는 1억 4,000만 톤을 기록하며 단일 국가로서는 세계 최대의 철강 생산국이 되었다. 그러나 기술적으로는 매우 낙후되어 있을 뿐 아니라 13억 인구를 고려할 때 1인당 연간 철강 소비량은 아직 100킬로그램 수준에 머물고 있어 선진국 수준의 400-500킬로그램과 비교하면 아직 거리가 있다. (참고. 본서가 출간된 후 10년 만에 2013년 현재 중국은 조강 생산 7억 7,000만 톤을 기록하며 거뜬히 선진국 반열에 듦.)

육체노동의 구속에서 해방시키는 결과마저 가져왔다.

 지금부터 100여 년 전, 19세기 말에서 20세기로 인류 역사의 수레가 역동적으로 올라서던 시기에 서구 세계는 17세기 이후 자신들이 이룩해낸 과학기술의 혁명적 진보와 그에 따른 자신감으로 가득 차 있었다. 과학혁명에 의해 형성된 기계론적 세계관이 인간의 이성을 신봉하는 계몽주의자들에 의해 진보주의(progressivism)라는 일종의 이데올로기로 변하게 되었고, 마침내 서구 지성인들의 자만심으로 표출되었다. 19세기 중엽 찰스 다윈에 의해 조심스럽게 제기되었던 진화론은 그와 같은 시대사조를 등에 업고 채 20년이 지나기도 전에 전 유럽과 미국을 뒤덮는 사회학적인 혁명적 풍조가 되고 진화사상이 되어 나타났던 것이다.

 서구 열강이 전 세계를 제국주의 식민지 영역으로 패권 쟁탈을 하며, 그에 대한 반동으로 나타난 사회주의 혁명을 통해 전 세계가 자유 진영과 공산 진영으로 첨예하게 나뉘는 과정 속에서도, 양 진영 모두 과학기술의 무한한 발전과 더불어 마침내 인류는 20세기의 유토피아를 건설하게 되리라는 신념만은 서로 공유하고 있었던 것이다. 진보주의는 현대성의 상징이었고 20세기를 여는 화두였다. 전 세계가 진보를 향한 활활 타오르는 열망의 도가니에 빠져 있었던 것이다. 철 종아리로 무장된 인조 로봇은 진보사상이라는 갑옷을 입고 제국주의의 깃발을 휘날리며 쿵쾅거리며 전 세계를 활보하였다.

 그와 같은 신념 틀 속에서 교육을 받아 오던 사람들이 점차 그 꿈에서 깨어나기 시작한 것은, 두 차례의 세계 대전을 치르면서 그리고 마침내 인류가 이룩해낸 과학기술의 열매가 핵폭탄이라는 엄청난 살상무기로 등장하면서 온 인류를 핵전쟁의 위협 속으로 몰아넣기 시작한 그 무렵이었다. 한국전쟁과 월남전의 참상, 끝없이 이어지는 냉전 상황 속에서 서구의 지성은 자신들이 가졌던 진보 이데올로기가 어쩌면 신기루에 불과할지 모른다는 것을 조금씩 깨닫기 시작하였다. 그와 함께 소위 탈현대, 즉 포스트모던 논쟁이 시작되었다. 그러나 그와 같은 지적 논쟁이 일반 대중들의 삶 속에까지 파급되기에는 상당한 시간이 요구되었다. 여전히 교육 현장에서는 진보 이념이 신앙 고백처럼 설파되고 있었고, 대다수의 대중들은 그것을 무비판적으로 받아들여 왔던 것이다. 탈현대에 대한 외침은 곧 철골 구조 속에서 이룩해 내었던 거대한 기계문명에 대한 반발과 자성 그리고 2,000년 이상 지속되어 온 철기시대의 종언을 고하는 외침이기도 했다.

철과 흙(Iron and Clay) : 발과 발가락

뉴 밀레니엄에 대한 막연한 기대와 설렘 그리고 약간의 두려움 속에서 마침내 21세기가 열렸다. 철의 시대가 지나가고, 바야흐로 새 시대가 다가오고 있는 것이다. 과연 21세기 문명은 어떤 양상을 띠고 전개될 것인가?

20세기 후반부는 뉴 밀레니엄의 새 시대를 준비하는 시기였다. 탈현대의 조심스런 수군거림이 시작되던 무렵, 20세기 최대의 획기적 발명으로 여겨지는 반도체 트랜지스터의 출현으로 말미암아 산업사회의 구조는 근본적인 변화를 가져오게 되었다. 인공두뇌의 첫 걸음을 떼게 한 위력적인 반도체 칩의 등장은 컴퓨터 산업을 비롯한 각종 전자산업의 발달을 야기했으며, 20세기 후반부 선진국의 물질적 풍요를 극대화시키는 데 결정적인 역할을 하였다. 뿐만 아니라 각종 물질 상품의 생산 공정을 자동화로 대치하여 대량 생산, 고속 생산 체제에 의

한 거대 기업의 등장을 가능케 하였다.

그러나 한편, 컴퓨터와 자동화 기술의 발달로 인하여 노동 집약적 산업이 기술 집약적 산업으로 대치되어 가는 과정에서 나타나게 된 새로운 국면은 엄청난 유휴 노동력의 사회적 형태 전환을 불러일으키게 된 점이다. 즉 물질 생산을 위한 노동력의 급격한 감소는 곧바로 서비스 산업의 발달을 가져오게 되었고, 이들을 흡수하기 위한 사회 구조의 재편성이 필연적으로 일어나게 되었던 것이다. 이와 같은 변화를 가속화시킨 가장 큰 요인은 두말할 여지 없이 반도체 집적 기술의 발달에 의한 정보기술의 대량화, 밀집화, 고속화 현상이라 말할 수 있다. 반도체 칩은 컴퓨터와 인터넷의 발명을 통해 바벨탑 이후에 갈라졌던 세계의 민족과 언어의 장벽을 허물어뜨리기 시작했다. 1980년대 초고밀도 집적회로(VLSI) 시대를 맞이하면서 이미 실리콘 반도체에 의한 정보혁명이 예견되기 시작하였고, 21세기는 모든 사회 구조 속에 정보화의 씨앗이 배태되어 이루어진 정보화 사회 즉, 실리콘 소사이어티(silicon society)가 될 것이라는 전망이 대두되기 시작했다.

이와 같은 변화에 따라, 21세기에는 '산업사회'에서 '지식정보사회'로의 문명사적인 일대 전환이 일어날 것이라는 엘빈 토플러나 피터 드러커와 같은 미래학자들의 예측이 유행처럼 난무하기 시작했다. 그럼에도 불구하고, 일각에서는 지식정보사회에 대한 지나친 기대와 환상으로 인해 산업사회의 중요성과 기능이 전적으로 무시되어서는 안 된다는 우려의 소리도 없지 않았다.

이미 언급한 바와 같이, 산업사회의 기반(infra)이 영국의 산업혁명과 함께 용광로에서 뿜어져 나왔던 쇳물에 의해 구축되었다면, 지식정보사회의 기반은 컴퓨터에서 흘러나오는 인터넷 정보에 의해 구축되고 있다고 말할 수 있다. 산업사회가 물질상품을 대량 생산하기 위하여 대기업 주도하에 자동화, 연속화를 추구하며 발전하여 왔다면, 앞으로 도래할 지식정보사회에서는 주기적으로 탈바꿈하는 캐릭터, 정보 서비스 상품을 중심으로 다품종 소량 생산을 거듭하는 소기업 내지는 벤처기업이 주종을 이룰 것이라는 것이다. 두 사회의 특징을 세 가지로 요약하면 아래와 같다.

가. 형태학적 특징
산업사회(대기업/대량 생산/물질상품) vs. 정보사회(벤처기업/소량 다품종/정보상품)

나. 경영 방식의 특징
산업사회(중앙집권형/일방향/하향식) vs. 정보사회(분권형/쌍방향/개방적)

다. 사회적 의사 결정 인자의 영향
산업사회(정치·경제 중심/진보주의) vs. 정보사회(문화 중심/생태·환경주의)

그러나 이와 같은 변화의 본질을 이해하고 앞으로의 방향을 예측하기 위해서는 그 이면에 깔려 있는 사회학적인 요인과 더불어 좀더 근원적인 철학적인 세계관의 변화가 있음을 직시해야 한다. 다시 말해, 중세 농경사회로부터 근대 산업사회로의 전이 과정을 이해하기 위해서 서구의 16-17세기 과학혁명에서 비롯된 세계관의 변화가 근원적인 동인을 제공했다는 사실을 이해해야 하는 것과 마찬가지다. 다가오는 21세기 사회는, 뉴턴 역학과 칸트 철학에 기초한, 이성을 중시하고 결정론적 기계론적 우주관을 지니고 시작하였던 18-20세기의 서구적 합리주의적 사고가 더 이상 통하지 않는 사회이다. 이는 진보의 확신으로 출범하였던 20세기가, 양자역학과 하이젠베르그의 불확정성의

원리에서 예견된 비결정론적, 다원적 사고의 출현에 의해 서서히 잠식
되며 침몰하였음을 의미한다. 첨예하게 부각된 산업사회의 모순은 탈
현대(Postmodernity)의 개념으로 등장하게 되어 모든 사회 구조의 기
저를 형성하게 되었으며, 마침내 공학기술 및 산업 형태에까지 그 영
향을 미치게 된 것으로 해석할 수 있다.

　이와 더불어 대두된 가장 중요한 사회적 결정인자가 생태·환경주의
이다. 산업사회는 과학기술의 끝없는 발전과 더불어 전 인류가 이상적
인 테크노피아(technopia)로 나아갈 수 있다는 진보주의(porgressivism)
적 믿음에 의해서 이루어져 왔다. 따라서 물질문명의 진보를 위한 것이
라면 인간과 자연이 일시적인 피해를 입을지라도 국가적인 공리를 위
하여 그것은 마땅히 감수되어야 하는 것이었다. 왜냐하면 과학기술의
보다 빠른 진보에 의하여 그와 같은 모순은 반드시 극복될 수 있는 한
시적 상황으로 인식되었기 때문이다. 그러나 1세기도 지나기 전에 인
간의 무절제한 자연 훼손과 환경 파괴 및 공해 산업이 미친 전 지구적
오염에 직면하여 20세기의 낙관론은 더 이상 지탱할 수 없는 지경에
이르고 말았다. 각국의 환경보호에 관한 경각심은 날로 심화되어 가고
있으며 조만간 그린라운드(Green Round)를 비롯한 국제 환경 기구의
허용 기준에 도달하지 못하는 산업은 더 이상 생존할 수 없는 상황으
로 치달을 전망이다. 환경 생태주의의 영향권 아래 산업사회의 상징처
럼 여겨지던 용광로는 21세기 전반부에 어쩌면 역사 속에서 사라질지
도 모를 운명에 처하게 되었다. 근대 기술 문명을 상징하던 공룡이 멸
종의 위기를 맞게 된 것이다.

　인류의 문명은 반드시 성장과 붕괴의 반복 과정 가운데 새로운 역사
의 주역들을 탄생시키며 전개되어 왔다. 그 가운데, 서구의 근대 과학
기술 문명만큼 물질적 가치를 극대화시킨 시대는 없었다. 그러나 21세

기를 맞이하는 서구 사회는 근대 기계문명의 기저를 형성하던 합리적 이성에 대한 신뢰가 흔들리며 다시금 문화의 혼란기에 접어들고 있다. 지난 한 세기 동안 진행된 지나친 유물주의의 역기능에 대한 반작용과 더불어, 산업구조의 개편에 따른 지식정보사회의 새 물결이 21세기 서구 사회를 휩쓸고 있는 것이다. 그러나 정신노동과 지식상품만을 앞세우며 물질과 노동가치를 평가 절하하는 오류를 범하게 된다면 구미의 선진국들은 21세기 후반부에 새로운 암흑시대를 맞이할 우려도 다분히 있다.

그리스 시대와 중국의 춘추 전국 시대는 소위 당대의 지식상품으로서 손에 잡히지 않는 정신적 가치를 더 높이 평가하던 시대였지만, 결코 그 시대가 오래 가지 못하였고 사회적 풍요를 지속적으로 가져다주지도 못하였다는 것을 기억할 필요가 있다. 인간은 떡만으로 사는 존재는 아니지만 떡이 없이는 살 수 없는 존재이기도 하다. 따라서 정신적 가치와 물질적 가치가 동시에 추구되지 않으면 안 되는 것이 인간 사회의 법칙이다. 21세기는 산업사회와 지식정보사회의 주도권을 동시에 장악하는 나라에 의해 결국 움직여 갈 것이다.

정보화 사회를 상징하는 실리콘 반도체의 재료가 흙의 주성분인 규소라는 점, 뿐만 아니라 새로이 부상하고 있는 광섬유 및 세라믹 재료의 중요성을 생각할 때 과연 21세기의 신소재는 흙이라고 말할 수 있다. 그러나 철기시대가 끝나고 새로운 문명시대로 진입하는 지금 철과 흙이 혼합된 신상의 발은 우리에게 시사해 주는 바가 있다. 21세기는 그동안 인류 역사가 축적해 오던 모든 정신문명과 물질문명이 만나서 혼재하며 열 개의 발가락처럼 다양한 복합 문명을 형성하는 혼합 구조형 시대가 되리라는 것이다. 천정부지로 치솟을 듯하던 IT산업의 벤처 창업 붐이 어느 정도 꺼져 가는 거품으로 가라앉음과 동시에 온라인(on line) 기업과 오프라인(off line) 기업들의 합병과 전략적 제휴들이 나타나고 있는 것도 이와 무관하지 않다.

　최근 21세기 전망을 논할 때 빠지지 않고 등장하는 것이 차이나 러시(China rush)에 대한 예측들이다. 그것은 철기시대의 흐름을 타고 대영제국이 등장했던 것처럼 이제 시작되고 있는 '철과 흙'의 혼합 시대의 파도를 중국이 타고 있기 때문인 것이다. 구미 각국의 선진국이 물질상품을 위주로 생산하는 Hard Industry의 경쟁력을 점차적으로 상실해 가며 캐릭터·정보·아이디어 상품을 위주로 하는 Soft Industry에 의한 지식정보사회의 물결로 거세게 치닫고 있는 동안, 중국은 철강, 기계, 자동차 등 거대한 산업사회의 유산을 자연스럽게 이어받고 있는 것이다. 중국은 세계 최대의 철강, 자동차 시장이 될 것이며 새로운 철기문명의 중심 국가가 될 것이다. 한편, 중국은 1978년 개혁개방 정책을 펼치기 시작한 이래로 문화혁명 시기에 침체되었던 과학기술 분야를 부흥시키기 위하여 1986년 3월 '국가고신기술연구개발계획'(일명 863계획)을 발표하여 정보산업을 비롯한 첨단 7개 분야를 중점 육성하는 정책을 펼치고 있다. 따라서 21세기의 중국은 산업사회와 지식정보사회가 혼재된 가운데 가장 큰 경쟁력과 가능성을 지닌 세계 최대의 시장이 될 것이다. 다시 말해, 21세기의 중국은 20세기의 유산인 거대한 산업사회의 적자 상속자가 될 뿐 아니라 정보 통신 분야에도 발 빠른 추격을 가해 옴으로써 명실 공히 '철과 흙'이 뒤섞인 사회를 구축할 것으로 예상된다.

　21세기 들어 중국 정부는 미국의 서부개척시대를 연상케 하는 서부대개발(西部大開發) 계획을 발표한 바 있다. 13억 인구가 실크로드를 타고 최첨단 인공지능형 자동차를 운전하며 21세기의 새로운 서부개척 시대를 열 날이 임박해 있는 것이다. 세계 선교의 서진(西進)의 역사를 따라 중국 교회가 세계 선교의 중심 국가로 부상할 것도 이미 충분히 예견된 사실이다.

신상의 발과 발가락이 표현해 주듯이 21세기는 혼합의 시대(fusion society)이며 다원화 시대이다. 퓨전 레스토랑이 등장하고 젊은이들의 머리는 각종 색상으로 혼합되어 물들여지고 있다. 분리되어 있던 국가의 경계가 허물어지고 모든 사상과 종교가 혼합되고 또 새롭게 나뉠 것이다. 인간의 합리적 이성을 신뢰하던 서구 철학의 한계성이 드러남과 더불어 동양의 기철학(氣哲學)으로의 새로운 회귀 현상이 일어나면서 이기(理氣)철학이 뒤섞이고 있다. 질서 정연한 결정론적인 과학만을 추구하던 서구 과학계는 지난 세기 불확정성의 원리 앞에서 한동안 갈등을 겪어 오던 중 마침내 카오스 현상과 복잡계 과학을 통해 새로운 돌파구를 모색하고 있다. 서구 과학의 기저에 깊이 깔려 있던 유클리드 기하학의 연역 추리적인 전제 속에 오랜 세월 동안 감추어져 있던 자연세계의 복잡성과 오묘함이 마침내 그 모습을 드러낸 것이다. 그러나 자연에서 드러나는 신비한 현상들은 극한의 복잡성을 나타내는 카오스의 세계를 보여 주며 우리를 새로운 혼돈으로 이끌어 가는 듯하다. 도대체 자기조직화 되어 있는 듯한 자연의 이 신비적 구조는 어떻게 발생한 것인가?[33] 시간이라는 돌이킬 수 없는 흐름을 따라 끝없는 심연으로 빠져 들어가는 우주에 가득 찬 비가역성(非可逆性). 과연 비가역성은 저절로 존재할 수 있는 것인가? 21세기는 새로운 국면에서 그리스 사상가들이 격론을 벌였던 본체론(ontology)적인 문제에 다시

---

33) Randomness로 표현되는 우연·무질서의 세계와 혼돈의 복잡성을 내용으로 하는 카오스의 세계는 전혀 다른 것이다. 카오스의 세계에서 질서의 세계로 전환되는 자기 조직화 단계에는 반드시 비가역성이 개입되게 마련이다. 마치 우리가 물동이 안에 들어 있는 잠잠한 물에 손을 휘저어 난류 현상을 일으킬 때 카오스가 발생하여 소용돌이 현상으로 발전하지만, 비가역성을 일으키는 손동작을 제거하면 곧바로 난류 현상 자체가 정지하고 만다는 사실과 마찬가지이다. 우주의 신비는 우주에 가득 찬 카오스와 그것에 질서를 부여하기 위해 부단히 움직이는 보이지 않는 손의 비가역적 힘에 있다.

한 번 휩싸일 전망이다. 20세기를 열었던 상대론과 양자론의 세계가 전혀 새로운 재료의 시대 즉 반도체 시대의 막을 열었던 것처럼, 복잡성의 과학에 의해 펼쳐지는 새로운 재료의 시대가 나타날 가능성도 얼마든지 있는 것이다.[34]

뜨인 돌 : 종언

롤프 젠센(Rolf Jensen)이라는 미래학자는 21세기가 정보화 사회를 넘어서 꿈의 사회로 접어들고 있다고 말하고 있다.[35] 산업화의 단계에서 인간의 육체노동(muscle)이 기계로 대치되었고, 정보화 단계에서 인간의 지력(brain)이 컴퓨터에 의해 대치됨으로 문명사회의 패러다임을 바꾸었다면, 조만간 인간의 감성(emotion)이 시대의 전면에 떠올라 21세기 과학기술과 접목되는 꿈의 시대가 도래한다는 것이다. 다시 말해, 21세기의 최대 시장은 감성의 상품화를 누가 먼저 이루어내는가 하는 데에서 결판이 난다는 것이다. 그것은 곧 남들이 꾸지 못하는 꿈을 꾸며 한발 앞서가는 꿈꾸는 자들만이 새로운 세계에 도전할 수 있는, 꿈의 벤처 시대가 열린다는 것을 뜻한다.

어느 정도 통찰력을 지닌 주장이라고 생각된다. 그러나 단순한 감성의 상품화를 통한 꿈의 세계를 논한다면 그것은 더욱 우리의 미래를

---

34) 21세기를 준비하며 자연세계의 복잡성이 새롭게 인식되기 시작했다는 것은 중요한 의미를 지닌다. 서양 철학의 연역적 전제들이 만들어 놓은 보편적 질서가 인간 이성의 절대적 신뢰를 바탕으로 한 것이었다면, 그것의 한계를 깨우치게 된 것은 새로운 도약을 위한 발판을 마련할 것이기 때문이다. 중세 철학에서 아리스토텔레스의 과학 체계의 합리성을 절대적 아성으로 신봉하던 실재론자(realism)들에게 오캄(Okahm, 1285-1349)이 보편적 질서란 한낱 이름뿐인 것에 지나지 않는다며 유명론(nominalism)을 주장하여, 인간의 사고 체계를 근세 경험론의 세계로 이끌어냄으로써 과학혁명의 기초를 마련하였다는 것을 회고해 볼 필요가 있다.

35) *The Dream Society*, Rolf Jensen, 1999, McGraw-Hill.

어둡게 할 가능성이 있다. 멀티미디어와 가상현실들이 빚어내는 순기능보다는, 전염병처럼 창궐하는 인터넷 포르노 사이트가 청소년들의 윤리의식을 마비시키며 감각적인 말초신경만을 건드리는 각종 저질 문화산업들이 기승을 부릴 것이 예상되기 때문이다. 해커와 예측 불가능한 정보대란의 공포 등 정보화 시대의 여러 가지 역기능이 빚어내는 어두운 그림자뿐 아니라 생명공학이 창출해내는 인간 복제에 대한 논쟁은 인간 사회의 가장 기초 단위인 가정과 개인의 정체성에 큰 혼란과 마비를 가져올 수도 있음을 시사하고 있다.

세기 말, 세기 초에 예외 없이 나타나는 종말에 대한 예언들이 아닐지라도 현대 첨단 과학기술 문명이 가져다준 가공할 위력 앞에서 언제부턴가 인류는 종말에 관한 어두운 예감에 휩싸인 채 살아가게 되었다. 다니엘의 환상의 마지막 대목은 분명 우리에게 언젠가 인류 역사의 종말이 닥쳐올 것을 말해 주고 있다. 공중에서 큰 돌이 하나 떠오르더니 신상의 발과 발가락을 내려치자 신상은 가루가 되어 흔적도 없이 사라져 버린다. 다니엘이 보았던 신상의 환상(vision)은 이렇게 끝을 맺는다.

미래를 생각하며 비전을 논하는 시대에 우리는 살고 있다. 21세기는 더 이상 빵을 위해 사는 시대가 아니다. 21세기는 꿈의 시대를 넘어 비전의 시대(the era of vision)가 될 것이다. 몽상을 넘어 시대를 읽는 분명한 비전을 지닌 비저너리들을 필요로 하는 시대이다. 21세기의 주역이 될 동북아의 젊은이들이 비저너리가 되어 개척정신과 봉사정신으로 세계의 끝을 향해 뻗어 가는 환상을 본다. 그러나 비전이라는 단어가 처음 유래된 성경에서의 진정한 의미에서의 참 비전은 사람들의 머릿속에서 생각해낸 미래에 대한 계획과 청사진이 아니라, 다니엘의 환상처럼 어느 날 문득 자신에게 일방적으로 다가오는 미래에 대한 신적 계시(啓示)를 말한다. 비전은 하나님 안에서 미래를 바라보는 능력이다. 지혜로운 자들은 그 비전을 깨달아 옳게 해석할 것이요 그렇지 못한 사람들은 그것을 무시하거나 두려워할 것이다.

21세기는 뜨인 돌의 비전을 바라보아야 할 시대이다.

10. 번데기와 나비 신앙 – 복음에서 다시 문화로

징그러운 애벌레가 나비가 되기 위하여 번데기로 변하는 모습을 바라보고 있노라면, 자연의 신비와 함께 그 속에 감추어진 영적 은유를 발견하게 된다. 정말 하나님께서 창조하신 놀라운 자연이 그것을 웅변적으로 증명해 보이지 않는다면, 그 어느 누가 꿈틀거리는 애벌레의 모습 속에 감추어진 아름다운 나비의 섬세한 날갯짓을 상상조차 할 수 있겠는가? 누런 진액을 흘리며 꿈틀꿈틀 잎사귀를 갉아먹는 애벌레가 죄악의 굴레에 묶여 살아가는 우리 인간의 모습을 상징한다면, 아름다운 꽃밭 속에서 사뿐사뿐 날갯짓하며 꽃가루를 옮겨 생명을 잉태하는 나비의 모습은 새 생명을 받아 재창조된 그리스도인의 모습처럼 여겨진다. 그러나 애벌레가 나비가 되기 위하여 반드시 거쳐야만 하는 과정이 번데기의 모습이라면, 이는 바로 그리스도와 함께 우리가 못 박혀야만 하는 십자가를 상징함이 아닌가?

2001년 겨울, 낮은울타리의 문화 사역자 신상언 선생의 방문을 계기로 연변과학기술대학에도 CUE-YUST(Culture, University & Education)라는 대학 문화를 생각하는 작은 모임이 생겼다. 평소에 문화에 대하여 관심을 가지고 나름대로의 영역에서 섬기던 사람들이 하나둘 자연스럽게 모인 것이다. 건전한 대학 문화를 창출함으로써 사회를 향한 문화적 소명을 감당하는 것이 대학의 임무 중 하나라는 점을 생각할 때에, 앞으로 중요하고 의미 있는 모임이 될 것이라 기대된다. 특별히, 21세기 문화의 시대를 맞이하여 대중 매체를 통해 홍수같이 쏟아져 밀려오는 저급하고 천박한, 더러는 사악한 문화 공세 속에서 어떻게 깨끗한 문화를 지키고(watching), 인도하고(guiding), 생산할(producing) 것인가 하는 것이 이 모임에게 던져진 숙제이다. 궁극적으로 21세기 세계 정치·경제와 총체적 문화를 이끌어갈 중국이라는 거대한 토양 위에 그리스도 문화의 씨앗을 퍼뜨리는 첨병들을 길러내고자 함이 이 모임에서 추구하는 공통된 관심사가 아닐까 한다.

과연 문화란 무엇인가? 어째서 인간만이 문화를 창조하며 살아가는 존재가 되었는가? 그리고 만일 인간만이 하나님께서 특별하게 창조하신 문화적 존재임에 틀림없다면, 하나님이 우리에게 바라시는 문화적 사명은 어떤 모습일까? 그리고 그 명령을 수행하는 크리스천의 모습은 어떠해야 할까? 세속화된 이 세상 속에서 말이다.

창세기 1장 28절의 문화 명령은 우리 인간을 창조하신 목적이요 곧 존재 가치를 알려 주는 시금석이다. 인간이 타락했으므로 이 명령이 현 세상에는 더 이상 효력을 발생치 않는 죽은 명령이라고 생각하는 것은 커다란 오해이다. 왜냐하면 문화명령은 인간이 타락하기 이전에 주어진 원초적 명령이기 때문이다. 타락한 세상을 향해서도 하나님은 동일한 음성으로 문화를 명하고 계신 것이다. 그러하기에, 은혜로 구원받았던 노아와 세 아들들에게도 다시 한 번 같은 명령을 반복하여 문화적 소명을 상기시키고 있는 것이다(창 9:1). 크리스천에게 있어 세상 속에서의 문화적 삶을 영위하는 것은 복음으로 우리를 회복시키신 하나님의 의도 가운데 나타난 총체적인 목적을 수행하는 일인 것이다.

문화와 복음의 관계를 이해하고자 할 때, 문화를 복음을 전하는 수단으로서 혹은 복음을 담는 그릇으로서 설명하여 복음을 상대적으로 더 신성시하고 문화를 경시하는 경향이 있다. 어차피 문화란 썩어질 세상 가운데 나타난 일시적 현상이라고 이해하기에, 변하지 않는 복음에 비추어 볼 때 세속적일 수밖에 없는 하위 개념이라는 것이다. 이 생각에 대하여, 구원받은 크리스천에게는 오히려 복음이 수단이고 문화가 목적이 되어야 한다는 역설적 개념을 이미 주장한 바 있다. 우리가 창조해내는 문화는 결코 가볍게 소멸되는 것이 아니라 하늘나라에서도 그 가치가 인정되며 달란트로 계수되어 우리에게 상급으로 남게 될 소중한 것이기 때문이다(마 25:14-30). 그것은 또한 우리를 창조하시고 하나님의 형상을 닮은 아름다운 문화로 세상을 가득 채우기를 원하셨던 하나님의 원래 의도를 이루어 드리는 일이기에 더욱 소중하다. 그러한 아버지의 뜻을 아셨던 예수께서 이 땅에 오셔서 복음으로 우리를 변화시키면서 바라셨던 최종 목표도 바로 이 세상이 아름다운 그리스도의 문화로 충만히 채워지는 것이었으리라 생각해 본다.

해가 갈수록 달라지는 신입생들을 바라보며 그들에게 문화적으로 접근하는 것이 얼마나 필요하고 중요한 일인가 하는 것을 더욱 느끼게 된다. 더욱이 한국과의 교환학생 제도가 실시된 이후로 연변 학생들의 문화적 변화는 속도감을 더해 가고 있다. 그야말로 N세대의 특성들이 이곳 학생들에게도 여지없이 나타나고 있는 것이다. 아이들에게 가까이 다가가기 위하여 문화행사와 음악회를 준비하며 좀더 창조적이고 발랄한 지혜를 달라고 구해 본다. 언젠가는 21세기 대학문화연구소에 속한 교수들과 함께 모여 대학 문화를 토론하던 중 교수들이 학생들을 더욱 이해하기 위해 우리도 머리에 블리치를 하자는 이야기가 나온 적이 있다. 나는 그것을 실행에 옮기고자 며칠을 고민하다가 마침내 구내 이발소에서 몇 가닥 노란 물을 들이고 학생들 앞에 섰다. 그런데 놀랍게도 그것을 보는 학생들이 얼마나 좋아하는지 강의 분위기가 한결 부드러워졌을 뿐 아니라 평소에 나를 어려워하던 말썽꾸러기 학생들마저도 훨씬 친근감을 가지고 다가와 먼저 말을 거는 것이었다. 그 일을 통해 깨닫게 된 것은, 낮아지시기 위해 이 땅에 찾아오신 예수의 사랑을 생각한다면 우리가 그들에게 내려가기 위해 그까짓 머리에 물들이는 것이 무슨 대수가 되겠느냐 하는 것이었다. 그것이 죄가 되는 일이 아니라면 우리는 과감하게 그들의 생각과 문화를 이해하기 위해 함께 어울릴 수 있어야 한다. 문제는 우리의 닫힌 마음들을 먼저 여는 것이 어려울 뿐이다.

그리스도인 가운데는 번데기의 신앙으로 세상을 살아가는 사람이 있는가 하면 아름다운 나비의 모습으로 살아가는 그런 신앙인도 있는 것 같다. 비록 애벌레의 추한 모습은 벗어났지만, 여전히 십자가의 고통과 부자유함 속에 머물러 있는 사람들은 주로 복음을 고난의 십자가로만 이해한다. 따라서 우리에게 생명을 주신 그리스도의 십자가를 묵상하며 그것을 전하는 일에 자신을 쳐서 복종시키고 더러는 피를 흘려 순교까지 마다하지 않는다. 이것도 참으로 귀한 신앙이다. 그러나 복음은 십자가로 끝나는 것이 아니라 부활의 영광을 나타내는 데에까지 나아가야만 온전한 모습이 된다는 사실을 또한 잊어서는 안 될 것이다. 십자가를 넘어서 부활의 신앙으로 살아가는 사람들은 세상 속에서 자유함으로 아름다운 날갯짓을 하며 그리스도의 문화의 씨를 퍼뜨리는 사람들이다. 그들의 삶은 나비와 같다. 그들의 삶은 생활 자체가 그리스도의 향기를 퍼뜨리는 일이 되어 많은 사람들에게 기쁨과 평안과 자유를 선사한다.

열일곱 살 난 큰아들 다니엘이 영화인의 꿈을 품고 먼 유학의 길을 떠나게 되었다. 다니엘이 집을 떠나기 전 아내와 함께 가정 예배를 드리면서, 꿈꾸는 소년 요셉이 17세에 부모의 집을 떠나 갖은 고생 끝에 30세에 애굽의 총리가 되는 모습을 함께 묵상하며 또 하나의 꿈을 꾸게 되었다. 언젠가 내가 극본을 쓰고 아내가 음악을 만들고 다니엘이 감독한 영화가 북경에서 상영되는 그런 꿈이다. 그 꿈이 한 마리 나비가 되어 상상의 나래를 펼치기 시작했다. 문화의 카오스 시대 속에서, 뉴욕에 폭풍을 일으키는 북경의 나비.[36] 그 신비하고 아름다운 나비 꿈을 꾸는 것이다.

하나님이 정말 우리에게 원하시는 하나님 나라 백성의 삶의 모습은 참 자유함 속에서 아름다운 그리스도의 문화를 펼쳐 가는 그런 모습이라고 생각된다. 그것이 바로 나비의 신앙이다. 21세기가 문화 전쟁의 시대라면, 이제 그리스도인도 번데기의 신앙에서 벗어나서 아름다운 나비의 날갯짓을 펼쳐 보여야만 할 것이다. 죄와 탐욕에 물든 세상의 문화 가운데 온통 죽음을 향해 돌진하는 불나방들만이 들끓는 사회를 만들어서는 안 될 것이기 때문이다.

우리는 이제 복음에서 다시 문화로 나아가야만 한다. 그것이 교회 밖 세상을 향해 힘차게 발걸음을 내딛는 21세기의 평신도들이 해야 할 몫이다.

---

36) 카오스 이론의 출발은 '나비 효과'라고 부르는 현상의 발견에서 비롯되었다. 전문 용어로는 '초기 조건에의 민감한 의존성'이라는 개념인데, 반농담조로 나비 효과라고 부르는 것이다. 즉 나비 한 마리가 북경에서 공기를 살랑거리면 다음 달 뉴욕에서 폭풍이 일어날 수도 있다는 것이다. 성경적으로 풀이하면 시작은 아주 미약한 차이를 지닌 것 같아도 나중 결과는 창대한 모습으로 나타날 수 있는 것이 자연의 섭리라는 것이다. 자연 속에 숨어 있는 이러한 카오스를 연구하는 새로운 사고방식과 방법이 바로 카오스 이론이다.

에필로그

박민수 : (교회 문을 나서며) 지혁이 자네와 중국에서 함께 예배를 드
　　　　리게 되다니, 참 감격스런 날이구먼.

송지혁 : (조금 쑥스러운 듯) 그동안 민수 형이 나를 위해 끈질기게 기
　　　　도해 준 덕분이지, 뭐.

박민수 : 내가 무슨. 다 때가 되어 그런 거지. (주위를 둘러보며) 이 근
　　　　처에 잘하는 보신탕집이 있는데, 점심식사나 함께 하고 들
　　　　어가지? 날씨도 매서운데, 추위도 녹일 겸 말일세.

(식당에서 주문을 마친 후)

송지혁 : 사업을 시작하면서 정말 의지할 데가 없으니 막막하더군
　　　　요. 마음이 낮아진 탓도 있었겠지만 그때 마침 동업을 하게
　　　　된 사람이 독실한 크리스천이라 그가 이끄는 대로 몇 번 따
　　　　라다니게 된 것이 계기가 되었어요. 주일을 함께 보내니 아
　　　　내와 아이들도 좋아하고, 그곳에서 교민들끼리 교제하는
　　　　것도 위로가 되었고요.

박민수 : 허허. 자네가 미국에서 내 권유를 그토록 거부하던 때가 생
　　　　각나는군. 그때는 아직 자네의 혈기가 살아 있을 때였지.
　　　　그나저나 시작한 사업은 잘돼 가나?

송지혁 : 음, 힘든 고비는 넘긴 것 같아요. 중국 시장을 누비기 시작
　　　　하니까 완전히 세계가 달라져 보이더라고요. 요즘은 여러

도시에 대리점을 세우느라고 바쁩니다. 조만간 내지의 티베트나 신강 자치구까지 들어갈 생각이에요.

박민수 : 하하, 장사가 꽤 괜찮은 모양이군. 자네는 사업 수완이 있으니 잘될 걸세. 앞으로 회사를 크게 키워서 우리 제자들도 많이 받아 주게나.

송지혁 : 물론이죠. 다른 사람도 아니고 형님이 추천하는 제자들이라면 두말 않고 받아야죠.

박민수 : 중국 사업에 앞서 자네가 믿음을 갖게 된 것이 예사로운 일은 아니야. 장차 큰 역할을 하게 될 날이 올 걸세. 믿음의 눈으로 바라보면 중국은 정말 크고 놀라운 일터가 아닌가?

송지혁 : 저도 요즘 어렴풋이 느끼고 있습니다. 곳곳에서 만나는 믿음의 동지들이 이미 준비되어 있다는 것도 놀랍고요. 요즘 처음으로 일하는 보람이 무엇인지 알게 된 것 같아요.

박민수 : 물론이지. 처음부터 하나님은 우리를 일하는 존재로 만드셨다네. 문제는 기쁘고 즐거워야 할 일(work)이 타락 후에는 힘들고 하기 싫은 노동(labor)으로 바뀐 것이지. 어디 그뿐인가? 일을 통해 아름다운 문화를 창조하고 누려야 할 사람들이 일을 욕심을 이루는 도구로 삼아 스스로를 노예로 전락시키고 있는 것일세. 이제 비로소 자네는 일의 참 기쁨을 되찾게 된 것이라네.

송지혁 : 근데 몇 년 만에 연길에 다시 와 보니 엄청나게 변했더군요. 나는 공항에 내려서 깜짝 놀랐어요. 옛날 시골 공항을 상상하고 내렸다가 외려 촌사람처럼 어리둥절했다니까요.

박민수 : 연길공항만 그런가? 북경공항이 마치 시카고 오헤어 공항처럼 변한 건 어떻고? 중국이 변하는 속도는 가히 상상을 불허하고 있네. 아마도 북경 올림픽을 기해 다시 한 번 큰

변화를 가져올 걸세.

(음식이 나오는 바람에 잠시 대화가 끊어진다. 팔팔 끓는 전골 육수에 푸짐한 한 접시 고기가 미끄러지듯 휩쓸려 들어간다.)

박민수 : 이 집은 갈비가 일품이야. 학생들도 얼마나 좋아하는지. 여학생들이 더 잘 먹는다네. 이곳에서 일하려면 우선 개고기부터 배워야 해. 미국서 온 자매들이나 독일인들까지도 영락없이 먹게 되어 있어. 재밌는 곳이지? 이들이 좋아하는 문화와 음식으로 내려가 자신을 그들과 동일시하지 못하면 처음부터 난관에 부딪히고 만다네. 일종의 개고기 신학이라고 할까? 하하하. 자, 이제 들지.

송지혁 : 그런데 참, 언제부터 형에게 묻고 싶은 것이 하나 있었어요. 형이 자신의 전공과 학문적 업적을 팽개치고 이곳에 온 것이 과연 하나님이 기뻐하시는 일인가요?

박민수 : 하하, 자네가 내 아픈 곳을 찌르는군. 나 역시 그 문제로 처음에는 무척 고심을 했다네. 만일 내가 나의 학문적 연구 성과를 통하여 하나님 앞에서 큰 영광을 돌릴 수 있다면, 그 역시 하나님이 기뻐하시는 일이었겠지. 그러니 모든 사람이 반드시 나와 같은 길을 가야 한다고는 생각지 않네. 결국은 나 자신의 소명의 문제였다고 보네.

송지혁 : 형의 소명이 무엇이죠?

박민수 : 전공과 학문을 모두 팽개친 것은 아니라네. 이곳에서도 역시 내 전공을 통해 일을 하고 있으니 말일세. 단지 연구의 길보다 교육의 길을 선택한 것일세. 이곳에서 제자를 키우는 일이 하나님께서 나에게 주신 소명이라는 확신이 있다네. 장차 내가 배출한 수많은 제자들 중에서 우리 민족과

중국을 위해, 더불어 하나님 나라를 위해서 일할 큰 학자와 사업가와 정치가들이 나타난다면 그것은 결코 손해 보는 투자가 아니라는 말일세. 하나님께서 나에게 이 시대와 민족, 그리고 중국에 대한 교육의 비전을 주셨기 때문에 가능했다는 것이지.

송지혁 : 아무튼 형과 내가 중국서 다시 만난 것이 참 오묘할 뿐이에요. 이런 걸 두고 섭리라고 하나요?

박민수 : 하하하, 섭리라고? 자네가 정말 변하긴 많이 변했군. 그러나 이제 겨우 시작일세. 나는 앞으로의 일이 더 기대되는걸? 더 놀라운 일들이 자네 앞길에 기다리고 있을 걸세.

송지혁 : 그래요? 저도 가슴이 설레는군요. (땀을 뻘뻘 흘리며) 그런데 이 집 보신탕은 죽여 주는군요. 정말 맛있는데요? 서울에서도 이만한 집 찾기 힘들 것 같아요.

박민수 : 하하, 많이 먹어 두게. 연길 아니면 찾아보기 힘든 맛이니까. 땀을 많이 흘리는 걸 보니 그동안 사업하느라 자네 몸이 좀 허해진 모양이야. 건강 조심하게나. 우리 나이가 가장 위험한 나이라던데.

송지혁 : 원 참, 남 이야기하지 말고 형도 이제 운동 좀 해야겠어요. 지난번 만났을 때 보담 부쩍 나이 들어 보여요. 흰머리도 조금 생긴 것 같고. 근데 형수님은 요즘 괜찮으세요?

(두 사람은 오랜 친구처럼 한담을 나누며 시간 가는 줄 모른다. 보신탕 국물이 두 사람 사이를 번갈아 넘나들며 보글보글 정감 나게 끓고 있다. 음식점 바깥 창문으로 포근한 함박눈이 흩날리기 시작한다.)

추천사 Ⅲ

엄밀한 신학자들에 의해 성직자와 평신도의 이원론적인 구별이 의미 없는 것으로 비판된 것은 이미 오래된 일입니다. 사실 평신도라는 단어 그 자체가 성경적이 아니라는 것도 잘 알려진 사실입니다. 모든 그리스도인들은 모두 하나님의 라오스(백성들)일 뿐입니다. 그럼에도 불구하고 오늘의 교회 현장에서는 아직도 이런 의미 없는 이원론적인 인식의 장애로 인해 한국 교회 내의 소위 뜻있는 평신도 거인군단이 잠들어 있다고 느끼는 때가 많습니다.

정진호 교수는 이런 인식의 틀을 깨고 출애굽한 우리 시대의 광야사역자 중의 한 분입니다. 그는 이 책의 메시지를 단순한 이론이 아닌 경험으로 살아온 분입니다. 그래서 이 책의 메시지는 우리의 두뇌와 가슴에 함께 다가오는 도전이 될 것을 확신합니다. 그는 자신이 주창하는 평신도 사도와 전문인 사역자의 정신으로 자신이 몸담고 있는 연변과학기술대학에서 예수 제자의 삶을 살고 있을 뿐 아니라, 뜻있는 분들이 해외에 흩어진 한국 유학생 디아스포라 지성들을 섬기기 위해 열어온 코스타 사역 마당의 일선에서 여러 해 동안 예수 제자 삼기에 헌신해 오신 분이기도 합니다.

좀 래디컬(radical)한 선언처럼 들리는 "예수는 평신도였다"라는 이 부르짖음 속에서 어쩌면 우리는 한국 교회의 21세기 과제의 본질을 대면할 것입니다. 개혁과 통합이 화두가 되고 있는 새로운 세상에서, 이

책으로 인하여 역설적으로 소위 목회자와 평신도 지도자가 보다 큰 비전의 틀 안에서 통합되고 한국 교회의 미래를 함께 준비하는 희망을 읽었으면 하는 바람을 갖습니다.

내가 아는 저자는 실제로는 래디컬한 혁명적 전사가 아닌 따뜻하고 겸허한 마음을 소유한 청지기입니다. 독자들은 이 책에서 이런 따뜻한 마음과 미래의 나침반을 발견하고, 평신도를 넘어 예수의 참 제자로 다시 태어나게 될 것입니다.

함께 동역자가 된, 이동원(지구촌교회 담임목사)

감사의 글

이 글은 우리 가족의 지난 10여 년간 걸어온 평신도 사역의 결정체입니다. 그 일은 저희와 함께 달려온 여러 동역자들의 기도가 없이는 불가능했습니다.

먼저, 북산가 기적의 동산에서 눈물의 씨앗을 뿌리며 비전을 함께 나눈 김진경 총장님과 연변과기대 공동체의 여러 동역자들과 기쁨의 열매를 함께 나누고 싶습니다.

지난 코스타 집회들을 통해 우리 가족이 평신도 사역을 시작하고 지속할 수 있도록 도전과 용기를 주셨던 홍정길, 이동원, 이승장, 김동호, 오정현, 송인규 목사님을 비롯한 코스타의 여러 목사님과 손봉호 교수님, 김인수 교수님, 박성수 회장님 등 여러 평신도 강사님들, 각국의 코스타를 위해 헌신적으로 애쓰시는 곽수광 목사님을 비롯한 여러 간사님들께 감사와 사랑의 마음을 전합니다.

그동안 저희 가족의 사역을 뒤에서 지켜보시며 기도해 주셨던 포항 식구들과 계지영, 조성기 목사님, 불광동 식구들과 김우생 목사님, 반포 식구들과 김재혁, 김영규 목사님, 보스톤 식구들과 홍성철, 임원준, 박찬수 목사님, 토론토 식구들과 노하덕 목사님, 시카고 식구들과 김형균 목사님, 빌립보 식구들과 송영선 목사님, 평촌의 고준규, 박유신

목사님, 그리고 한동대의 김영길 총장님과 여러 교수님들, 개인적으로 저희 가족과 뜨거운 기도의 마음을 나누신 동역자들, 모두모두 감사한 분들뿐입니다. 그 중에는 이미 고인이 되신 분도 또 오래 전에 헤어진 분들도 있지만 저희 가족의 신앙 여정에서 때를 따라 하나님께서 붙여 주신 분들입니다.

그리고 아름다운 책을 만들어 주신 홍성사 식구들을 비롯한 여러분들께 감사를 드립니다.

끝으로, 평신도 사역의 영원한 동반자로서 어려운 순간들을 인내하며 함께 이 길을 걸어가는 사랑하는 아내와 두 아들, 뒤에서 묵묵히 기도하신 부모님들께도 감사를 드립니다.

이 모든 감사가 하나님의 은혜요 평신도로 사역의 본을 보이신 예수께로부터 온 것임을 믿습니다.